基于核心素养的高中地理教学创新实践

天津市中小学教师继续教育中心　编

天津出版传媒集团

天津科学技术出版社

图书在版编目(CIP)数据

基于核心素养的高中地理教学创新实践 / 天津市中小学教师继续教育中心编. -- 天津:天津科学技术出版社, 2021.12

(天津市中小学"学科领航教师培养工程"团队攻坚成果系列丛书)

ISBN 978-7-5576-9820-1

Ⅰ.①基… Ⅱ.①天… Ⅲ.①中学地理课-教学研究-高中 Ⅳ.①G633.552

中国版本图书馆 CIP 数据核字(2022)第 000024 号

基于核心素养的高中地理教学创新实践
JIYU HEXIN SUYANG DE GAOZHONG DILI JIAOXUE
CHUANGXIN SHIJIAN

责任编辑:陈　雁

责任印制:兰　毅

出版:　天津出版传媒集团
　　　　天津科学技术出版社

地址:天津市西康路 35 号

邮编:300051

电话:(022) 23332397 (编辑室)

网址:www.tjkjcbs.com.cn

发行:新华书店经销

印刷:天津印艺通制版印刷股份有限公司

开本 710×1000　1/16　印张 16.5　字数 265 000

2021 年 12 月第 1 版第 1 次印刷

定价:128.00 元

的方法、策略等。通过以单元教学为指导，在体验中学习，注重小组合作学习的教学设计和实践，实现学生核心素养的培养。

第六部分评出学生学习成就感。通过教学实例，探索实施个性化、差异化地理教学和评价的策略。利用项目式学习进行教学创新，激发学生的兴趣，因材施教，促进学生全面发展。

作为指导教师，我们共同指导学员完成了论文题目的拟定、内容的研究和成果的提炼等工作。文稿的整理和校对由天津师范大学地理教育专业研究生协助完成。课题的顺利开展离不开齐艳梅、孙莹两位组长对课题进度细致的部署和精心周到的安排，更加离不开全体高中地理领航老师的辛勤付出。在此向以上老师和同学们深致谢忱。

仲小敏　杨玉东

2021 年 9 月

前　言

随着《普通高中地理课程标准(2017年版)》的颁布,地理教育进入了以"地理学科核心素养"培育为目标的新时代,对地理课程教学来说既是机遇也是挑战。这标志着地理教学不再是单一的"接受式教学",而是更加注重学生的"发现",但在实际教学活动中,盲目强调"发现式教学"会使教学活动与课程标准脱离,这就需要预先进行教学设计,充分发挥教师作为学生学习的促进者和引导者的作用。新课改的要求下,地理教育研究内容也从扁平化走向立体化,"学生地理学科核心素养的提升""教师专业成长""课程全面发展的方法与途径""培养学生创新能力""开发校本课程资源"和"单元教学设计"等,逐渐成为一线教师关注的研究方向。如今的地理教学,从片面强调教师的"教",到讨论学生如何有效学习,教师如何有效教学;受人文主义教育思想的影响,强调以生为本,学生的主体地位逐渐突出,教学更加注重学生对实际生活的体验,充分发挥学生的主观能动性;强调以核心素养为中心,着重培养学生实践能力和创新精神。"知者行之始,行者知之成",一方面,要培养出创新能力强的学生,教师势必先行一步,成为勇于创新、善于创新的教师;另一方面,有效的教育创新途径必须通过教育实践不断检验和完善。

天津市中小学"高中地理学科领航教师培养工程"历时四年,来自天津市各区的骨干教师,立足于地理学科核心素养,展开高中地理教学创新实践。以"课程–教学–评价"的整体视角,基于单元教学设计的理念,创设情境和问题链进行教学资源的开发,本书秉承"理论与实践并重"的理念,是对学员们教学实践案例的汇编,并将实践中的经验撰写成论文,以期为一线教师的课堂教学提供参考。全书包括以下六个部分。

第一部分是国家课程校本化实施。本章以乡土地理为情境导引,从国家课程的校本化、实验类课程的开发、社会实践课程的开发等方面阐述了地理校本课程资源的开发与价值;通过单元教学设计实现了校本课程资源的整合。国家课程校本化实施是培养核心素养、推广生活化教学的必由之路,能够帮助学生认识学校所在地区的生活环境,培养学生实践能力,厚植爱国、爱家乡的情怀。

第二部分关于地理教学情境的创设。将地理知识融入情境中,更容易被学生理解和掌握。创设适宜的问题情境是完成案例教学目标的关键,生活化的教学情境是搭建教学情境的感性载体。地理实验、制作学具、运用软件、口述历史等方式,均能帮助教师高效进行情境创设,提升课堂的趣味性和生活性、给学生带来具身体验,从而实现有效教学。

第三部分关于地理综合思维的培养。综合思维素养的培养,能够摆脱依赖式学习;有利于学生知识的建构;提升学生综合学习能力、创新能力、分析能力、整合能力以及读图能力,使学生从科学综合的视角出发,灵活分析地理问题。如何通过地理课程培养学生的综合思维?首先,以单元教学理念为指导进行课程设计;其次,精选学习资源,合理设计教学活动;再次,设计阶段性评价和持续性评价的方案。

第四部分关于地理"问题"的创设。倡导地理课堂中的设问要具备综合性、科学性和阶段性。提供问题式教学的应用实例,总结了问题式教学的教学策略,阐明了如何对学生的学习成果进行有效评价,体现学生的主体地位,调动学生的课堂参与。

第五部分地理教学关键环节的设计。介绍了教学关键环节设计

目　录

第一章

国家课程校本化实施

      2014年教育部研究制订学生发展核心素养体系和学业质量标准，提出了地理素养，又在其基础上提出了地理学科四大核心素养：人地协调观、综合思维、区域认知、地理实践力。地理学科核心素养强调学生走出课堂、走出校园、走进社会、走进生活，要求地理教学注重情境创设和体验式学习。培养学生创新和实践能力成为地理学科核心价值。立足学校实际，在国家课程方案的规划下，以校本课程培养学生创新能力，将国家课程、地方课程和校本课程加以整合，努力实现国家课程校本化显得尤为重要。

      在国家课程校本化实施的过程中，教材校本化、学校本位的课程整合、教学方法的综合运用、个性化教学以及差异性的学生评价等成为重要的研究方向。因此，坚持以生为本，树立全新课程观，以校为本，优化课程资源、课程实施以及评价策

略成为国家课程校本化实施的基本路径。

本章对校本课程资源开发和校本课程资源整合进行了探讨。地理校本课程资源的开发采用校内与校外联动的形式：在校内，以课堂教学实践、教研、教学资源开发、地理教室的使用以及地理实验等方式开展；在校外，开展研学旅行，融入乡土地理，落实具身教育观，提升教师和学生的实践和创新能力。地理校本课程资源整合基于大概念教学理念和单元教学设计理念，重视以学科大概念为核心，以单元教学理念进行课程建构，以课程主题为引领，使课程内容情境化，促进学科核心素养的养成。

在案例《人口的分布、迁移与合理容量》的设计中，把具有相关性的教学内容综合成教学单元，运用单元教学的理念托举课程资源的整合，以扩展地理课堂的深广度，促进学生自主学习，开辟出一条开发校本课程资源的新途径。案例《地表形态的变化》根据课标和核心素养培养等级要求，确定单元教材分析框架，结合教材资源体系结构，突显学习目的的进阶性，逐步培养学生核心素养。两个案例均彰显"五育并举"的育人价值，饱含教师的科研热情，体现了师生创新能力的进步，充分发挥教育引领作用，力图创建适宜的课堂教学实践形态，实现地理校本课程资源的优化、共享和有向积累。

参考文献

[1]徐玉珍.论国家课程的校本化实施[J].教育研究,2008(02):53–60.

[2]孔令国.浅谈如何培养学生的创新能力[C]//《素质教育》教科研成果,2018:57–59.

第一节 地理校本课程资源的价值与开发

现代社会发展需要综合性人才,学校教育则是人才培养的摇篮,学校根据课程标准,利用国家课程、地方课程培养社会需要的人才。不仅如此,学校还结合当地特色,不断开发校本课程,校本课程开发不断丰富教学内容,增加教学形式,学校通过校本课程开发培养学生核心素养,更好地实施素质教育,因此,校本课程资源开发在学校教育中的作用越来越突出。

一、校本课程的提出与背景

(一)概念的提出

"校本(school-based)"的含义是什么?从英文字面来理解校本课程是"以学校为本""以学校为基础",华东师范大学教育学博士郑金洲在《走向校本》中这样解释:所谓校本,一是为了学校,二是在学校中,三是基于学校。为了学校,是指要以改进学校实践、解决学校所面临的问题为指向;在学校中,是指要树立这样一种观念,即学校自身的问题,要由学校中的人来解决,要经过学校校长、教师的共同探讨、分析来解决,所形成的解决问题的诸种方案要在学校中加以有效实施。

校本课程(school-based curriculum)即以学校为本位、由学校自己确定的课程,它与国家课程、地方课程相对应。

(二)国外背景

校本课程的出现在国际上有三种看法:第一种看法认为校本课程的历史几乎和学校教育的历史一样悠久,在古代时期学校的课程在较大范围内和一定程度上是由学校自己决定的,那时在课程中占主导地位的是校本课程(这是从校本课程

的存在形式来考察的)。

第二种看法认为校本课程的思想源自于 20 世纪 70 年代西方发达国家,认为校本课程实质上是一个以学校为基地进行课程开发的民主决策的过程,即校长、教师、课程专家、学生以及家长和社区人士共同参与学校课程计划的制定、实施和评价活动(这是从校本课程的思想产生来看的)。

第三种看法认为校本课程真正出现在 1973 年爱尔兰阿尔斯特丹大学召开的"校本课程开发"国际研讨会上(这是从校本课程概念的出现为依据的)。

(三)国内背景

校本课程是指学校在具体实施国家课程、地方课程的前提下,通过对本校学生的需求进行科学的评估,充分利用当地社区和学校的课程资源,由学校教师编制、实施和评价的具有多样性、可供学生选择的课程。它是与国家课程、地方课程构成学校课程的有机整体,是执行国家三级课程管理政策的一个组成部分。校本课程既能体现各校的办学宗旨、学生的特别需要和本校的资源优势,又与国家课程、地方课程紧密结合的一种具有多样性和选择性的课程。校本课程因校而异,更能体现学校的办学特色,是国家课程、地方课程的有效补充。

二、校本课程资源价值

(一)校本课程开发补充国家课程

国家课程是由国家教育行政管理机构组织专家决策、编制的课程,它体现了国家教育目的,统一教育标准。但它难以适应地方社会生活和社会发展需求的实际变化,没有充分考虑到各地方、各学校的实际,更不能照顾到众多学习者的背景及特点。而校本课程开发尽可能地反映社区、学校和学生的差异性,及时融进最新的科技成果、社会问题,充分考虑到教师的积极参与、学生的认知背景与需要,为学生提供多样化的课程选择,它在一定范围内可以补充国家课程开发的不足。

(二)校本课程开发培养学生地理核心素养

校本课程开发尊重学生的个性差异,提升学习者的主体性,培养学习者的创新意识、创新能力,它充分考虑到时代的特点、学生的需求,适应学生不同性格发展的需要,充分发挥学生的自主性、独立性,充分发挥其主体地位和主观能动作用,充分培养学生的综合素养。校本课程目标明确、内容多样、课程设置灵活。校本课程能使学生在掌握国家课程规定的基础知识、基本技能的同时,引导学生走进大自然,参与社会实践,开展参观、调查、考察等活动,在实践中培养学生的地理实践力。校本课程开发基于地方特色,既可以帮助学生学习乡土地理,提升区域认知能力,同时又能培养学生热爱家乡的情感,提升学生因地制宜的思想。校本课程开发能提升学生的地理核心素养。

(三)校本课程开发提高教师专业水平

校本课程开发赋予了教师一定的自主权,充分调动了教师积极参与课程开发的热情,为教师提供发挥创造性空间和大显身手的机会。校本课程开发提高了教师的课程能力,从制定课程目标,到开发课程内容,再到制定课程实施方案和课程评价标准等,使教师能宏观把握教学,具有大课程观,不仅是知识的传授者,还是课程的开发者。教师在课程开发过程中,研究教学观念,在实践中验证观念,修正自己的教学实践,通过不断的反思与实践提升自己的研究能力。教师在课程开发中,不断重组和构建学科知识,提升教师专业知识水平。校本课程开发使教师整体素质不断提升,为提升素质教育奠定基础。

(四)校本课程开发形成学校办学特色

学校根据国家课程标准,进行课程实施,在实施过程中,学校通过利用国家课程和地方课程的同时,还根据教师个人专长结合地区特色,进行校本课程开发,对国家课程和地方课程进行补充,校本课程开发过程中注重结合本校学生的基本素养,开发出适合本校的特色校本课程,突显学校的办学特色。

三、校本课程开发的原则

(一)符合学科特点的原则

校本课程的开发,要符合地理学科基本特点的原则,树立科学发展意识,地理学科是一门综合学科,与人们的生活息息相关,因此,地理的学习应该从培养学生正确的发展观出发,培养学生可持续发展的思想观念。

(二)从客观实际出发的原则

校本课程开发要从客观实际出发,校本课程开发要从学生的需求出发,从教育的实践出发,从客观实际出发,校本课程的开发要坚持以学生为本,以实践为本,以学校实际为本。校本课程资源的开发,要力求使各种资源和学校课程融为一体。

(三)提升实践能力的原则

校本课程资源的开发,是以培养学生地理实践能力和动手能力为主要目标的,因此在课程资源开发过程中要精选地理操作能力强的教学内容进行开发,例如实验类、调查类、参观类等课程内容的开发,使学生在学习过程中活学活用,灵活运用,这样既培养了学生的地理实践力,又进一步补充了国家课程。

四、校本课程资源的开发

(一)国家课程的校本化

以研究课、赛课、教研为契机,学习先进的理论和教学方法,拓宽教师的知识面和眼界,提升教师专业水平和能力,为课程资源的开发做充足准备。以教研组为单位,利用每周四的集体教研时间,研讨教学进度,教学难度,教学方法,素材选取和制作,媒体运用,习题设置等多角度进行研讨,设计出适合我校学生的地理课堂,并把这些资源整理归档形成课程资源。以学校的"三课一论坛"为契机,结合我校小组合作和混合教学的教学模式,开展地理学科教学模式的研讨,形成"六步"教学模式,提升全组教师的专业素质,提升课程资源的质量。

制作课件、导学案、微课等教学资源,使教学可视化,形象化,制作成适合我校使用的导学案,印刷成册,每位学生一本,并且根据学生进行适时地调整。

通过地理教室的使用,突破难度较大的国家课程,使国家课程在我校实现校本化。

地理教室是为地理学科提供的专用教室。许多地理教学内容具有"不可见"性,是利用课件和电子白板无法完成的内容,地理专用教室的建设为这一问题提供了解决的办法,我校于 2016 年 3 月建成地理教室。这为我校的地理教学注入了新的生机。地球运动的知识对学生的要求很高,既有空间想象能力的考察,也有时间的考察,正所谓时空交错,因此对学生的要求很高,在高考题中属于选拔性的题目,为突破这个难点,深化学生理解,我利用地理教室中的数字星球系统完成了一节高三复习课《时间计算》,下面我以这节课为例简要说明国家课程校本化的过程。

情景剧导入,激发学习兴趣。两位旅客在搭乘首尔飞往北京的 12:45 的航班时晚点,请同学们分析晚点的原因,因为旅客用的是东八区的时间,而首尔用的是东九区的时间,因为没有倒时间差而出现晚点,学生们利用学过的知识计算准确的登机时间,在首尔登机的时间应该是北京时间的 11:45,究其原因,是不知道时区的划分和排列,以及应该加减运算。回顾知识,地球自转的周期是 24 小时,自转360 度,每小时转过 15 度,为了在全球建立起一个相对统一的时间系统,人为的划分 24 个时区,每个时区包括 15 个经度,利用数字星球,首先在数字星球上展示经线及其度数的分布,转动数字星球,学生观察经度的分布规律,再用数字星球演示由经线度数转变成时区的过程,并且出现时区的名称,学生观察时区的名称和排列顺序,学生通过观察把数字星球上的时区转绘成平面时区,这样从球形投影就转化成了平面投影,这个环节重点解决从立体到平面的形成过程,培养学生的空间感。其次,同学们在数字星球上找到首尔的时区,是东九区,北京所在的时区

是东八区,当地时间是 12:45,老师在投影仪上写上 12:45,投影转动 15 个经度正好是一小时,一小时后,当地时间为 13:45,在新的位置上写上 13:45,两个时间点相差 15 个经度,地球表面相差 15 个经度地方时相差一小时,右边的时刻早于左边,所以左边为参照物,向右算时间要加一小时,以右边为参照物,向左时间减一小时,所以得出"东加西减"的运算法则。通过这两个步骤,就轻松地突破了时间计算这个难点。

(二)实验类课程的开发

校本课程的开发还应该注实验类的课程开发,通过实验培养学生的动手和动脑的能力,提升学生的地理实践力,培养学生的核心素养。

1.热力环流实验

实验材料:长方形的玻璃缸(长 100 厘米左右,宽 30 厘米左右,高 40 厘米左右)、胶合板或塑料薄膜、一盆热水、一盆冰块、一束香、火柴等。实验步骤:将一盆热水和一盆冰块分别放置在玻璃缸的两端;用平整的胶合板将玻璃缸上部的开口盖严;在胶合板的一侧(装冰块的盆上方)开一个小洞;将一束香点燃,放进小洞内。问题引导:烟雾是向哪边运动? 向温度高还是低的方向飘动? 思考:为什么空气会这样流动? 学生活动:把所观察到的空气流动方向画出来。

2.锋面实验

实验材料:集气瓶、细香、玻璃片、热水、冰块。实验过程:点燃细香放置在甲烧杯中,使其充满白烟加盖玻璃片,在将甲烧杯放入热水中数分钟,在乙烧杯中放入三分之一的冰块,把甲乙烧杯瓶口相对,甲瓶在上,乙瓶在下,观察玻璃片两边的现象,解释降水形成的原理。在慢慢抽出玻璃片后观察瓶中现发现白烟在上,下沉现象不明显,把甲乙两瓶旋转成水平后观察现象,发现白烟沿着瓶子的上方由甲瓶流向乙瓶,且白烟在流动过程中呈现出一条明显的倾斜面,即为冷暖气团相遇的交界面——锋面。

3.测量正午太阳高度角的实验

实验器材:长一米的竹竿一根、卷尺、纸、笔、量角器。实验步骤:在正午时(北京时间 12:12),将竹竿立在学校操场上,用卷尺量出影子的长度,并记录在表格中。将采集到的数据和竹竿的长度同时除以10,处理后的数据在纸上构造一个直角三角形,然后测量出直角三角形底直角边与斜边夹角的度数,即为太阳高度角。通过反复几次的测量,可得出多个太阳高度角的度数,根据测量时间进行分析,得出结论。

(三)社会实践类课程开发

1.民俗文化类开发

每年正月十六的葛沽庙会,闻明遐迩,每年吸引几万人前来欣赏,葛沽镇位于天津市津南区,是历史上华北"八大古镇"之一。由于葛沽地区居民多以船业为生,为保佑平安都信奉护妈祖。明永乐年间,当地富商与官府出面,在春节至元宵节期间,把妈祖塑像放入官轿,用人抬着沿街观灯,此举引得大批船民前来进香祷告。自此妈祖文化在这里盛行,逐渐形成了葛沽民间花会。通过学生参观庙会学生收集材料,撰写调查报告。报告内容包括,花会形成的历史背景,花会的形式,花会的流程,现阶段花会的发展变化,葛沽地区的人民观赏花会的看点及体会。

2.参观、实践类课程开发

葛沽地区历史悠久,葛沽郑家大院更是与杨柳青石家大院齐名的华北第二大民宅,被列为区级文物保护单位。郑家大院的课程开发,主要以参观考察为主,通过实地参观,观察郑家大院的建筑格局、建筑结构、使用的建筑材料等,进行地域文化特色的研究。葛沽地区的贝壳堤是地理环境变迁的重要证据,是古海岸线后退,陆地抬升的直观证明,带领同学们考察贝壳堤,根据纵剖面贝壳的大小和厚度分析当时自然环境的特点,提升学生的地理实践力。宝成博物苑奇石文化游览,通过学生们的参观和讲解员的讲解,了解岩石的分类和形成过程,通过参观提升学生对地壳运动的理解和岩石形成过程和岩石圈物质循环过程的认知。在讲解农业时,通过参观葛沽地区的农业大棚,听技术员的讲解,深入理解影响农业区位的因素。葛沽地区汽车城参观,学生通过参观感受现代化技术对工业的影响。荣成时代纪念馆参观,同学们更直观地了解我国的发展历史,培养学生的爱国主义的热情。参观实践类课程的开发,使学生学以致用,更能在实践中验证所学知识,提升学生的地理实践力和综合思维的能力。

3.美食类课程开发

葛沽萝卜闻名天津,因此借助当地的优势资源我校利用社团课开发葛沽萝卜的校本课程。通过学生观察萝卜的外形,品萝卜的味道,查葛沽的地理环境的特点,分析葛沽萝卜生长的条件等,对乡土课程资源进行开发。还对天津的海鲜种类和吃法进行开发研究。

地理校本课程的开发是培养学生核心素养的关键环节,也是提升学生的地理核心素养、促进学生全面发展的需要,学校和教师应根据社会的发展,学生的变化,不断提高校本课程的质量,从不同角度开发校本课程资源,不断拓展校本课程资源的开发空间,更好地服务于地理学科教学。

（赵冬梅　天津市葛沽第一中学）

参考文献

[1]中华人民共和国教育部普通高中地理课程标准(2017 年版 2020 年修订)[S].北京:人民教育出版社,2020.

[2]耿建峰.新高考模式下农村高中地理校本课程开发研究[J].社会科学Ⅱ辑.中等教育.中学政史地(教学指导),2021(03):25–26.

[3]李婧.传统文化实践培养高中地理校本课程开发策略[J].经济与管理科学.社会科学Ⅱ辑.中等教育.文化产业,2021(14):170–172.

[4]张淑芝.例谈开滦十中地理校本课程的开发[J].社会科学Ⅱ辑.中等教育.中学地理教学参考,2020(18):32–35.

[5]吴刚平.校本课程论[M].上海:上海教育出版社,2000.

[6]刘旭东,张宁娟.校本课程与课程资源开发[M].北京:中国人事出版社,2003.

《人口分布、迁移与合理容量》教学案例

校本课程是指学校在具体实施国家课程、地方课程的前提下,由学校教师编制、实施和评价的可供学生选择的课程。它与国家课程、地方课程构成学校课程的有机整体。我校的校本课程开发是以单元教学为突破,把具有相关性的教学内容为进行整合,作为整体进行教学,达到教学高效的目的,下面我以《人口分布、迁移、与合理容量》这个单元教学为例,阐述我校的课程开发。

一、单元教学设计的概念和原则

(一)单元教学设计的概念

单元教学设计就是从一章或者一个单元的角度出发,根据章节或单元中不同知识点的需要,综合利用各种教学形式和教学策略,通过一个阶段的学习让学习者完成对一个相对完整的知识单元的学习。

(二)单元教学的原则

(1)单元教学设计要有整体性。整体性主要体现在教学目标的设定和教学内容的整合。

(2)单元教学设计要有相关性。相关性主要体现在课型的选择与教学目标和内容相关;教学方法与教学目标和内容相关;教学活动与教学活动之间和教学目标相关。

(3)单元教学设计要有综合性。综合性主要体现整个单元教学能否体现培养学生综合运用语言的能力,包括单一目标与多维教学目标综合,单一技能与多项技能综合。

二、单元教学内容的分析

本章内容是本书的开篇,是从自然内容到人文内容的过渡,是联系自然内容与人文内容的纽带,人口教育是培养和落实地理核心素养的重要组成部分,是学生终身发展必备的地理基础知识,也是全面贯彻立德树人根本任务的必备内容。

本章内容由三个部分组成:人口分布的特点及影响因素、人口迁移的特点及影响因素、资源环境承载力与人口合理容量。本章内容分别从静态、动态和辩证的角度阐述人与环境的辩证关系,因此三节内容在教学中非常适宜单元教学的方式,对三节内容进行统一设计。以分析中国人口的分布为单元教学的切入点,从中国人口分布的现状出发分析人口分布的特点和成因,在影响人口分布的社会经济因素分析时,进行深入挖掘,把人口迁移的知识植入到这部分中,使人口分布和人口迁移的知识有机地结合在一起,在人口分布的影响因素上继续分析,我国东部地区人口密度和人口合理容量的关系,从而实现一条主线,把三个知识有机整合,实现单元教学的目标,既培养学生的地理核心素养,又减轻学生负担,提升教学效率。

三、单元教学目标

(一)课标要求

运用资料描述人口分布、迁移的特点及其影响因素,并结合实例,解释区域资源环境承载力、人口合理容量。

(二)课标解读

行为动词是描述、解释,这是学生要达到的标准;运用资料、结合实例是教师教学过程中的手段,也是学生学习时的载体;人口分布、人口迁移、资源环境承载力、人口合理容量是核心概念。

(三)根据课标的要求制定如下教学目标

(1)人地协调观目标:联系世界和我国所面临的人口问题,根据可持续发展的原则,尝试提出解决人口问题的合理建议,培养学生树立正确的人口观、发展观。

(2)区域认知:结合资料,描述世界人口迁移的时空特点并分析原因,运用中国人口分布图描述中国人口分布的特点。

(3)综合思维:根据中国的地形图、降水量图、气温分布图分析影响人口分布的自然因素。结合具体案例,分析人文地理条件对人口分布的影响。结合概念和影响因素区别环境承载力和人口合理容量。

(4)地理实践力:结合中国人口迁移的资料,描述我国人口迁移的特点和原因及对人口分布的影响;利用中国人口分布,根据资源环境承载力判读人口分布是否合理。

四、单元教学重、难点

(一)教学重点

世界人口分布的特征及一般规律;影响人口分布的因素;描述我国人口迁移的特点和原因;分析人口迁移的主要影响因素;资源环境承载力和人口合理容量的影响因素。

(二)教学难点

影响人口分布的因素;分析人口迁移的主要影响因素;资源环境承载力与人口合理容量的区别与联系。

五、教学手段和方法

教学手段:运用多媒体技术等现代化教学手段。

教学方法:讲授法、引导法、读图分析法、归纳总结法和案例分析法、小组合作法等多种教学方法。

单元教学过程

【导入新课】

我国著名地理学家胡焕庸先生 1935 年自黑龙江的爱珲(今黑河),向西南作一直线,至云南腾冲为止,分全国为东南与西北两部:则此东南部的面积计四百万平方公里,约占全国总面积的 36%;西北部之面积,计七百万平方千米,约占全国总面积的 64%。惟人口之分布,则东南计四亿四千万,约占总人口的 96%;西北部之人口,仅一千八百万,约占总人口的 4%。其多、少之悬殊,有如此者。半个多世纪过去了,我国人口东多西少的现象更加突出。

【讲授新课】

人口分布:是指一定时间内人口在一定地区范围的空间分布状况。它是人口过程在空间上的表现形式,是人口地理学的一个重要课题。

问题:我们提到了中国人口分布不均,同学们阅读中国人口分布图,说出中国人口分布特点?

(一)中国人口分布特点

东多西少;平原多,山地、高原少;发达地区多,落后地区少;汉族集中区多,少

数民族区少。

(用 PPT 展示中国人口分布图,学生阅读人口分布图并结合相关地理知识分组讨论中国人口的分布特征,最后由教师进行分析、总结)

问题:阅读下面几幅地理分布图,结合中国人口分布特点,说出哪些因素影响了人口分布?

(二)影响人口分布的因素

1.自然因素(最基本因素)

①地形:平原人口稠密,高山、高原地区人口较稀疏;②气候:北半球温带地区,气温适宜人类居住和农业生产,人口稠密;③水资源和土壤:人口分布在很大程度上取决于水源分布。干旱地区,人口稠密区依水源多呈点状、线状和片状分布。不同的土壤自然肥力和耕作性能不同,开发利用程度也不同,影响到人口分布;④矿产资源:现代人类需求的主要矿产资源区逐渐发展成为人口稠密的地区;⑤科学技术的进步,以及新资源、新材料的发现与利用,往往成为改变人口分布状况的重要原因。

2.社会经济因素

社会经济因素主要包括生产力发展水平、生产活动方式、交通运输条件以及文化教育状况等。其中,生产力发展水平对人口分布的影响最为显著。

3.政治文化因素

政治因素可在较短时间内改变人口分布状况。此外,宗教信仰、文化习俗、科技发展水平、政府的人口与发展政策以及历史因素等,也都对人口分布产生影响。

问题:大家知道现在世界上人口的总数量是多少吗?是的,有 70 亿人口,那么这70 亿人口都分布在世界的什么地方呢?请同学们看世界人口分布图,从中国的人口分布推断世界人口分布特点。

(三)世界人口的分布特点

世界上的人口分布是极其不平衡的:北半球人口稠密,南半球人口稀疏;中纬度地区人口稠密,低、高纬度地区人口稀疏;沿海地区人口稠密,内陆地区人口稀疏;海拔 500 米以下的人口稠密,500 米以上的人口稀疏;欧、亚两洲人口稠密,其他各洲人口稀疏。

人口分布的影响因素有自然原因也有社会经济原因,就业机会多、收入水平高,社会治安好、物质生活舒适的地方,往往会吸引更多人居住,因此引起了人口迁移,人口迁移使人口分布更加不均匀,世界和中国的人口迁移经历了哪些阶段和原因呢? 问题:播放一段我国"民工潮"和"春运"的视频,人口的大量移动,还是人口迁移呢? 什么是人口迁移吗? 人口迁移可以分为哪几类呢?

(四)人口迁移的定义及分类

人口迁移是人们出于某种目的,移动到其他地区,永久性或长期性地改变其定居地的行为。根据人口迁移空间范围是否跨越国界,人口迁移可以分为国际迁移和国内迁移。

问题:阅读课本第15~16页课本的内容,总结中国人口迁移的方向及原因?

(五)中国人口迁移及原因

(1)中国古代:前往自然条件好的地区。

(2)1949年后到20世纪80年代中期:由东部前往西北和东北,主要是受计划经济和国家政策的影响。

(3)20世纪80年代中期以来:由西部迁往东部或工矿区,主要是受经济因素的影响。问题:阅读教材第13~14页,归纳国际人口迁移及特点。

(六)国际人口迁移

(1)19世纪以前:欧洲、非洲迁往美洲、大洋洲,是欧洲殖民主义的扩张,新大陆的开发。

(2)二战以后:人口从发展中国家流向发达国家,拉丁美洲、亚洲、非洲迁往西欧、北美、西亚、北非,主要是经济原因。

(七)影响人口迁移的主要因素

经济因素;政治因素;社会文化因素;生态环境因素。(教师利用PPT展示人口迁移的图片和资料,学生根据图片和资料,总结归纳影响因素)

承转:结合我国人口的分布知识,分析中国的这种人口分布状况是否合理? 判断是否合理的依据是资源环境承载力。

(八)资源环境承载力与人口合理容量

(1)资源环境承载力指在一定时期内,特定区域在资源环境功能处于相对稳定的状态下,所能承受的某一人口规模下各种社会经济活动的能力。

（2）影响区域资源环境承载力的因素,主要有自然资源数量和质量、社会经济和科技发展水平、人均消费水平等。①资源丰富程度:资源越丰富,区域资源环境承载力越大;资源越贫乏,区域资源环境承载力越小;②科技水平:科技水平越高,区域资源环境承载力越大;科技水平越低,区域资源环境承载力越小;③对外开放程度:地区开放程度越高,区域资源环境承载力越大;地区越封闭,区域资源环境承载力越小;④消费水平:消费水平越高,区域资源环境承载力越小;消费水平越低,区域资源环境承载力越大。

（3）人口合理容量。人口合理容量指按照合理的生活方式,保障健康的生活水平,同时又不妨碍未来人口生活质量前提下,一个国家或地区适宜的人口数量。

①实质是一个国家或地区适宜的人口数量;②环境承载力与人口合理容量的区别:资源环境承载力表示的是一个警戒值,我们追求的是人口的合理容量;人口合理容量小于资源环境承载力;一个地区的资源环境承载力大,人口合理容量相应也大,因此影响环境承载力的因素也是影响人口合理容量的因素;③意义:影响一个地区或国家的人口战略和人口政策的制定,进而影响区域的经济社会发展战略;④我国谋求人口合理容量:在贯彻计划生育政策的同时,大力发展经济,努力提高科技水平,提高资源的利用效率和对资源的管理水平,提倡适度消费。

自然环境是人类生存的基础,自然环境优越的地方,适合人类生存,环境承载力较大,同样也吸引大量的人口在这里聚集,人口密度逐渐增大,发展历史较长,经济发展水平高,也会吸引大量的人口迁入,资源环境承载力、人口迁移、人口分布三者间互相影响,构成一个整体,把三者作为单元教学进行,有利于培养学生的综合思维、辩证思维,同时也培养了学生人地协调和可持续发展的观念,更有利于培养学生地理核心素养。因此我校在教学中要多挖掘单元教学的内容,开发更多的地理校本课程资源。

（赵冬梅　天津市葛沽第一中学）

参考文献

[1]中华人民共和国教育部.普通高中地理课程标准(2017年版2020年修订)[S].北京:人民教育出版社,2020.

[2]谭振华.地理校本课程的开发[J].中学地理教学参考,2004(Z2):39-40.

第二节 地理校本课程资源整合策略

新课改背景下，国家课程实施和学校课程建设都需要符合时代和现实需求，融合学校教育理念，促进学生全面而有个性的发展，体现课程改革的时代性、选择性和实用性的价值追求。范蔚在《实施综合实践活动对课程资源的开发和利用》一文中提出地理课程资源是指富有教育价值的，能够转化为学校地理课程或服务于学校地理课程的各种条件的总称。杨淑杰在《地理教学资源整合对学生自主学习能力培养的作用》一文中提到地理课程资源整合就是为了完成一定目的的教学目标，把有关的地理教学资源有效地调整、融合，进行重新组合恰到好处地运用到教学中去，从而创造理想的教学情境，培养学生自主学习以及各种能力的过程。因此，课程资源整合无论对于国家课程校本化实施还是学校课程开发建设都发挥着至关重要的作用。

一、地理校本课程资源整合的意义

(一)符合"五育"融合要求

教育改革提出新的育人要求，全面贯彻党的教育方针，落实立德树人根本任务。学科教学也需要把"育人"作为首要目标，落实五育融合，追求学生完整的灵魂塑造和坚定的价值追求，培养德智体美劳全面发展的时代新人。校本课程资源整合为"五育"融合教育提供了关键的学科课程资源支撑。

(二)符合教学内容整合要求

依照新课标要求，高中地理课程的基本理念就是紧紧围绕地理学科核心素养，培养学生从地理视角认识地理环境，懂得与自然和谐共生的道理。地理课程资

源是实现高中地理课程目标的重要保障，学校应该高度重视地理课程资源开发，最大程度扩展地理课堂的深度和广度。因此，行之有效的课程资源整合利用成为提高课堂教学质量的关键环节。

(三)解决教学中关键问题

课程标准作为落实学科核心素养的纲领性文件，为课程资源选择留有足够空间，教学设计过程的情景化、案例化、问题化和活动化，课堂教学的时效性、目的性、策略性和灵活性都对课程资源整合提出新要求。课程资源整合作为课程标准落地的关键环节，是地理学科育人价值实现的载体和媒介，而其来源多样化和内容繁杂化需要选择、整合和优化。地理校本课程资源整合策略从教学中关键问题入手结合实际案例进行深入探索，为落实学科核心素养提供参考。

(四)满足学生自主学习需求

学生有意义的学习需要依赖课程资源整合而实现，通过对学科知识的理解内化，训练学生解决地理问题的观念、思维、方法和能力。课程资源整合是对课程资源进行有效的开发选择并优化整合，组织实施途径，为学科思维和能力训练搭建"脚手架"，提供元认知的方法，为学生留有足够的自主学习空间，逐渐形成学科思想方法，达成学科核心素养培养的目的。

(五)提升教师专业素养途径

面对立德树人的根本任务和学科核心素养培养的育人目标，教师的专业素养提升面临着诸多机遇和挑战。教师不仅仅是教材的使用者，更是课程的建设者。通过对课程资源整合，丰富教学内涵，优化教学过程，提升教学效率，满足学生的多元发展需求。教师通过课程的开发建设逐步提升专业素养水平。

二、地理校本课程资源整合的宏观思路

课程资源内容庞杂，分类标准众多，以下主要界定为校内和校外课程资源两

种基本类型。无论哪类课程资源整合都需要考虑为什么整合——怎么样整合——整合后实施——整合后评价——整合后价值。以下就从整合思维角度构建校内、校外课程资源整合的基本宏观思路。

(一)以校内教材为本的课程资源整合思路

在新课改背景下,课程资源整合需要重点关注如何用知识来承载素养,在教学过程中提升学生的能力和品质。其整合思路如下:①整合因素——明确因果——审视全局:涉及因素包括学生培养目标、教育教学理念、地理课程标准、各版本教材、师生资源等,明确各要素关系,整体视角下评估各因素的价值;②精读课标——通读教材——细读章节:精读课标需要把握解读课标的方法,通读教材需要把握整体结构,细读章节需要明确育人目标和价值,着力构建学生核心素养培养的体系;③教学设计——课堂实施——评估修正:课程资源整合需要以教学设计作为形式载体,在教学中实施反馈,以评价整合的价值,针对问题进行修正。以上三个过程互为整体,相互支持,构成课程资源整合的整体系统。

(二)以校外资源为背景的课程资源整合思路

面对新时代育人要求,校外资源的开发利用对落实学科核心素养、实现育人目标起到了关键作用。校外课程资源整合思路如下:确定资源来源——挖掘育人价值——选择整合优化——确定实施路径——反思整合效果。校外课程资源可来源于乡土课程资源、以研学为基础的课程资源、地理实践基地课程资源等。面对诸多课程资源,需要深入分析和探索落实学科核心素养的育人价值,对课程资源进行整合优化,完成情境创设、问题设计等,通过课堂实施,评价育人成效。

三、地理校本课程资源整合的具体策略

(一)基于课标解读的课程资源整合策略

地理学科核心素养培养是落实立德树人的根本途径,是对三维目标的修订和

调整,继承和创新,充分体现了地理学科独特的育人价值。地理学科核心素养是在解决真实情境中的问题时所表现出来的必备品格和关键能力,包括人地协调观、综合思维、区域认知和地理实践力,形成一个系统(如图1-2-1),需要共同关注。

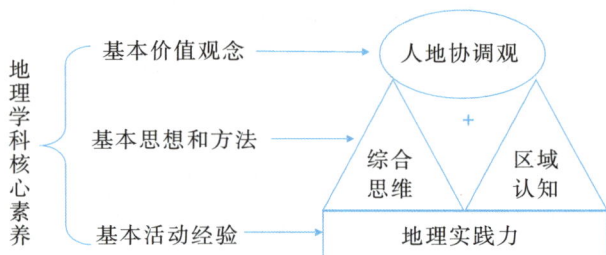

图 1-2-1 地理学科核心素养示意图

地理学科核心素养从地理学科本质出发,是贯穿课程标准的一条主线,体现在课程理念、课程目标、课程评价等各方面。因此,只有理解学科核心素养的内涵,才能明白地理学科的课程结构和课程内容调整,明确地理学习的方向目标,确定具体的"内容要求"(学什么)和"学业要求"(学到什么程度)。"学业质量"是学科核心素养水平的等级性考量,也是合格性考试和等级性考试命题的依据。

从课程结构来看,高中地理课程由必修、选择性必修、选修三类课程组成。三类课程不同定位,即相对独立又相互关联,形成螺旋上升的课程体系。地理必修课程是全体学生必须修习的课程,对应合格性考试;选择性必修课程是学生根据个性发展和升学考试需要选择修习的课程,对应等级性考试;选修课由学校根据实际情况统筹规划开设,学生自主选择修习。

结合地理学科核心素养培养要求和高中地理课程结构安排,进行课程资源整合时需要实施以下策略:①各模块的课程目标突出体现了地理学科落实立德树人的根本任务,指明了学科育人的方向和目标;②各模块的学业要求明确了地理学科核心素养培养的要求和基本标准,并呈现出阶段性、发展性和进阶性的特点;③各模块课程内容选择具有经典性与时代性,把地理学科本质内容和国家发展密切结合,为培养社会主义建设者和接班人奠定基础;④必修的2个模块自成体系,紧紧围绕学科核心素养选材,内容宽而浅,不追求系统性,突出地理实践力培养的要求;⑤选择性必需的3个模块与必修模块衔接深入,相对增强系统性,更多采用案例式、主题式学习方式，强调从学科本质角度对学科核心素养培育的深入挖掘；⑥每条课标内容都有核心概念、行为动词和行为条件组成，需要具体解读课标内容所承载的育人价值，通过教学资源整合实现对核心素养的培育；⑦课程标准是教学的纲领性文件，需要在整体系统把握课程目标、课程结构、课程内容、学业要求和教学建议等内容的基础上进行教学。

(二)基于教材分析的课程资源整合策略

教材是最关键的课程资源。基于教材的课程资源整合需要从教材整体结构入手，把握宏观思路和特点。以中图版新版地理教材为例，本套教材以学科核心素养落实为设计理念，尊重学生认知水平的呈现方式，采用了课文和探究双系列设计的结构体系(如图 1-2-2)。

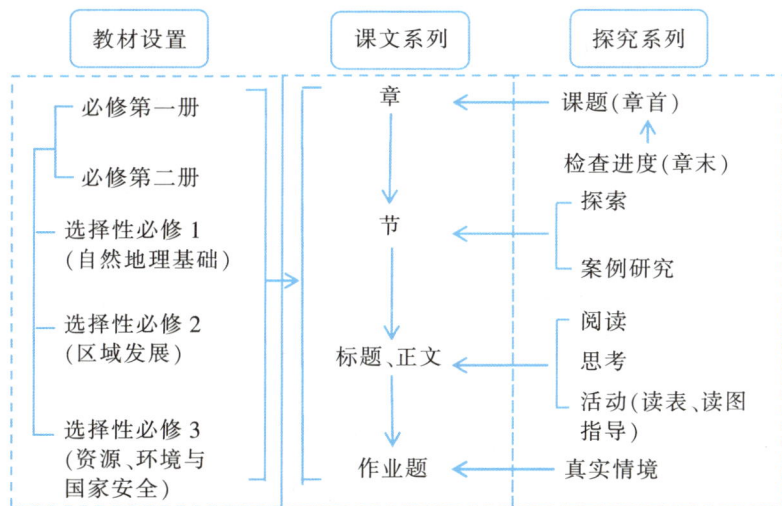

图 1-2-2 高中地理教材课程资源整合结构示意图

在教材课程资源整合过程中，尽管教材的编写者和使用者在育人价值追求的目标具有一致性，但难免出现编者和教师、学生的理解角度差异。如在教材使用过程中对于内容表述的理解难度、图像内涵的深度挖掘、探究活动的充分利用等方面的问题，需要足够关注，才可充分发挥新版教材的育人功能。

基于高中地理教材分析基础上的课程资源整合策略如下：①发展的辩证思维

研读教材,充分挖掘教材的价值内涵。依据课标编写的多版本教材存在其自身特点,教师需站在编者的角度思考教材内容承载的学科核心素养培育的价值,充分深入分析、挖掘教材所渗透的对于学生的爱国情怀、创新思维、审美能力等方面的教育功能,吸取精华,取长补短,为学而用,有所创新;②实现教材资源整合互通,优化教材的实施方式和过程。在教学中充分理解、深度研读教材,探讨教材的实施方式,研究与信息技术的融合策略,加强教学研究和指导,体现教材的最大育人价值和功能。例如如何对中图版教材中的课文系列和探究系列进行筛选、加工,以及如何优化教材的学、教、评、练的综合教育功能,是教材使用过程中需深入探索的内容;③利用课标引领和教材支撑,深化地理课堂教学改革。课改的关键是如何利用课标和教材循序渐进开展教学,培养学生学习能力,提高课堂教学效率,促进学生系统掌握地理学科知识、技能和方法,培养适应终身发展的素养。作为教师,需要在课标引领下,创造性地使用教材,并从不同渠道收集整理教学资源,与教材相互补充,发挥引导者,组织者和合作者的角色功能,变"教师教"为"学生学",丰富课堂教学,实现学生自主、合作、探究的课堂教学新风貌;④把握教材设计思路扩展教学,实现核心素养的评价目标。充分利用教材把握学科核心素养的评价和考核要求,除积极探索基于情境、问题导向的互动式、启发式、探究式等课堂教学方式,更重要的是要开展实践性、体验性、实验性教学,提高作业设计质量,精心设计基础性作业,适当增加探究性、实践性、综合性作业。教师应多尝试利用教材中多样化的探究活动,与自己的教学方式和过程有机结合,最大程度发挥过程性评价的价值;⑤领悟教材编写的思路和意图,提升教师课程资源整合能力。教材的编写团队呈现的是一种思路和方法。教师要致力于站在教材编写的层次和角度反思自身在教育教学中出现的问题,如对于课标解读方法的把握程度、对待专业知识的态度和深度挖掘能力、情景创设的要求和思路、用地理视角关注国家政策、用地理思维分析现实问题等,都是教师提升专业素养的重要途径,也是教师进行学科特色课程开发建设可以借鉴学习的有效策略。

(三)基于大概念的单元整体教学课程资源整合策略

《普通高中课程方案(2017年版2020年修订)》指出"重视以学科大概念为核心,使课程内容结构化,以主题为引领,使课程内容情境化,促进学科核心素养的落实"。结合顿继安、何彩霞等学者对大概念的研究,学科大概念可理解为具体学科知识背后的更为本质、更为核心的概念、原理或思想,是学科结构的骨架和主干,能够统摄或包含大量学科知识,并进行有意义的关联,具有较为广泛的适用性、解释力和持久的可迁移应用价值。崔允漷教授认为"普通高中新课程标准明确了各学科教学的逻辑起点是学科核心素养目标的达成。目标从知识点的了解、理解与记忆转变为学科核心素养的关键能力、必备品格与价值观念的培育。这要求教师必须提升教学设计的站位,即从关注单一的知识点、课时转变为大单元设计"。单元整体教学中的单元并无统一标准,即可以基于教材固有单元结构进行内容重组、资源补充和教学整合,也可以打破教材单元结构,用某种内在关联性对内容进行分析和整合。

基于学科大概念进行单元整体教学课程资源整合,将更为充分地揭示知识间的联系和本质,一定程度上避免纯粹以课时为单位的课堂学习碎片化或知识获取零散化问题,关注到素养培养进阶性和教学评的一致性,利于学生核心素养的落实。基于学科大概念的单元整体教学的课程资源整合策略如下:①要体现教学组织的结构性和一致性,进而体现学习过程的整体性与系统性。教学目标、任务、活动、评价等需要在单元角度通盘性考虑,体现不同主题的发展性与创造性,形成满足学生自主发展的生本课程;②要充分尊重学生的身心发展规律,分析原有认知基础和水平。学生先前所学的知识对所学新知识起到铺垫和启发作用,培养学生利用已有知识解决问题生成新知识的能力,并逐渐形成点到线到网的知识架构,达成即关注细节又宏观把控的能力表现;③强调学生发展学科核心素养的学习者角色。对知识重新整合的单元整体设计需要教师站在系统的整体角度和育人层面理解教材,对知识间的联系深入思考,对学情有更充分把握,给予学生更多的自主学习空间,让学生思考局部与整体、知识与方法的关系,进而获得深度、持久的理解和认知。

(四)基于乡土资源的课程资源整合策略

区域乡土资源和案例与学生生活密切相关,对于乡土资源的整合在学生核心素养培育中起着无法替代的作用。由于乡土课程资源开发、整合和实施的开放性,面临着诸多的问题和挑战。下面就以工业区位教学中天津碱厂案例说明课程资源整合的策略。教学思路和课程资源整合思路如图1-2-3所示:

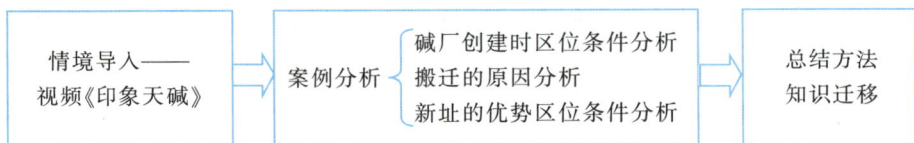

图 1-2-3 "天津碱厂"案例教学思路和课程资源整合思路

1.整合案例贯通始终

对于乡土课程资源整合最理想的效果是用一个案例整合教学内容,实现核心素养培养的育人目标。如本案例由于学生对天津碱厂知之甚少,利用碱厂发展历程视频资源作为情境导入。然后利用关键问题引领创设情境:天津碱厂的创始人范旭东为什么要选择在塘沽建厂?天津碱厂尽管取得了骄人的成绩,但依然面临着被搬迁的命运,在对工业进行选址时是否只考虑经济效益呢?最后让学生角色互换思考,提出假如你是天津碱厂厂长,对企业搬入新址是否满意?问题设计结合天津碱厂发展历程层层递进,在解决实际地理问题中,渗透了影响工业区位条件的分析,让学生明白学习的目的是基于案例又高于案例,具备解决实际地理问题的能力,逐步建立起正确的人地观。

2.以生为本理念支撑

课程资源整合的目的是为学生学习服务,培养学生学科核心素养。课堂只有交给学生,充分发挥他们的主观能动性,才能让学生真正地学会思考、学会合作、学会表达、学会解决问题。同时,在课堂中要适时加强学生的情感思想渗透,如爱国教育、因地制宜、保护环境、人地协调等,本案例对于学生的爱国主义和乡土情怀培养都起到了良好效果。

3.精心精致教学预设

有效的课程资源整合可以实现教学"有备而来"——精心、精细、精致设计情境和问题。本案例在资源选择处理和情境设置上投入了大量时间和精力,从案例选取、材料收集、整理加工、问题设置、参考答案、细节修正、课堂预设都经过了多次讨论研磨。每个问题设置和答案设定都需几经推敲,多次调整,对于学生难以分析到的区位因素需要设计追加问题进行引导,才达到预期的教学目的。例如,在分析天津建厂初期的区位条件时,发现学生对于政策因素难以分析到位,于是设计了补充问题:范旭东当初建设的是民族企业,有了原料,找到了投资方,还需要什么支持呢? 学生自然得出结论。因此,在教学中一定要强化问题意识和能力,对于追加问题、课堂生成问题必须给予充分、简洁、合理引导,才能挖掘学生潜力,提升学生能力。

4.智慧应变课堂生成

越是开放的课堂,对老师的挑战会越大。即使再细致的教学预设,也难以预估课堂出现的所有问题。但正是课堂的生成性和创造性才保持了课堂活力,体现出教师的教学水平和能力。因此,需要致力提升教师的专业素养和水平,从专业知识到思想方法、从教学经验到专业指导、从任务布置到课堂管理,针对学生反馈,必须具备及时引导、有效点拨、适时反馈、有效调整的能力。

(五)基于教师研学的课程资源整合策略

研学是落实地理实践力的关键方法和手段。地理实践力作为学习过程中的基本活动经验,有助于提升学生的行动意识和能力,更好地在真实情境中观察和感悟地理环境及其与人类活动的关系,增强社会责任感。研学资源整合要以学科核心素养培养为宗旨,引导学生用地理视角去观察、行动和思考,关注学生发现、质疑和探究问题的表现,引导学生独立思考、自主认知,让学生在对真实世界的感受和体验中提升理性认识,培养求真求实的科学态度,提升其感悟、欣赏、价值判断的能力。现结合天津师范大学李兆江教授组织带领教师参加的"房山国家地质公园"研学实践力培训内容为例,从教学准备、课堂实施、课后评价三个层面说明课程资源整合的具体策略,提升师生的研学意识和能力。

1.实践指明学习方向的准备策略

研学培训最好在相关专业的大学教授或专业教师引领下组织,有清晰的培训目的,制定研学路线,结合路线中的相关区域整合地理教学资源。例如本次研学培训目的地是中国房山世界地质公园,培训目的是了解华北地区地质地貌演化历史,考察北京房山国家地质公园的主要地貌;培训地层、岩溶地貌和河流地貌的研究方法;了解周口店古人类遗址。课程资源整合思路见图1-2-4。具体策略如下:首先,根据教学需求确定路线(地质公园博物馆—周口店遗址—十渡—野三坡),通过相关图文资料对培训所在地区做初步了解和认知;其次,利用相关的地理问

题引领整合课程资源(整体感知—观察欣赏—初步探究—深度探究—立志英才),让师生在自身的参与实践中,解决地理问题的同时,提升地理实践力。

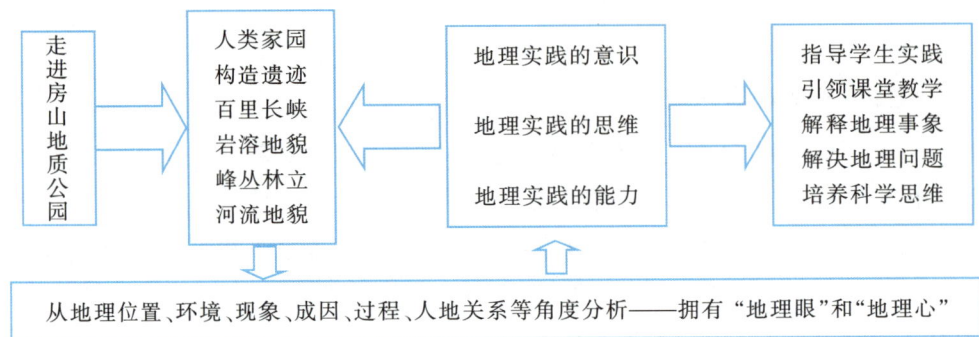

走进房山地质公园	人类家园 构造遗迹 百里长峡 岩溶地貌 峰丛林立 河流地貌	地理实践的意识 地理实践的思维 地理实践的能力	指导学生实践 引领课堂教学 解释地理事象 解决地理问题 培养科学思维

从地理位置、环境、现象、成因、过程、人地关系等角度分析——拥有"地理眼"和"地理心"

图1-2-4 "房山地质公园"研学课程资源整合思路

2.体验引领认知的课堂实施策略

课堂教学是培养学生核心素养的主阵地,如何在课堂上培养学生地理实践力是教师需考虑的关键问题。针对北京房山研学成果的课堂实施策略如下:首先,设计"知问"环节:调动学生体验认知——教师地理实践分享——引入探究问题和情境。具体问题是:①大家都有过旅游的经历,请说说曾经到过的哪些地方在地形地貌方面给你留下了深刻印象,理由是什么?②老师有幸到了房山国家地质公园进行考察,请大家一起来欣赏、认识老师实地拍到的地形地貌景观图片。③走出房山,放眼全球,为我们呈现的是更加多样的地貌景观。那么是什么力量造就了千姿百态的地表形态呢?其次,利用"知问"环节中学生和老师所涉及的相关山地的景观,设计了本课的"导学"环节,整合主要问题如下:地球上的山地是陆地的主要组成部分,也是陆地的主要骨架。山地有多种类型,结合刚才同学和老师的分享,你能说出这些山地的类型吗?并结合内力作用分析解释这些山地是如何形成的?然后,在"深问"的环节,利用这些山体类型,结合岩浆活动、地壳运动、变质作用等内力作用设计具体的探究问题,用内力作用解释山地的成因。最后,结合实例让学生进行课堂反馈,分析地质构造在生产生活中的应用,让学生在解决实际问题的同时,完成知识的理解迁移。

3.反思超越课堂的课后评价策略

基于培养学生地理实践力的目的,本课程的"反思"环节,前后呼应地设计了两个问题:①在老师演示的房山景观图片中,还有岩溶地貌、喀斯特地貌、嶂谷地貌等,请大家自学外力作用,尝试解释这些地貌的成因。②结合所学的地质作用,选择一处自己旅游过的地形地貌区进行景观介绍和成因分析,并与同学分享交流。当然,如果深入思考分析,本次研学还有诸多值得深入探究的地理问题。例如,从天津到北京房山的路线设计,可分析天津交通网问题;结合区域的气候、地形、植被等考察结果,分析房山的自然地理环境特征;分析房山的旅游业与区域发展的问题等。因此,要致力整合实践中的课程资源来改变课堂,让学生体验学习过程,享受知识生成过程,培养地理实践力的意识和能力。

(六)基于信息技术支持的课程资源整合策略

信息技术给教育提供了无尽的可能,图文资料、视频、微课、电子白板、网络机房、移动终端、云盘、云课堂、地理专用教室等课堂教学互动方式的变革为教育教学提供了新的机遇。基于数字时代育人需求,教师如何合理选择数字资源,创新应用信息技术,实现数字教育资源和教学目标有机结合,已成为必备的专业技能和专业素养。数字化的课程资源是如何服务于教学过程而满足学生的学习需要呢?现结合天津市新华中学杨景伟老师的教学案例,以天津市蓟州区九山顶区域为例,说明如何利用 LocaSpace Viewer 软件辅助等高线地形图的教学,探索基于信息技术支持的课程资源整合策略。

1.建立"交互—生成—开放—成长"信息支持平台更新教育教学理念

课堂教学由学科走向学生,由预设走向生成,由文本对话走向人机对话时,可以在信息技术支持下,对课堂教学资源进行选择加工、整合优化和设计使用。例如教师可以利用 LocaSpace Viewer 软件的三维技术手段为学生呈现真实的地理空间,将学生带入到真实学习情境中,实现等高线地形图的可视化教学,有利于学生地理空间思维培养。LocaSpace Viewer 在等高线教学中可应用于不同山体部位的识别、等高线地形图的生成原理和等高线地形图的判读等教学内容。特别是 LocaSpace Viewer 软件可以在立体的山地上直接生成等高线,学生可以随意调整观看方向、高度和角度,通过观察帮助学生建立不同山体部位与等高线之间的直

接联系,有助于学生形成清晰的地理空间概念。

2.侧重运用信息技术营造教学情境解决教学重难点问题

基于信息技术背景的情境创设需要构建教学内容的内在关系和逻辑结构,选择整合具体化、形象化的生长性教学资源,以学生为中心搭建学习"支架",关注学习过程,引导学生协作会话、自主构建、内化新知、迁移应用,突破难点,最终促进学生学科思维发展和能力提升。例如,在本案例中,等高线的生成原理实际是一个三维立体地形到二维平面地形图的过程,而山体部位的判读则是从二维平面地形图到三维立体图形的空间还原过程。所以,立体与平面之间的思维转换是学生理解等高线地形图的关键所在,对于这个过程的理解需要学生具备一定的抽象逻辑思维,是教学的重难点所在。通过 LocaSpace Viewer 在立体的山体上叠加等高线,学生直接观察山脊和山谷部位等高线,实现立体与平面之间的思维转换,帮助学生建立空间思维,从而降低学生学习的难度,突破教学难点。

3.强化课堂的交互过程和能力培养落实学科核心素养

利用信息技术支持处理教学资源时,要体现参与性、体验性、生成性、创新性等特点。关注生生、师生、学生与教学资源、学生与媒体等交互过程的意义和效果,激发兴趣,活化课堂,引导学生主动参与、深度探究,拓展学习能力、培养学科核心素养。本案例中学生对如何在 LocaSpace Viewer 中制作等高线有着强烈的好奇心,如何将这种好奇心转变为学习力,通过自主、合作、探究的学习方式开展等高线的学习,同时培养学生在信息技术方面的地理实践力是需要深入关注的话题。传统教学中可通过图片或者动画的形式,展现等高线地形图是如何绘制的,现在可以借助 LocaSpace Viewer 软件,通过学生课堂参与等高线生成和解释过程,落实学科核心素养的培养目标。

随着新招考改革的深入推进,课程资源加工处理、优化整合、创设情境、设计问题,引领学生发挥学习主动性是核心素养培养的关键途径,因此要致力于提升教师课程资源整合的意识和能力。在教育教学发展的关键时期,教育教学不只是继承,更重要的在于发展,希望我们能够站在教育教学改革的制高点,主动调整、突破局限、不断超越、勇于创新,为学生的素养养成和健康成长贡献力量。

(齐艳梅　天津市新华中学)

参考文献

[1]中华人民共和国教育部.普通高中地理课程标准(2017年版 2020年修订)[S].北京:人民教育出版社,2020.

[2]韦志榕,朱翔.普通高中地理课程标准(2017年版)解读[M].北京:高等教育出版社,2018.

[3]顿继安,何彩霞.大概念统摄下的单元教学设计[J].基础教育课程,2019(18):6-11.

[4]刘飞.语文统编教材大单元教学设计框架构建及其运用[J].基础教育课程,2020(23):40-51.

[5]周云清.乡土地理课程资源在高中地理教学中的应用[J].地理教学,2019(09):31-33.

《地表形态的变化》整体教学案例

一、单元整体视角的课程标准解读

本单元涉及三条高中地理课程标准内容要求，包括地理1和选择性必修1，各课标要求需要结合不同学段的育人目标把握教学重点。相对于上一轮课标内容安排，表现出地理核心知识后置，难点后移，体现出学科核心素养培养的进阶性。具体分析如下。

（1）通过野外观察或运用视频、图像，识别3~4种地貌，描述其景观的主要特点。

本课标从"地理1"自然地理要素及现象的整体目的去思考地貌学习的重点，而非地貌知识本身考虑。地貌是自然地理环境组成要素之一，与其他要素之间紧密联系，形成一个相互作用的整体。本课标要求通过三种或四种地貌的主要类型，培养学生在野外或图像上观察、识别地貌景观的意识和能力。在地理学科框架下，描述地貌的形态、物质组成和成因等特点。本课标要求以描述为主，不建议从成因入手构建知识体系，这是区分选择性必修1的教学重点。该阶段教学主要对标学业质量水平一和水平二，见表1-2-1。

表1-2-1 "地表形态的变化"学业质量水平描述（一）

学业质量水平描述	
水平一	水平二
在简单、熟悉情境中，或者日常生活区域中能够识别流水、海岸、风沙、喀斯特地貌，简单描述其地貌特点。（区域认知、综合思维）	对于给定的地理事象，能够描述流水、海岸、风沙、喀斯特地貌的特点，简单解释形成过程。能够归纳各种地貌的空间分布特征。（综合思维、区域认知）
简要分析各种地貌与其他某自然要素间的关系，以及与人类活动的关系。（人地协调观）	能够解释不同地貌形成与其他要素的关系，以及与人类活动的相互影响。（人地协调观）
通过教师指导、小组合作，能够参与地理实践活动，收集数据，观察现象，培养求真务实的科学研究态度。（地理实践力）	利用所学，明确如何对实际中的地貌进行观察、识别，掌握从地理视角描述地貌特点的方法。在活动中表现出合作、求实的科学态度。（地理实践力）

(2)运用示意图,说明岩石圈物质循环过程。

本课标要求关注的对象是自然环境的组成要素——岩石,重点落在岩石圈的物质循环,目的是以物质循环运动的观点看待岩石的形成和演变。岩石圈的物质循环过程,首先要了解岩石的分类即成因,并明确相互之间以及岩浆间的转化过程。从"过程"来看,需要把握转化的起点、重点,以及先后顺序,并由此形成"循环"的认识。从人地关系角度,可适当加入人类对岩石的开发和利用。本课标需要学生运用"示意图"来说明,一是会阅读和理解已有的图示,二是会自己绘制简单的示意图,说明岩石圈的物质循环过程。可参考表1-2-2。

表1-2-2 "地表形态的变化"学业质量水平描述(二)

学业质量水平描述	
水平三	水平四
运用"岩石圈物质循环示意图",说出三大类岩石名称并分析成因,概括各类岩石的突出特征;说明三大类岩石的转化过程。(区域认知、综合思维) 通过图文资料或结合生产生活,列举人类对岩石开发利用方式,认识岩石对人类活动的意义,培养尊重自然,保护资源的意识。(人地协调观) 初步对三大类岩石中具备典型特征的岩石进行识别。(地理实践力)	分析不同的"岩石圈物质循环示意图",并绘制简单的示意图,从物质运动的角度认识岩石圈的循环过程。(综合思维、区域认知) 解释自然界中由于岩石圈物质循环形成的现象,从动态的视角认识岩石圈与其他圈层的关系,理解与人类活动关系,形成人与自然生命共同体的观念。(人地协调观、地理实践力)

(3)结合实例,解释内力和外力对地表形态变化的影响,并说明人类活动与地表形态的关系。

结合《普通高中地理课程标准(2017年版)解读》分析,本课标要求的地表形态变化及成因,可以从三个层面加以说明。第一是全球大地构造,一般通过板块构造学说解释说明的全球海陆、高大山系、大裂谷等的分布变化;第二是区域大地构造,侧重于内力作用形成的地质构造与地表形态,解释地表高低起伏的原因;第三是在区域大地构造基础上侧重外力作用形成的地表形态,以体现地表形态的再塑造。教师在分析地表形态变化的原因时重在形成两个重要观点:一是变化的观点,

即地表形态一直处于不断的运动和变化之中;二是综合的观点,即现在的地表形态是内力和外力共同作用的结果。人类活动与地表形态的关系重点在"关系",从地与人的关系来看,不同的地表形态会不同程度制约人类活动;从人与地的关系来看,随着科学技术的发展,人类活动对地表形态的影响越来越明显。可参考表1-2-3。

表1-2-3 "地表形态的变化"学业质量水平描述(三)

学业质量水平描述	
水平三	水平四
根据不同地貌景观素材,解释说明塑造地表形态的地质作用和形成原理;解释不同区域形成不同地表形态的原因。(区域认知、综合思维) 　　结合给定的复杂案例或地理事象,能够说明地表形态对人类活动的影响,分析人类活动对地表形态的影响,形成尊重自然规律、因地制宜的观念。(人地协调观) 　　尝试对旅游经历或研学资源中的地表形态进行观察、分析、说明形成的原因和过程。(地理实践力)	从物质运动和能量交换的角度,认识分析地表形态的形成过程与变化规律;分析不同区域地貌形成与各自然要素之间的关系。(综合思维、区域认知) 　　利用现实情境和问题,能够分析地表形态与人类活动的相互关系,归纳人类活动与自然环境和谐相处的意义和重要途径。(人地协调观) 　　设计、实施地表形态的地理实践活动,并得出相关实践结论,培养科学、严谨的科研意识和态度。(地理实践力)

二、单元整体教材结构分析

　　在进行单元教材分析时,需要对高中学段地理教材有整体认知。地理1侧重于自然环境要素及现象角度认识地貌,强调地理实践力的落实,增强学生观察、识别、描述、解释、欣赏的意识与能力。地貌的观察本身包含非常多的能够启发学生思维的素材,让学生以感性认知去识别野外地貌,会对学生的思维启发效果更明显,逐步养成在生活中发现地理现象、用地理视角解决生活中地理问题的能力。描述地貌景观意在强调学生观察能力,知道描述地貌景观的方法,如从地貌的形态、结构、物质组成等方面去认识地表形态,避免对世界视而不见。当学生获得的本领能够服务于将来时,教育教学就是有效的。

　　选择性地理1侧重于岩石圈物质循环和地表形态的变化过程,理解自然地理环境中的物质运动和能量交换。地表形态变化需要从成因的角度认识,强调地理原理的解释及应用,同时要突出综合思维的角度认识地表形态的时空变化和岩石圈的物质循环过程,并渗透岩石圈与其他圈层的关系,理解地理过程的意义。自然地理环境中的物质运动和能量交换是通过自然地理现象和过程来展现的,这些现象和过程应具有全球性,对地理环境的形成和演变具有重要的影响,也对人类活动产生深远的影响。可参考图 1-2-5。

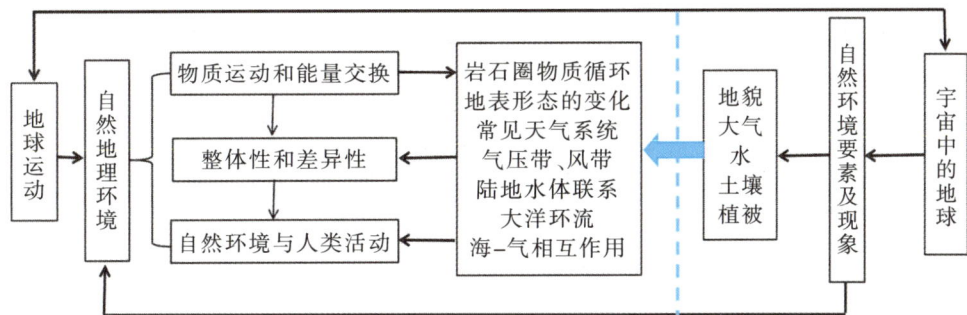

图 1-2-5　从整体的角度确定单元教材的结构框架

三、单元整体教学课程资源整合特征

基于学科大概念的单元整体教学课程资源整合是落实立德树人的重要途径,以单元教学为目的的资源整合渗透着以人为本的"整合"思想,体现了知识间的深度有机关联。单元整体教学的课程资源整合体现如下特征:第一,体现教学目标、任务、活动和评价组织的结构化;第二,重视教、学、评通盘考虑的一致性;第三,关注学习过程的整体性和系统性;第四,考虑不同大概念的关联性和生本课程的建设。

基于学科大概念的单元整体教学的课程资源整合有其理论价值和实践价值。理论价值是通过《地表形态的变化》单元整体教学的课程资源整合案例为基于学科大概念的单元整体教学提供基本思路和理论参考。实践价值体现在符合新时代教育背景下培育学科核心素养的现实要求,通过单元整体教学的课程资源整合让学生对具体事象的概念、形成、过程、影响等进行有意义的思维加工训练,进而使学生获得更具有普遍意义的大概念,实现知识拓展和结构改变,培养学生解决实际问题的关键能力、必备品格和价值观念。

四、单元整体教学基本思路构建

基于学科大概念的单元整体教学的需要在提炼学科大概念基础上,把握课标的整体进阶,根据课标要求和学科核心素养培养等级要求,对学习内容进行整体把握,结合教材体系结构,整合教学资源,确定单元结构,凸显学习目的的进阶性,合理安排课时课型,实施单元结构化教学,评价单元整体教学,体现学科核心素养螺旋上升培养过程。基于以上考虑,基于地理学科大概念的单元整体教学的基本思路构建如图 1-2-6。

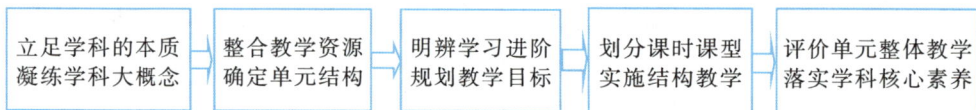

| 立足学科的本质 凝练学科大概念 | 整合教学资源 确定单元结构 | 明辨学习进阶 规划教学目标 | 划分课时课型 实施结构教学 | 评价单元整体教学 落实学科核心素养 |

图 1-2-6 单元整体教学的基本思路示意图

(一)立足学科的本质 凝练学科大概念

凝练学科大概念需要立足学科整体的高度,从具体内容和基本概念出发,分析和挖掘具体知识背后的本质概念、原理和方法,并进行准确的提炼和表达。学科大概念需要承载立德树人的根本任务,关注地理学科知识和价值观的融合。纵观初高中地理教材以及指向学科核心素养的育人要求,发现地表形态的内容关联初高中诸多章节知识,结合地表形态与各章节知识间的深层次联系和线索,确定了学科大概念"地表形态及其变化影响着地理环境的特征"。

(二)整合教学资源 确定单元结构

以大概念为视角梳理课程标准的相关内容要求,形成有意义关联的结构化的知识整体,明确单元教学的梯度,将承载学科核心素养的知识由浅入深、由易及难进行安排,结合教学内容特点确定大概念的结构程度和单元的大小形态。由于地表形态及其变化涉及初高中内容,而且有机渗透不可分割。因此,需要整体规划,关注时间、空间两个维度,确定《地表形态的变化》结构大致如下:识别地表形态——描述地表形态和景观特征——分析地表形态成因——地表形态与自然环境特征——地表形态与人类活动关系。在此知识结构的认知中一定要隐含不同区域和不同时期地表形态及其变化与地理环境间的关系。

(三)明辨学习进阶 规划教学目标

学科大概念学习是一个循序渐进、不断拓展的过程。结合课程标准,依据学生不同的学习发展阶段和素养等级水平的培养需求,明辨单元教学的学习进程和节点,规划制定明确的进阶性教学目标。进阶目标是从学科核心素养的角度对大概念进行审视,厘清大概念和单元整体教学的落脚点,让教学实践具备清晰的方向性和目标性,目标制定可以是基于知识拓展或深化设计的任务活动等。《地表形态的变化》的单元教学目标可以依据以上单元结构的课标要求和学情具体设计。

(四)划分课时课型 实施结构教学

单元整体教学需要尊重学习者不同认知发展阶段的水平,依据教学目标,进行课时、课型的制定和安排教学。教师可通过增加内容维度、认识深度和复杂性,以持续、递进的方式促进学生理解和迁移,具体表现为通过问题情境作为完成和达成的路径,利用问题引领,让活动具有目标性、逻辑性和连贯性。《地表形态的变化》课程资源整合和课堂实施需要整体把握,侧重对不同学段的教学资源进行合理安排,包括学业合格新授课、学业等级新授课和学业等级复习课等,针对不同的学生群体进行实际教学安排。

(五)评价单元整体教学 落实学科核心素养

基于学科大概念的单元整体教学,从实施过程看,指向不同水平的进阶目标,是一种形成性和过程性评价,起到诊断、评估作用,通过不同层次问题情境,引导学生在参与和体验中学习,实现教学评一体化的教学常态。从实施结果来看,重在促进学生对大概念的理解和构建结构化知识,形成解决问题的学科思路、观念和方法,并运用于新情境,具有持久的可迁移应用价值。所以,除了要明确学生完成单元学习后具体知识和技能掌握情况,必须关注对于大概念的理解和应用情况,能够解决接近真实情境的地理问题。因此,需要把过程性和终结性评价有机融合,帮助学生完成学科知识的动态生成、能力意义的个人构建,以及复杂情境中的真实表现。指向学科核心素养评价的具体落实在近几年高考题目中已明显渗透,值得借鉴。例如2019年全国Ⅰ卷题目就是立足于单元整体教学角度的考察。

例题:选自全国Ⅰ卷

阅读图文材料,完成下列要求。随着非洲板块及印度洋板块北移,地中海不断萎缩,里海从地中海分离。

有学者研究表明,末次冰期晚期气候转暖,里海一度为淡水湖。当气候进一步转暖,里海北方的大陆冰川大幅消退后,其补给类型发生变化,里海演化为咸水湖,但目前湖水盐度远小于地中海的盐度。

(图见 2019 年高考题全国 1 卷试题)。

(1)板块运动导致的山脉隆起改变了区域的地貌、水文和气候特征,分析这些特征的变化对里海的影响。

(2)末次冰期晚期里海一度为淡水湖,对此做出合理解释。

(3)分析补给类型发生变化后里海演化为咸水湖的原因。

(4)指出黑海、地中海未来演化为湖泊的必要条件。

五、单元整体教学课程资源整合成效

袁孝亭教授指出,以地理学思想和方法为广角镜与高观点,把握地理学科内容的关联性与结构化,进而明确应该遵循怎样的学科逻辑,运用怎样的学科思维方式、方法和技能发现与解决问题。因此,用整合思维站在"单元"视角对课程资源进行选择、整合、优化,即可以为学生的学科核心素养落实探寻有效途径,又可以渗透学科思维方法和观念,实现学科育人价值最大化。

(一)落实学科核心素养培养和思政育人

在《地表形态的变化》整体设计和教学中,结合时代发展需求和地理学科育人特点,开发选择、整合优化课程资源,落实地理学科核心素养(如图 1-2-7)。同时充分挖掘学科知识和思政教育的契合点,如爱国主义情感、全球发展共同体理念、可持续发展观念、求真求实科学态度、因地制宜思想、自然灾害意识等,进行有机结合,悄然渗透,寻求学科思政育人的合理载体,充分发挥"课堂育人主渠道、知识育人主载体"的学科育人价值。

地表形态与人类活动关系可以理解为具体应用、落实人地协调观的角度和思路。即因地制宜(空)、因时制宜(时)、人类充分合理的利用地表形态,实现可持续发展。(时、空、人的有机融合,一定程度上取决于人的认知程度和科技水平的层次)

地质作用是形成地表差异的关键因素之一。地质作用可以发生在不同地理空间尺度,并表现出不同的地表形态。因此,在空间视角认识分析地表形态是区域认知落实途径。

全球或区域的地表形态是内、外力长期综合作用的结果。因此,要从综合思维角度分析概括地表形态的成因和特征;同时,要立足时间角度综合分析地表形态形成的过程及其与地理环境的关系。

通过观察、识别、描述自然界中的地貌景观,理解地表形态变化的过程与原理,增强对生活中的自然现象的解释、欣赏的意识与能力,提升地理思维品质和地理实践力。

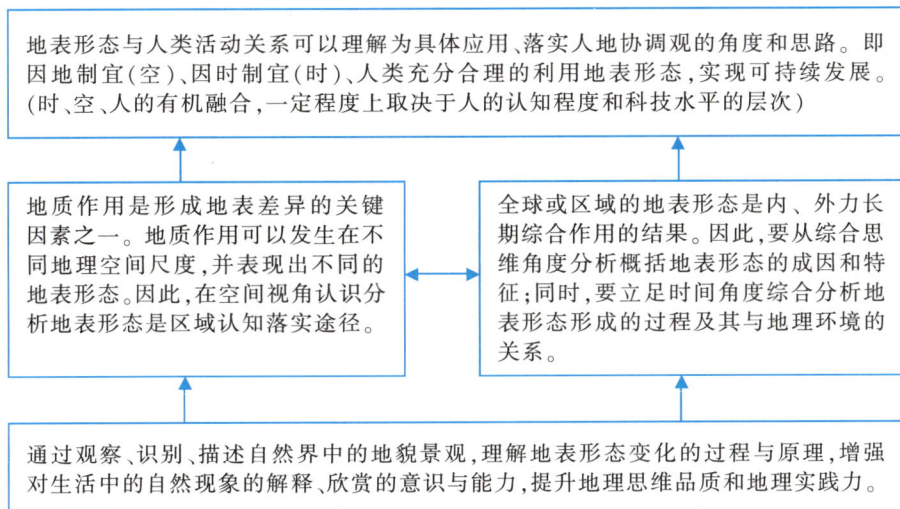

图 1-2-7 《地表形态的变化》单元整体教学的核心素养落实

(二)渗透地理学科思维方法和地理观念

在《追求理解的教学设计》中提出,一个单元应该根植于更广范围的项目和课程内。当一堂课被包含在更大单元和课程设计中时,通常会更具有目的性和连接性。《地表形态的变化》整体教学可渗透地理事物的认知视角和方法如下:从观察、识别、描述地理事物特征和理解概念的视角;从分析地理事物成因、总结规律的视角;从关注地理事物空间尺度的视角;从要素、时空、地方综合的视角;从地理事物动态变化的视角;从人地关系的视角等。因此,以学科大概念为基础的单元整体教学为深刻认识地理事物,分析地理事象,解读地理规律提供了学科思维方法和观念。

新的课程改革要求,对教师提出了新的挑战。教师需要站在立德树人和学科核心素养培养的高度,利用整合的系统思维,站在课程的"单元整体"视角,理解初、高中课程标准内容构成的相互关联、螺旋上升的课程体系;通过梳理地理核心概念,把握某类知识的结构关联和学科逻辑,挖掘学科思维方式和方法论,思考教、学、评的一致性,通过有效的课程资源整合策略,探寻学科核心素养培养的有效路径,实现新时代教育背景下学科育人目标和价值追求。

(齐艳梅 天津市新华中学)

参考文献

[1]中华人民共和国教育部.普通高中地理课程标准(2017年版2020年修订)[S].北京:人民教育出版社,2020.

[2]韦志榕,朱翔.普通高中地理课程标准(2017年版)解读[M].北京:高等教育出版社,2018.

[3]顿继安,何彩霞.大概念统摄下的单元教学设计[J].基础教育课程,2019(18):6–11.

[4]刘飞.语文统编教材大单元教学设计框架构建及其运用[J].基础教育课程,2020(23):40–51.

第二章

地理教学情境的创设

　　地理情境教学是指在地理教学过程中,为发展学生的核心素养,激发学生的学习热情,通过创设与地理教学内容相适应的情境,引发学生的情感体验,让学生轻松愉快地学习地理知识,并将所学运用到现实生活中的一种教学方式。《普通高中地理课程标准(2017 年版 2020 年修订)》提倡通过真实教学情境培育学生的地理学科核心素养,引导学生在自然、社会等真实情境中开展地理实践活动,并充分运用多媒体技术营造实时生动的真实教学情境。地理教学中,情境创设要以课标为中心,关注学科思维和核心素养的培养,具备科学性,贴近生活,融入真实情境,激发学生对地理问题探究的兴趣,增强学生对地理问题的探究能力,培养地理技能,促进人地观念、综合思维、区域认知和地理实践力的养成。

　　实验是地理科学的基础,新课标在教学与评价建议中提到"要引导学生经历

从实验方案设计到实验过程观察、记录、操作实施、数据处理、最后撰写实验报告及汇报交流等相对完整、规范的科学研究过程"。地理实验情景的创设是地理课程改革的要求。教学案例《地球运动的地理意义》让学生制作学具,进行科里奥利力实验演示,使教学更加直观,增加了学生的具身体验,体现了对教师、学生实践创新能力的更高要求。学生需要掌握相关的地理实验操作方法,教师要提高自身地理实验教学技能,以便在课堂地理实验教学中培养学生的核心素养。

生活化教学情境创设要求教师将生活的真实现象融入教学活动中,在真实的、生活化的教学情境中,培养学生解决实际问题的能力。教学案例《工业区位因素分析》以口述历史的形式进行大港石化的工业区位因素分析,启发学生联系生活,学以致用,充分体现出地理学科的实用价值。

对地理实验情景的创设和生活化教学情境的创设的探讨,旨在通过情境教学的实践研究,丰富情境教学资源的储备,对教学实施效果进行反思,逐步完善高中地理课堂教学理论体系。

参考文献

[1]中华人民共和国教育部. 普通高中地理课程标准(2017 年版 2020 年修订)[S]. 北京:人民教育出版社,2020.

第一节　高中地理实验情境的创设

　　地理实验是在人为控制研究对象的条件下对地理事物、现象进行模仿并进行观察而实施的一种实验。通过对某些地理事象的模拟，可以在一定程度上呈现地理事物的发生、变化过程，从而让学生通过实验来认识地理现象、原理、规律。学习的本质是在情境中持续自主建构知识的过程，实验是地理教学中创设情境的重要手段。情境教学是有效培养学生核心素养的方法，它可以让学生在不知不觉中习得知识，形成能力和品质，它架起了一座直观到抽象、感性到理性、教材到生活的桥梁，它解决的是学生认识过程中的形象与抽象、感性与理性以及旧知与新知的关系和矛盾。

　　创设实验情境不仅能突破教师语言表述的局限性，更能够打破地理时间和空间的限制，在课堂上可以将久远的地质年代和全球尺度的地理过程再现，化抽象为形象、变静态为动态，化大为小，化繁为简。这样，学生不仅能获得地理知识，学会地理的思维方法，还能发展多方面的能力，形成正确的情感、态度和价值观，提升地理综合素养。但是，就目前的总体情况看，地理实验鱼龙混杂，优秀的实验方案比较少。究其原因主要是教师没有系统地掌握实验情境创设的方法和策略。因此，探讨高中地理实验情境创设是十分必要的。

一、地理实验情境创设要为教学目标服务，符合核心素养培养的要求

　　课堂教学过程应该是紧凑高效的，要达成核心素养的培养目标，实验情境的创设应该是与课堂教学目标一致的，实验要揭示什么地理现象或规律、学生的接受程度以及预期达到什么样的教学效果，做到心中有数才能在课堂教学过程中实

施。在实际课堂教学中,实验情境往往忽视细节设计,过程简单化,目的单一化,多为"教师个人表演",这样的地理实验目的性、发散性不强,学生能够获得的认知体验较少。更有的老师为了教学形式的多样而强行加入地理实验,为"实验"而实验,也就失去了实验情境创设本身的意义,花哨的教学形式并不能帮助学生完成学习目标,反而是将教学目标与手段本末倒置了。围绕教学目标的达成,教师在设计实验情境时不要仅仅考虑如何完成实验,更应该站在学生学习的角度,充分让学生去感受、理解和应用,这样学生获得地理知识的同时,还可以获得学习地理的思维方法。实验过程最好让学生能够亲自参与到操作中,比如采用小组合作实验的方式,这样可以提升学生的动手能力、观察能力和推理能力以及合作探究的精神。

二、地理实验情境的创设要针对比较复杂的问题,注重实验过程的探究性

创设实验情境一般是把较大时空范围内的地理现象或隐藏在现象背后的规律用较为直观的方式表现出来,使学生产生感性认识,然而感性认识必须上升为理性认识才能全面提升学生的地理思维品质。所以,地理实验情境不能停留在比较浅表化的现象解读和对知识的简单验证上,这样会让实验过程失去探究的趣味,对学生也就没了吸引力。比如,一位老师在讲"火山喷发"时设计了一个实验情境(图2-1-1):在一个模具中装入适当稀释的番茄酱,然后添加少许苏打粉,番茄酱便从模具口中溢出。这个实验几乎没有演示火山喷发的任何特点,运用视频和火山结构示意图学生完全可以理解,如果用了这个实验不仅不会对理解火山喷发增加效果,反而失去了真正火山喷发的震撼感。

图 2-1-1 "火山喷发"模拟实验

创设实验情境的意义在于指导学生深入探究地理现象,推动学生思

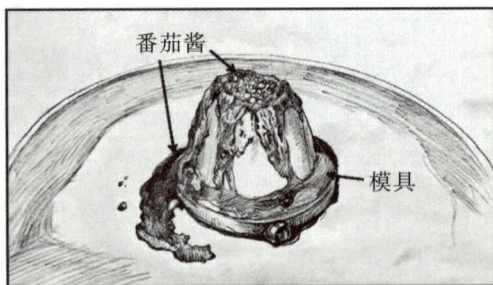

维层次的提升,是培养学生核心素养的着力点。教师可通过预设问题情境的方式引发学生质疑,再通过对实验过程的探究逐步解决学生的疑惑。比如,在进行"地转偏向力"实验前可以预先展示生活中的漩涡现象,如台风云图,明示其与地球自转有关,以此引起学生的兴趣,然后,通过科里奥利力实验来说明地转偏向力的存在,再回来探究漩涡形成的问题。另外,还可以对模拟实验结论适度拓展,借题发挥,延伸实验内容。比如,在"热力环流"的教学实验后引导学生关注热力环流在生产和生活中的应用,如"城市风与工厂选址"等问题,让学生体验自己刚刚做过实验的现实意义,就会对热力环流有更深层的思考。通过在实验前后的拓展性学习,可以促成学生质疑、追问、探讨、论证等学习行为,对地理问题展开联想与反思,从而对地理原理规律的理解逐步从静态走向动态,从片面走向全面,从混乱走向有序,形成完整的思维链条。

三、地理实验情境所运用的材料和场景尽量简单,便于学生参与实验

课堂实验情境重在模拟,而不是再现地理环境和现象,采用复杂的场景和器材可能实验效果会好一些,但是肯定会增加课堂实验的成本、难度和展示时间,复杂的操作也可能让动手能力不强的学生不知所措,而影响实验的参与度。因此,受课堂环境的限制,地理实验情境在揭示原理、规律的前提下应该尽量让场景简化,可以适当加入空间想象的背景,有时可以直接利用自然场景来实验,比如估算不同季节阳光照进窗户的面积,利用教室暖气演示热力环流等等。在实验器材的选择上,尽量选用简单、安全、环保、容易得到的材料,只要通过合理科学运用,简单的演示同样可以揭示比较复杂的地理现象和原理。比如用不同大小的硬币或不同颜色的橡皮泥演示等高线的绘制过程;用乒乓球制作小地球仪;用碗、冰块、热水、蚊香等模拟热力环流过程;用电吹风、水盆等演示风海流的形成;用水盆、透明塑料薄膜演示水循环等等。这样简单安全、成本低廉的材料学生很容易搜集到,降低了操作难度,也有利于多个小组同时操作,进行对比研究。

四、在创设地理实验情境过程中，要预设完整的结论，还要留有余地，兼顾生成性

  课堂实验情境可以帮助学生建立空间概念、理解地理原理和规律，实验后学生应该展示他们实验或观察的结论，学生通过对比、类比、联想、推理、总结归纳等方式展示自己的思考过程，能锻炼学生的综合思维能力。学生的结论未必准确，为此实验应该有完整的结论设计，同时教师还要考虑到实验的随机性和可变性，准备多种对结论的预测，预想学生可能得出的结果，以便课堂上能够随机应变，有效落实预定目标。

  在实验操作之前，教师可以适当"放宽"实验细节，增加实验的不确定性，不让所有的地理实验都能顺利"成功"，利用出现的实验"偏差"进行再分析，可以为课堂生成创造空间。比如演示"冲积扇的形成"（如图 2-1-2），同样的材料和实验过程，不同小组形成的冲积扇有大有小，有薄有厚，形状各异，加以点拨，学生就可以从坡度、流

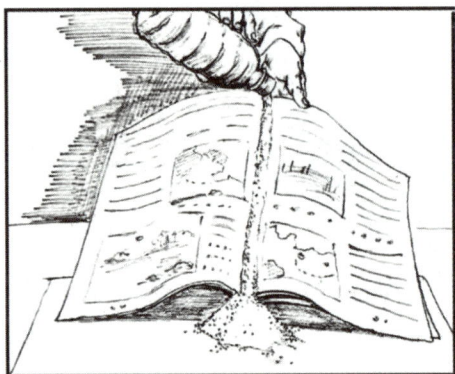

图 2-1-2 冲积扇的形成实验

速、沉积物的组成等多个方面得出结论，更加全面地理解流水沉积作用。

五、要对创设的实验情境进行论证，保证实验过程的科学性

  科学性是对实验的基本要求，教师创设实验情境时，要让实验反映正确的地

理规律和过程,让实验结果能够反映正确的结论。教师要避免因设计不当而出现科学性问题,这就要对实验进行论证,实验选用的器材是否合理,模拟对比是否恰当,是否能抵抗外界环境的干扰等等。比如一名老师模拟流水沉积的实验(如图 2-1-3),用不同大小的豆粒模拟沉积物颗粒,用敞开的书做"山谷",豆粒流出"山谷",沉积下来,反而是小颗粒先沉积,大颗粒在外围,与实

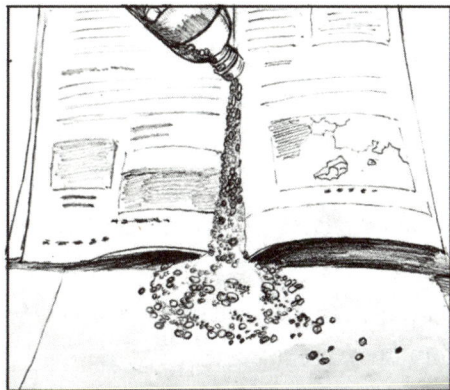

图 2-1-3　流水沉积作用实验

际沉积效果相反,这样的实验不符合地理规律,在教学中是不能采用的。

由于地理实验是模拟实体或环境条件,难以表现真实情境,容易出现对知识的片面理解,导致实验准确度不高,因而每个实验都要分析其局限性。比如模拟"地层受力变形过程"实验(如图 2-1-4),通过弯折"竹片"的实验,把大尺度的时空变化过程"浓缩"来演示"地层受力变形过程"。这一实验能够演示地层的变形及岩层顶部受到的张力,但是要对学生说明实验的问题在于弯折竹片不能反映地层连续性的变化过程,实验不能模

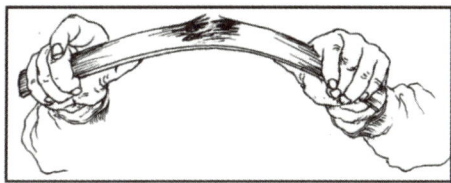

图 2-1-4　"地层受力变形过程"实验示意图

拟复杂岩层的受力情况。明确实验的局限性可以使实验的指向性更准确,降低外界干扰条件。

地理实验情境的创设是个复杂的工作,要想创建出高质量的实验活动需要在实际教学中对实验过程和结果进行反复实践,对地理实验方案进行不断地调整和完善。

(张永正　天津市宝坻区教师发展中心)

参考文献

[1]罗玉梅.核心素养背景下高中地理课堂教学问题情境创设的研究[D].武汉：华中师范大学,2018.

[2]陈慰臻.浅谈开展高中地理模拟实验教学的几个注意点[J].中学课程辅导（教师通讯），2018(08):154.

[3]金姝兰,等.中学地理教学情境的创设与学科核心素养的培养[J].上饶师范学院学报，2019,39(03):76–81.

[4]赵晓佳.基于情境教学的地理实践力培养策略探讨[J].中国多媒体与网络教学学报（下旬刊）,2020(09):120–121.

《地球运动的地理意义》教学案例

一、教学内容分析

本课是上一节"地球的自转和公转"内容的延伸,在学生理解了"黄赤交角"的基础上进一步研究地球自转和公转过程中所产生的地理意义,具体内容主要包括昼夜交替、地方时、地表水平运动物体运动方向的偏转、正午太阳高度的变化、昼夜长短的变化、四季更替与五带划分等,这部分内容是整个"地球的运动"这一单元的核心,也是自然地理模块内容的重要基础理论。对于本课重点知识,学生大多可以通过身边的现象感知,但必须透过这些现象去理解其背后的规律和原理,并理解其内在的关联性,构建时空观。地球运动地理意义的相关知识是后续学习大气运动、气候、水体运动等其他自然地理知识的基础。本课内容教学难度较大,涉及原理、规律较多,内容上侧重空间动态变化,且多个地理意义的内在关联性强,因此要从"时空转换""要素综合"的角度分析理解。

本课教学需要 4 课时。

本节教学重点:昼夜交替、地方时、正午太阳高度角的变化、昼夜长短的变化。

本节教学难点:地方时计算、正午太阳高度角变化规律、昼夜长短变化规律。

二、基于核心素养的情境设计

(一)课标解读

本节课标的要求是"结合实例,说明地球运动的地理意义"。这条"标准"中的行为动词用"说明",表明对这条"标准"的要求应该从义务教育阶段"了解现象"的层面,上升为理解规律和成因的层面。要说明地理意义就要从认知地理现象的产生、变化出发,分析思考现象对地理环境和人们生产、生活的影响,由于这些现象是学生可以感知的,因此课标实施的条件是"结合实例"来说明,这正是培养学生地理核心素养的契机。所以,在高中阶段深化学习地球运动的地理意义时,要进一步结合地理核心素养的表征,重新审视并整合教材内容,创设生活情境、实验情境等,以"素养立意"串联地球自转和公转的地理意义,以达成培养地理学科素养的目标。

(二)针对本课教学内容,落实素养目标的情境创设(见表2-1-1)

表2-1-1　课堂情境创设

课标要求	核心素养	解读内涵	情境创设
结合实例,说明地球运动的地理意义	区域认知	学习运用空间分析方法解释地球运动产生的现象。根据各地的经纬度差异,理解地方时差、昼夜长短分布规律、正午太阳高度角分布规律	比较本地(天津)与我国新疆学生作息时间表; 推演地方时、区时、正午太阳高度角计算公式
	综合思维	透过地球运动产生的各种地理现象,理解地球运动的规律和成因,要从"时空转换""要素综合"的角度分析其演变过程。运用地球运动规律,从宏观尺度解释生产、生活中相关的自然现象,如昼夜长短、正午太阳高度角的变化等	利用"百度地图""三维地球仪"模拟演示地球运动产生的地理现象; 昼夜更替实验探究; 小组合作制作学具,探究昼夜长短变化; 对比分析南北半球台风(飓风)云图; 立竿测影探究活动; 探究"黄赤交角"变化可能产生的影响
	地理实践力	能够设计、实施相关地球运动地理意义的观察、实验、学具制作、演示等活动。结合生产生活实际去"解释"地球运动形成的地理现象	科里奥利力实验操作; 昼夜更替演示操作; 昼夜长短变化学具制作、日晷制作; 分组完成立竿测影活动
	人地协调观	要关注地球运动产生的地理现象对人类活动所产生的重要影响,认识人类活动要遵循自然规律,与自然和谐相处	观察"百度地图"地球模式,感受晨昏线移动,体会时间流逝。 河港位置选择、楼间距、"二十四节气"的划分,制作简易日晷,认识人类活动应该遵循自然规律

三、本课情境创设的方法

(一)情境带入,服务核心素养目标

做好教学设计首先要认真研究课程核心素养的具体内涵,制定明确的教学目标,根据课程内容创造性地融入情境,通过情境带入,指导学生通过观察、分析、探究、总结等活动达成目标,实现学生的素养提升。课堂教学的目标必须符合核心素养的要求,结合本课内容制定具体教学目标如下。

1.通过观察、实验演示和制作学具等活动,理解地球运动的地理意义及其规律表现,把握地球运动与各种现象之间的内在关系,建立时空观,提升学生综合思维素养。

2.结合实例,说明地球运动产生地理现象的区域特征和区域差异,包括地方时差、昼夜长短分布规律、正午太阳高度角分布规律等,提升学生区域认知素养。

3.通过观察、实验、学具制作、演示等活动,完成地球运动地理意义学习任务,提升学生的地理实践力。

4.学习过程中,关注地球运动产生的地理现象对人类活动所产生的重要影响,认识人类活动要遵循自然规律,与自然和谐相处,树立人地协调观。

(二)情境参与,突出学习主体

新课程改革标准中明确要求,教师不应当以理论知识硬性传授的方式进行教学活动的开展。通过创设情境,引导学生对学习内容进行自主探究,就会凸显学生的主体地位。具体到本课来说,开展学具制作、实验操作以及昼夜更替和立竿测影等探究活动,都是为了让学生参与到学习活动中,引导学生思考和总结,习得地球运动现象背后的规律和原理,学生真正成为学习的主人。

(三)借助媒体,展示宏观情境

本节内容大多具有宏观的空间尺度,需要很强的空间认知能力。学生如果缺乏想象力就难以理解地球运动地理意义的产生和变化规律,借助媒体教学,把地球空间运动直观地展示给学生看,学生就可以直接观察到地球的运动状态及其变化。本课教学借助"百度地图"的地球模式演示昼夜更替;运用"三维地球仪"课件演示昼夜长短变化、正午太阳高度角变化等。这些将音频、视频及图片等课程资料运用到教学中,使学生从视觉、听觉上形成直观的感知,由此提升教学效果。

(四)贴近生活,融入真实情境

本课内容与人类生产生活息息相关,如昼夜交替、太阳东升西落、时差、季节变换等。教学中,引用了很多贴近学生生活的情境,如从我国不同地区学生作息时间差来学习地方时,从日升日落学习昼夜长短变化,从冷暖变化学习季节变化等。通过这些生活情境的创设,把实现生活与高中地理课堂教学内容相融合,引导学

生运用联系的观点看待熟悉的问题,透过现象看本质,帮助学生进一步理解并掌握地球运动规律。

四、情境教学过程简要呈现(见表2-1-2)

表2-1-2　情境教学过程

教学内容	教学环节	教师活动	学生活动	设计意图
第一课时 昼夜更替及昼夜长短变化	情境导入	打开百度地图的"地球模式",拉到最远,变换不同角度观察实时的地球昼夜(提示学生地球昼夜状况随时变化)。 问题:1.昼夜是如何产生的。 2.地球上昼夜如何划分? 3.晨昏线在地球上的位置是固定的吗(考虑地球自转)	观察,参与演示	提升直观性、真实性,吸引学生的注意力,引发学习兴趣,进入主题。 设问,引起学生思考,发现问题
	创设实验情境	指导学生用地球仪和手电筒演示昼夜。 指导学生在地球仪上描画出晨昏线,观察晨昏线的特点。 增加地球自转的演示,引导学生观察昼夜更替现象。 指导学生绘制地球侧视图,学生绘制太阳光线、晨昏线、夜半球、南北回归线、南北极圈等。图解说明太阳高度	演示,观察,绘图,总结	通过学生动手演示和观察,提升学生地理实践力;通过动态思考昼夜更替和晨昏线的移动,总结规律,提升学生综合思维素养
	过渡 提出问题	展示地球侧视图,引出昼弧、夜弧概念,引导学生观察昼弧长与白昼长短的关系。 问题:生活中我们经历的昼夜总是一样长吗?我们天津昼长什么时候更长一些?这是为什么?有没有一年四季昼夜总是一样长的地方呢	观察,思考,总结	设置悬念,引发思考。 引起学生地理时空转换思维

续表

教学内容	教学环节	教师活动	学生活动	设计意图
	情境创设	利用"三维地球仪"课件,动画呈现地球上昼夜长短。	观看动画演示。	加深对黄赤交角与昼夜长短变化之间内在关系的理解,强化学生的时空观念,提升综合思维能力。
	学具制作活动	分组,指导学生制作简易学具。引导学生观察,在太阳直射点移动过程中,同一地区、不同日期和同一日期、不同地区的昼夜弧变化及长短对比,总结昼夜长短变化规律,并强调昼夜长短变化是一个渐变的过程	制作、操作学具,观察,推知各维度昼夜长短变化规律。 总结归纳	通过动手制作学具,加深对昼夜长短变化及其成因的认知,提升综合思维素养和地理实践力
	课堂练习	回顾开始的问题:描述天津地区一年中昼夜长短变化情况	思考、描述	了解身边的地理现象。
	作业	感受时间的流逝。 在一天中不同时间段,运用百度地图(或其他软件)观察实时地球昼夜情况。晨昏线随时间的流逝缓缓移动,世界上的某些角落暗了,某些角落又即将迎来曙光,我们自己所在位置也在周而复始地昼夜更替	观察,感受,体会	从地球运动的角度体会时间的流逝,提醒学生珍惜时间
第二课时 地方时及物体	生活情境导入	展示新疆学生的作息时间表,对比作息时间差异。 问题:为什么新疆的同学作息时间比我们晚?晚了大约多长时间?我们用同样的作息时间可以吗	比较、分析问题,联系生活,小组合作讨论	关注生活体验,感受地理与生活的关系。
	问题探究	指导学生探究地方时形成的原因。 结合地球仪演示,启发学生理解地方时的两个特点:经度相同则地方时相同;地方时东早西晚。引导学生计算得出结论并推导计算公式	小组总结,在此基础上推导公式	全面认识地方时形成及特点,明确地方时与经度之间的关系,提升学生区域认知素养

续表

教学内容	教学环节	教师活动	学生活动	设计意图
水平运动的方向发生偏转	课堂练习	回到开始问题情境，计算新疆乌鲁木齐与天津的地方时差	地方时计算	前后衔接,解开疑问
	创设情境 总结归纳	过渡：每一条经线对应一个地方时。这样人们使用起来极不方便，所以把全球划分24个时区，相邻2个时区相差1小时。 展示全球时区划分图。 指导学生认识时区及其特点	读图,总结、认识时区特点	了解时区划分，提升区域认知素养。 结合经纬网知识，推导公式，提升综合思维素养
	课堂练习	利用生活情境设计练习题，如：英国某场足球比赛当地时间19点开始，天津的小明几点开始观看直播	解题	认识区域时间差异
	过渡	地球自转不仅影响我们生活的时间，还造成很多地理现象空间上的变化，比如地表水平运动会发生偏向	联系生活了解概念	指导学生地理学习要建立时空观
	创设实验情境	科里奥利力实验演示：使用科里奥利演示仪演示小球的偏向	操作仪器，对比观察圆盘转与不转情况下，小球的运动变化，总结运动变化规律	通过实验证明地理现象的成因，提升学生地理实践力
	真实情境对比分析	引导学生想象,在地球自转过程中水平运动的物体也会发生偏向。 展示南、北半球台风(飓风)云图。指导学生分析真实情境。 指导学生总结地表水平运动偏向规律	联系现实思考问题、总结、绘图	理论与实际相结合，提升学生在大尺度上认识地球现象
	作业	结合上海港位置区域图，说明其航道需要经常清淤的原因	结合区域知识思考问题	理论结合实际，综合思考问题。提升对区域的认知水平

续表

教学内容	教学环节	教师活动	学生活动	设计意图
第三课时 正午太阳高度角的变化	问题情境导入	播放视频:截取纪录片《故宫》视频资料。北京紫禁城"午门"的命名由来,引出正午太阳高度。 播放视频:每年冬至正午,阳光照射到地面后,会反射到"正大光明"匾上,阳光由西向东将"正大光明"匾和下面的五条金龙依次点亮,由此可以看出古人的匠心独运和巧妙设计。此奇观的背后,有哪些地理原理呢? 问题:阳光为什么自西向东点亮牌匾?为什么只在冬至日十二点左右才能看到此奇观?引出正午太阳高度的年变化	观看视频,联系生活思考问题	以世界文化遗产为背景材料,引起学生兴趣。体会中国古人天人合一的思想,认识人与自然应该和谐相处
	分组探究活动	学生分组完成立竿测影活动,过程如下: 步骤一:在地球仪某一经线与南北极圈、南北回归线和赤道的交点处,分别用胶带固定等长的火柴棍(垂直于球面)。 步骤二:把地球仪摆放在春分点位置,让火柴棍所在经线正对太阳(即正午时刻)。 步骤三:学生记录每根火柴棍的影长(火柴棍的影子与正午太阳高度角成反比),观察不同纬度正午太阳高度角的分布情况。 学生记录结果:赤道正午太阳高度最大,由赤道向两极递减。 步骤四:把地球仪摆放在夏至、秋分、冬至位置,观察不同纬度正	分组操作,观察,总结规律	培养学生观察、分析地理现象,总结地理规律的能力,实现从现象到规律的认识,提升学生的区域认知和综合思维素养

续表

教学内容	教学环节	教师活动	学生活动	设计意图
		午太阳高度角的分布情况。 指导学生分组记录观察结果,总结正午太阳高度变化规律		
	合作探究	指导学生绘图,用几何方法探讨正午太阳高度计算方法	思考,计算,推导公式	结合相关学科知识,进一步验证规律。建立知识之间的联系,加深对地理规律的理解
	作业	查阅有关日晷的资料,学习日晷计时的原理,自制简易日晷,完成思考题。 1.分析日晷上下盘面使用时间差异的原因。 2.用简易图示说明日晷晷针与地面的夹角	查资料,动手制作	提升学习能力和动手操作能力。体会中华文化的博大精深,提升民族自豪感
第四课时 季节更替和五带的划分	复习导入	展示图片:昼夜长短和正午太阳高度的变化在时间上是有周期性的(一年为周期)	读图,联系生活实际思考回答	回顾前面内容。思维角度从空间转变到时间
	设置疑问	问题:我们对四季真的了解吗?谁能从地理的角度说清什么是夏季和冬季?四季为什么不断更替出现?我们感觉四季分明,其他地区的人们也和我们的感觉一样吗? 指导学生以北半球为例,从学生的生活体会出发描述四季变化。 总结:划分四季的依据是正午太阳高度和昼夜长短的变化,使得太阳辐射具有季节变化的规律	思考问题,描述季节变化规律	用生活中的常见案例设置问题,引发学生思考,学生体会地理无处不在。 全面解释四季更替形成原因,培养学生用联系的观点分析问题

续表

教学内容	教学环节	教师活动	学生活动	设计意图
	知识拓展延伸	拓展：中国古人根据太阳周年运动轨迹划分了"二十四节气"。阅读课后材料，谈谈中国二十四节气划分的意义。 总结："二十四节气"是中国古人智慧的结晶，是人类活动遵循自然规律的体现。 设问：二十四节气是以黄河流域气候为依据的，如果我们去南半球或是去赤道附近、两极地区生活，那里的四季是怎样的呢	阅读材料，体会中国二十四节气划分的意义。 从地球不同位置出发,思考、总结季节变化	认识人类活动要遵循自然规律，与自然和谐相处。 学会变换位置思考问题，全面认识地理现象，提升综合思维素养
	过渡情境	昼夜长短和正午太阳高度的变化不仅在时间上是有周期性的，而且在空间上形成了不同的热量带。如果在冬季你来一次从哈尔滨到三亚的旅行就会有不同的感受	思考	思维角度从空间转变到时间，建立地理时空观。 联系生活，引导学生关注生活
	合作探究 总结归纳	引导学生从全球尺度看，不同纬度地区形成不同热量带，地球划分为五带。 指导学生在空白地球图上标明五带的位置,并说出各带特点	观察,总结,绘图	从不同尺度认知区域,明确区域差异
	课堂小结	引导学生总结所学地球运动地理意义的内在联系，形成结构化知识	思考,总结梳理	运用联系的、动态的观点思考问题，提升学生综合思维素养
	作业	推理:假如地球的"黄赤交角"增大或缩小，那么我们这节课(地球运动地理意义）中的哪些现象会发生变化,怎么变化	梳理知识,思考问题	建立时空联系，提升学生综合思维能力

在实际教学中,通过情景创设增加学生体验感,帮助学生理解教材内容,激发学生学习的动机,取得了良好的教学效果。

(一)调动起了学生的认知情感,促使学生主动地学习

"地球运动地理意义"内容多,难度大,原理性强,学生接受起来比较困难。本课通过情境创设将学生带入学习状态,一方面是情境激趣,如对比作息时间、使用百度地球、播放《故宫》视频资料等,激发起了学生学习的兴趣和愿望,促进学生情感的发展;另一方面是情境参与,如制作学具、科里奥利力实验、制作日晷等,可以强化学生主动参与学习过程,更好地认知地球运动地理意义。可以说,情境教学对教学过程起到了导引、定向、支持和调节作用。

(二)学生思维能力得到了发展,使学习达到比较高的水平

课上创设了多种情境,给学生提供丰富的"地球运动地理意义"的素材和信息,帮助学生回顾旧经验、获得新知识。学生通过观察现象、分析问题、绘制图表、归纳总结,主动地去探究,去思考,体验地理现象的发生、发展和变化的过程。这样的学习,学生不只是被动地接受信息,更是理解信息、加工信息、主动建构知识的过程,学生的脑力全开,提升了学生的认知能力。

(三)通过应用知识,加强了课内外的联系,提高了学生的实践能力

适宜的教学情境不但可以提供生动、丰富的学习材料,还可以提供在实践中应用知识的机会,本课创设了多个有针对性的情境促进知识、技能与体验的连接,如作息时间的比较、观察台风(飓风)云图、制作日晷、分析上海港区位、理解二十四节气等,促进了课内知识向课外的迁移,让学生在主动的应用中理解地球运动地理意义,了解问题的来龙去脉,灵活地运用所学的知识去解决实际问题,一定程度上提升了学生的地理实践力。

(张永正　天津市宝坻区教师发展中心)

参考文献

[1]中华人民共和国教育部.普通高中地理课程标准(2017 年版 2020 年修订)[S].北京:人民教育出版社,2020.

[2]韦志榕,朱翔.普通高中地理课程标准(2017 年版)解读[M].北京:高等教育出版社,2018.

第二节　生活化教学情境创设

　　生活是教学的源头活水,生活化的教学情境是指根据教学需要所创设的以实际生活为基础的,激发学生学习兴趣的教学情境,可以是来自原本的生活,也可以是类似于实际生活的简化情境。生活化的教学情境有助于地理核心素养的养成。因此,在地理教学中运用生活化的教学情境进行教学是很有必要的,创设生活化的地理教学情境,引导学生从生活情境中发现问题,分析问题,解决问题。有效地改变传统的教与学,能够提高学生解决实际问题的能力,从而提升学生的人地协调观,综合思维,区域认知,地理实践力,实现学生的全面发展。

一、生活化情境教学的意义

(一)培养与提高中学生地理学习兴趣,促进学生地理学习

　　兴趣是学生最好的老师,任何学科学习都是如此,积极的学习动机是进行有效且高效学习的良好开端。对于地理学科而言,只有使学生认识到地理学习的实践价值与社会价值,才能使学生乐于接受地理知识,促使他们自主去探究地理知识,这样才能使学生的地理学习行为更加持久、高效、深入。对地理生活化情境教学研究与实践能将间接的地理知识、经验与学生生活中直接的经验相结合,促进学生对地理知识的深度理解与应用,激发学生学习兴趣,促进学生的地理学习。

(二)提高学生的生存能力,体现地理学科的实用价值

　　现代社会日新月异的变化与激烈的竞争,对学生的要求不仅仅是知识的储备量,更多的是学生对知识的实践。创设生活化情境并应用于教学,有利于提高学生运用所学知识解决实际问题的能力,提高学生未来走向社会的生存能力与生存技巧,真正将地理知识与自己生活相结合,不再让所学的知识因无用而荒废,这对学

生的终身生活与发展十分有益。

(三)推动教师教学技能提升,促进地理学科健康发展

通过地理生活化情境教学的实践研究,可以提升教师教学的有效性,提升教师教学专业水平,更新教师教育教学理念,并间接提高学生对地理学科社会价值的认同,进一步推动地理学科健康持续的发展。

二、生活化教学情境的创设原则

以下原则是在核心素养指导下提出的生活化情境教学的创设原则,依据以下原则进行生活化情境教学的设计可使最终设计的课堂应用更具有效性,更有利于学生地理核心素养的培养。笔者认为在中学地理课堂进行地理生活化情境教学的应用应遵循以下原则。

(一)科学性原则

地理作为一门兼自然科学与社会科学的学科,教师在地理教学中应该注重培养学生的科学素养。学生的科学素养不是一时就可以养成的,而是在潜移默化中逐步培养、发展和提高的。科学的教学情境不但可以为学生提供生动、有价值的学习材料,还可以提供在实践活动中运用所学知识的机会,有利于课内知识向课外实践活动的迁移,帮助学生更深刻地认识和理解知识的本质,提升学生解决实际问题的能力,发展学生的知识应用能力,增长才干,提高其科学素养。

(二)启发性原则

孔子说:"不愤不启,不悱不发,举一隅不以三隅反,则不复也。"孔子的这句话,不但强调了教学过程中启发的重要性,也强调了一定教学情境的重要性,生活化教学情境有利于激发学生的学习兴趣,启发学生的思维,提高中学学科教学的实效性。地理学科与生产、生活联系紧密。课堂教学中,创设生活化地理教学情境有利于学生根据生活体验和所见所闻来思考问题,了解问题产生和发展的脉络,理清其前因后果。

(三)完整性原则

完整性是指生活化情境的完整性,包含情境要有一定的层次性,强调生活化情境的呈现与展开要贯彻地理课堂教学的始终,也就是情境的呈现要贯穿于某个教学任务的整个教学过程,让学生在一个完整、动态发展的情境中经历地理思维的发展与形成过程,促进学生地理思维的积极发展。

(四)针对性原则

要根据具体教学内容与教学模块对生活化的教学情境进行选取与设计,不能为了生活化教学而不顾情境与教学内容的适应性,要避免生搬硬套生活化的内容去进行教学,不能为了生活化而生活化,否则将无法发挥生活化情境教学真正的功效,流于形式反而会适得其反。针对性还指生活化情境教学要根据学生特点进行因材施教,能够满足不同学习水平学生的地理学习要求。

三、生活化教学情境的创设方式归纳

地理生活化教学强调在生活化且完整的生活情境中对学生进行知识的传授与技能的训练,情境的创设是地理生活化情境教学能否成功进行的关键。进行生活化教学情境创设的方法有很多,结合《普通高中地理课程标准(2017 年版)》对地理教学的相关要求以及高中地理课程的课程特点,本文主要总结了以下几种创设地理生活化教学情境的方法,教师可根据教学内容的特点、学生的特点以及教师自己的教学风格等进行自主选择运用。

(一)依托生活化的问题情境进行教学情境创设

根据布卢姆的第二次对认知过程的分类学说,其认为最高级别的认知过程便是创造,要想使学生达到这一层次的认知水平,教师就要从学生最熟悉的生活情境开始,引导学生独立进行问题探究与问题解决,最终学会设计问题解决方案,表

达出自己独特的见解。依托问题式教学进行情境创设首先需要根据具体教学内容中需要解决的核心问题与核心概念设计贴近生活的问题情境,然后在相应的教学目标指导下设计有层次性的问题链条,并根据问题链条逐步展开情境。情境的结尾处还要具有一定的开放性与生成性,给予学生一定的发挥与想象空间,最终的目的是使学生能够在开放性的情境中通过生成性问题的解决达到情感态度与价值观层面的升华,进一步培养学生的地理核心素养。

图 2-2-1　教学情境创设

如图 2-2-1,在河流地貌一课中,我发现某处河道中有很多水泥板,由此引发我的思考。水泥板从何而来?在河道中铺设水泥路面,这样的设计是否合理?这个案例给我们哪些启示?这个探究活动引发学生极大的兴趣,明白了人类活动要因地制宜,要尊重自然规律而不能盲目地建设开发,否则后果不堪设想。这将更好地帮助学生建立正确的人地观念:"因地制宜"——人类根据当地具体情况采取恰当措施改造自然环境以满足自身发展。"和谐发展"——人类应该遵循客观规律,保护性地开发自然环境。

(二)依托地理实践活动进行教学情境创设

地理实践活动是学生在教师的指导下在真正的自然与社会课堂中通过亲身实践发现并获得地理知识的一种生活化教育形式。地理实践活动中的地理生活化情境与其他几种局限于课堂中被设计好且需要按探究步骤逐步展开的情境不同,地理实践活动中的情境要更加生活化、直观化。地理实践活动中的情境是真正的生活场景,其中涉及的各种地理要素学生都可以直观感知,在这种情境中学生可以根据自己的生活经验与创造能力,结合相关地理思想方法设计符合自己个性才能的实践方案,教师做的只是明确活动的目的并在活动过程中给予相应帮助。地理实践活动创设的生活化情境丰富且具有生成性与未知性,可以避免学生被设计好的情境牵着鼻子走,给予学生更多的学习自主性,激发学生的探究欲望。

例如,在学习"地球运动"这一内容时布置学生完成日晷制作这一任务(见图2-2-2)。这项实践活动可以强化太阳高度、太阳视运动、时间等知识的落实,对学生实践能力的提升也有很大的帮助。设置的研究项目如下。

制作一个本地区适用的日晷。

说明制作过程。

放到教室用于日常时间观测和记录。

归纳日晷记录时间的优缺点。

尝试提出改进措施。

图 2-2-2 日晷制作

综上,在不同的地理实践活动中,学生可以结合生活经验以地理之眼去发现问题,利用地理学科思想方法去分析问题最后利用地理知识配合地理工具去解决面临的实际问题。从策划到实施,学生在野外和社会最生活化的情境中通过实践经历了最完整的知识获取与应用过程,且在这种情境中还可以调动起学生各种感官的参与,提高学生生存技能与生活情趣,让学生以地理的眼光去发现生活,欣赏生活,学习到对终身发展有益的地理知识,提高生活境界。

(三)依托角色扮演进行教学情境创设

"角色扮演"又称"情境模拟教学",包含"角色""扮演"以及"情境"三个要素。

利用角色扮演法进行教学需要进行岗位化、任务化和问题化的课堂情境的构建。学生可以在教师创设的逼真的社会生活情境中,根据角色身份特征去对特定问题进行分析与决策,培养学生运用地理知识解决生活化社会生活中的问题的能力。

探究活动一:老李生活的变化

资料一:李守田老家在天津大港的农村。1979年老李一家来到位于长江三角洲的苏南地区开始新的生活。一开始,与当地农民一样,老李承包了一些田地从事水稻种植。但没过多久,这里出现了很多乡镇企业,附近的农田被一家家工厂所取代,剩余的农田也改种了蔬菜、花卉。1985年,老李的儿子走出农田,进入了当地的一家乡镇服装厂工作,与他一同进入该厂的除了本村村民以外,还有几十个来自中西部省份的外来务工人员。

探究活动一:老李生活的变化

20世纪90年代,当地开办了儿童电子厂。为了获得更高的收入,老李的儿子经过一系列的技术培训后,进入了一家电子厂工作,每月收入从500元提高到1500元。进入21世纪,由于电子科技类工厂不断增加,当地规划建设了高新技术产业园,老李的农村上房被拆迁,之后,老李一家搬到了新建的公寓园中,房价为每平方米5000多元,是十年前的5倍。老李的身份也由农民变成了市民。如今这里看不到农村的样子了,已经完全和城市一样了,老李的生活越来越好了。

图 2-2-3 教学情境创设

例如,在学习《区域工业化和城市化的探索》时,给出"老李生活的变化"资料(见图 2-2-3)。在这一课中设置了三个探究活动:①老李生活的变化(用以分析区域城市化和工业化的进程以及二者间的关系);②老李见闻(通过虚拟老李的视角,来分析工业化和城市化进程中的问题及相应对策);③老李回家(通过虚拟老李回到家乡,看到家乡滨海新区的发展变化,来了解不同区域工业化和城市化进程的差异)。这样的设计学生整堂课都融入情境之中,使学生能够体验和感受"老李生活的变化",同时学生也时刻都处于思考之中。在这堂课中,教师带领学生去感悟"老李"这一角色在时代发展的洪流中个人家庭生活的变迁,进而理解区域城市化和工业化对每个人的影响。这样就使得"工业化和城市化"这些专业名词变得不再陌生,反而成为每个人的"生活"。

综上,在生活化的情境中进行角色扮演,带领学生学习对未来生存发展有用的地理知识,可以让学生体会到地理就在身边以及地理对人类社会现在与未来生产生活的重要指导意义。

(四)依托信息技术进行生活化教学情境的创设

利用信息技术创设生活化教学情境一方面是指直接借助信息技术或多媒体软件进行直观的教学情境的演示,将文字的叙述转化为场景的动态展现,使得教学情境更加生活化立体丰富。例如，在学习地理环境地域分异规律的经度地带性时，可以借助虚拟现实技术，让学生置身于信息技术呈现的逼真的场景中进行虚拟旅游，切身感受我国不同地域自然景观的差异，从而深刻理解自然带因水分条件不同而由沿海到内陆发生更替的地理现象。通过这种方式让学生不出教室就可以感受到地理知识在生活中的无处不在，但这种创设情境的方式实施难度较大加之技术资金等各种条件的限制目前还无法在日常教学中大规模使用与推广，所以完全依托信息技术创设虚拟逼真的教学情境目前更多的仍处于探索阶段。

另一方面是指为置身于地理生活化教学情境中进行实践学习的学生提供探究的辅助工具，进而帮助他们在自己的日常生活中学会利用地理信息技术去解决生活实际问题，提高学生信息技术工具的使用以及信息技术软件的操作能力。

在学习昼夜长短变化时，可利用数字地球软件模拟太阳直射点移动时全球各地昼夜长短变化，配合数字地球演示直观地向学生解释为什么冬天早上上学时我们往往要摸着黑起床，而在夏天早上上学时天已经亮了。

综上，利用地理信息技术工具创设多样化、动态化的教学情境对处在新时代新高考背景下学生的地理综合学习有着非常现实的意义。

四、生活化情境教学的研究思考

(一)生活化情境教学有利于中学生地理核心素养的培养

创设生活化的地理情境进行教学有利于建立核心素养与课程教学的内在联系，使学生达成正确的价值观，提升其适应终身发展和社会发展需要的必备品格和关键能力。发挥生活化教学情境的积极作用，促进学生人地协调观、综合思维、区域认知和地理实践力的养成，促进学生对地理的深度学习。

(二)在地理教学中创设生活化教学情境的可行性

立德树人的根本任务要求必须将地理核心素养的提升贯穿在地理课程的设计和实施中。中学生对生活化情境教学的实施具有浓厚的兴趣和较高的认知能

力,地理知识与生产生活联系密切,便于教师利用生活中的素材创设生活化教学情境,而且现在的中学地理教师也具备实施生活化情境教学的基本素养。

(三)实施生活化情境教学的策略较多

为了实现生活化情境教学的有效开展,要不断提升地理教师的专业能力和专业素养;研制具备生活化情境的地理习题,养成与生活实际相联系的做题习惯;注重信息技术在地理教学中的辅助作用营造生动、实时、直观的地理教学环境;社会、学校、家长、教师各方要通力协作,支持生活化情境教学的开展,为提升学生地理核心素养排除万难。

(刘雷　天津市滨海新区大港第一中学)

参考文献

[1]中华人民共和国教育部.普通高中地理课程标准(2017年版2020年修订)[S].北京:人民教育出版社,2020.

[2]衡海红.生活化情境教学在中学物理教学中的应用初探[D].南京:南京师范大学,2014.

[3]张建新.中学地理情境教学研究[D].武汉:华中师范大学,2017.

[4]鲁飞,张清.基于核心素养的地理生活化教学再认识[J].中学地理教学参考,2018(1):36-37.

[5]查志鹏.初中地理课堂中情景教学的研究与实践[J].科普童话,2017(28):51.

《工业区位因素分析》教学案例

一、教学内容分析

本节课对应的课标是"结合实例，说明工业的区位因素"。

工业是指在自然界开发、收集原料，并通过一定的工艺，把它们加工成产品的活动。工业是社会分工发展的产物，其历史发展的先后顺序是手工业、机器大工业、现代工业、后现代工业。如今这四种并行存在，不同地区会以某种类型为主。

区位因素是指影响区位主体分布的原因。相对于区位条件而言，区位因素既与一个区域或一个地点固有的区域属性和资质有关系，也与人们对区域属性和资质的价值判断有关系。例如，德国鲁尔区有煤矿，临近内河有主要港口，这两点是区域固有自然属性，它们曾是鲁尔区发展重工业的区位因素，但是当德国在欧盟整体经济框架中需要放弃重工业时，这两个因子就不再是重工业的区位因素了，而区域产业升级的政策则是影响重工业离开鲁尔区的区位因素了。

工业分类比较繁复，为了简化问题可以先将工业分为采矿业和制造业。采矿业的区位因素分析，可以分三步进行。首先，分析各个区位因素对采矿业影响，其次，分析各个区位因素对采矿业企业成本的正负影响。最后，在一些区位因素限定后，分析其余区位因素对采矿业分布的影响。有一点非常重要，那就是采矿业的分布必须靠近矿山地区，但是有矿山不一定能开采。一地拥有丰富的矿藏，并不意味着这个矿藏就一定要开采。在劳动力工资水平、运费率、开采技术水平等都一样的情况下，靠近市场则成为区位分析的重要指标。

制造业的区位因素分析，常被简化为对某类指向工业的区位分析。韦伯和廖什的工业区位论均假设，许多区位因素在空间上无差异，进而分析交通运输成本、劳动力成本等因素对工业布局的影响。如原料地指向型产业是指这类企业距离原料产地的远近，劳动力指向型产业是指企业距离某种劳动力的远近；市场指向型企业是指企业与市场的远近，这些企业分别受原料地、劳动力、市场区位因素的影响，会加大或减小企业成本。需要注意的是，工业企业的空间分布是多种区位因素综合作用的结果。在资料有限的情况下，不能贸然将某类企业确定为"某某指向型"。此外，一类企业在不同发展阶段所需要的布局条件也是不一样的。

二、资源整合价值

教学中选择大港石油化工产业的起源和发展作为研究对象,采用"一例贯通"式教学。选取的教学资源主要是大港区域的石油开采以及石化工业的发展相关资料。选择创设贴近学生生活的教学情境,探究"大港石化的前世今生",有助于引导学生从生活情境中发现问题,分析问题,解决问题。有效地改变传统的教与学,能够提高学生解决实际问题的能力,从而提升学生的核心素养,实现学生全面科学地发展。

综合思维:能从多个地理要素的角度对某区域工业现象进行分析;能结合时空变化,对工业生产发生、发展状况进行分析,并给出地域性的解释。

区域认知:在区域认知方面包括区域特征分析、区域工业差异比较、区域工业发展动态分析、区域工业发展评价等。

地理实践力:有条件的情况下可以组织学生进行社会实践考察。例如实地参观工业生产活动,这样可以让学生亲身体验甚至是亲手操作,从而让学生体验、感悟产品的生产制造流程。

人地协调观:工业生产都是与自然环境、自然资源有着密切联系的人类活动。因此在分析工业生产活动时必然会面对如何协调人地关系的问题,这里就需要科学的分析和正确的引导,使学生逐渐树立起正确的人地协调观。

三、资源整合策略

以基本社会经济活动的时空特点为线索组织教学内容。采用案例学习的方法,具体分析体现人类活动与自然环境关系的典型实例,帮助学生理解党和国家提出的新的发展理念,掌握分析人文地理问题的思路和方法,实现知识迁移和能力提升。注重社会调查等方法,联系生活实际,解决现实问题。帮助学生形成人文地理时空思维习惯,强化人文地理信息的运用。教学环节及设计意图见表2-2-1。

表 2-2-1 教学环节及设计意图

环节	师生活动	意图	反思
创设情境，导入新课	播放一组区域发展历程的图片 **大港石化的前世今生** 1984 年 **大港一中借用原天津炼油厂中学校舍办学**	创设一个生活化的教学情境。 引导学生由生活情境走进课堂教学情境之中。 能够跟随教师一起去了解大港的过去、现在和未来。（思维活动） "一中与石化的关系"	生活化的情境导入效果明显，师生一起回顾区域发展，更深刻理解"谈大港，必谈石化"。 为什么大港选择发展石化产业？石化产业又为何选择了大港这一地区？ （可以在课前安排部分同学调查大港石化的发展历程，然后在课上以"口述历史"的形式讲给同学们）
明确原理，解读概念	**区位的概念** Where?　　Why? • 区位 = 位置 + 条件 这里的条件，也指与地理环境各种要素的联系 ⬇ 区位因素 直接讲解"区位理论"的概念。 明确影响工业的区位因素 **工业的主要区位因素** 土地　原料　水源　工业生产　市场　交通　动力　科技　政策　劳动力	通过教师的讲解，帮助学生厘清基本概念，明确基本原理。 学生初步了解区位的概念及主要区位因素	"区位"理论是前人在实践的基础上，经过长期的总结归纳后才形成的。直接讲授的教学导致学生没有实践，而是直接强行接受这一概念，然后再通过案例去验证，其实并没有很好地建立起"区位"这一理论体系。再设计时应考虑这一问题

环节	师生活动	意图	反思
回顾过去（大港石化起源）	学习资料：大港石化的发展历程 "1964年12月20日，油田港5井出油，它成为该地区的第一口出油井。1970年10月，在国家石油工业部组织下，在油田东北部开工建设天津石油化工总厂。来自全国各地的数千名工人和技术人员参与了化工厂建设的大会战。1978年10月大港电厂并网发电，为油田和化工厂的发展提供充足的电力供应。昔日的盐碱荒滩经过40余年的发展，逐步建立起了集油化纤为一体的国家大型企业。" 依据图文资料，探究以下问题。 1.影响石化工厂选择建在大港的关键因素是什么？ 2.还有类似大港石化这样的区位选择吗？（举例说明） 3.影响石化工厂的区位因素还有哪些？ 4.大港石化工业的发展给我们带来了什么？请从经济、社会、生态三方面说明	通过对整合资料及相应的图表的讨论分析，希望学生能说明影响工业的区位因素有哪些。（侧重于原材料、劳动力、政策、交通、市场等因素） 对于石化产业和大港区域的相互选择有了更深入的认识。 同时了解大港发展石化工业的艰辛历程	课堂上给予学生探究的时间不够充分，同学们主要是个人独自默默寻找答案。但我观察到学生的思维并没有停下，而是时刻跟着我的问题往前走。（所以我在想课堂活动的目的是什么？我们到底要什么样的课堂活动？活动的效果怎样去评价？） 在这一环节对于"于谦父亲"的介绍，对学生很有启发。"海得润滋"淡化海水的引入也成功地激发了学生的思考。总体上这一环节达到了预想的效果
探寻当下（南港的发展现状）	学习资料：南港石化工业区 "南港工业区是我市"双城双港"发展战略的重要组成部分。2015年10万吨级航道实现通航，连通雄安新区的津石高速已经开工建设。2019年南港工业区有超过20个项目开工建设，并全力促进中沙丙烯、长城润滑油、立邦全球研发中心等项目签约落户。努力拓展延伸上下游产品链，提升产品附加值。同时充分利用京津高校资源，加大校企合作力度，争取早日将南港建成高效、生态、	主要目的是想突出体现一些区位因素影响力的变化，为后面总结时空观念做铺垫。（交通、市场、科技、信息等因素对工业的影响力在增强，而原材料等因素的影响力在减弱）	学生对区位因素影响力的变化有了一定的认识。但课后回顾发现，问题的设计与上一环节雷同，在解决问题时重复感较强，新鲜感不够，积极性不够高。 这一环节的最后我提出了"将来你是否愿意到南港工作？为什

续表

环节	师生活动	意图	反思
	宜居的国家石油化工新型工业化示范基地。目前南港工业区的原油主要依赖进口。" 依据图文资料,探究问题: 1.为何要在南港继续引进石化工业项目? 2.南港工业区发展的有利条件有哪些? 3.请对比南港和老石化,说明区位因素的影响力有何变化?(举例说明)		么?"这一问题,成功引发学生对环境、经济、社会三者关系的思考,为后面教学引向可持续发展奠定了基础
展望未来(石化的发展方向)	学习资料:新加坡石化工业区 "一边是环境幽雅、鸟语花香;一边是炼油、PX等石化项目,这就是新加坡。一个土地有限,水资源紧张,没有一滴原油的地方,仅花了20多年时间,就发展成为仅次于休斯敦和鹿特丹的世界第三大炼油中心。那么"美丽"与"化工"是如何做到并存的呢?新加坡从一开始就做好土地规划,找好发展工业的合理选址。确保有足够的土地来作为环保基础设施,把环保措施做在前面,规划好工业区与住宅区之间的缓冲区。同时制定严格的法律法规要求企业建立工业污水和废气的处理设施,并对对其进行严格执法。" 依据图文资料,探究以下问题。 1.评价新加坡发展石化工业的条件? 2.我国有这样的工业区位选择吗?世界上其他国家呢? 3.新加坡"美丽"与"化工"并存,为我们大港的发展提供了哪些经验?	引入新加坡的案例,目的是总结成功经验为大港石化未来发展所用。 引导学生理解区位因素与区位条件的差异,同时深入理解工业区位的选择。对区域工业的可持续发展也有所渗透	这一环节的问题也是出在问题的设计上。学生的感觉还是问题重复,只是换一地方再回答一遍原来的问题,这使得学生思维活跃度下降,课堂再次进入平静期。 这十分值得注意,没有活动的调动,没有感兴趣的问题吸引,课堂教学效果欠佳

续表

环节	师生活动	意图	反思
总结归纳（区位问题的分析思路）	**工业区位分析** 空间　Why 大港　市场交通科技 新加坡　原料 市场 交通 劳动力 政策 动力　劳动力素质　经济社会生态 过去　现在　未来　时间 师生共同总结工业区位因素及其影响力的变化，了解区位选择的方法，概括区域工业发展的原则、方向、措施。引入时空概念，掌握地理学习方法。 认清家底找条件； 因地制宜选产业； 科学规划谋发展； ……	师生共同归纳板书，并学生续写发展策略。 希望学生能够从时间和空间两条线索去理解工业的区位因素以及区位的选择。理解地理学的时空特性	对于板书的设计我认为是比较成功的，特别是时空观念的整合，对于学生今后地理的学习理解很有帮助。 最后几句总结并不完整，但是把问题留给学生，我认为也是可取的

四、资源整合成效

本节课教学中，依据学生的生活体验选取教学内容、材料。在教学过程中进行情境的创设，引导学生体验并主动参与课堂教学活动，把地理知识放到真实的生活情境中，通过生活体验学习地理知识。这对激发学生对地理的好奇心和学习兴趣有极大帮助。学生积极主动去学习，教学也会事半功倍。

对大港石化发展历程的分析，有利于实现地理教学的知行合一，发展学生的地理实践力，同时提高了学生的区域认知水平和综合思维能力。在真实的情境中更有利于学生重新审视书本知识和客观存在的关系，从而深刻解读书本知识。课后实地考察活动有利于帮助学生形成正确的人地协调观，让学生真正地融入到社会生活中，超越课堂和书本的局限，也有利于学生了解家乡产业的发展，进一步关注家乡，丰富热爱家乡的情感。

总之，生活化情境教学把学生置于熟悉的情境中，通过学生的生活体验、感悟、发现、探究等过程,使他们获取知识。在教学中运用生活化情境教学法,可以为学生创设良好的学习氛围,有利于激发学生的学习兴趣和动机,培养学生的人地协调观念和综合思维能力,锻炼学生的实践能力和探究能力,使学生在轻松愉快的氛围中、在潜移默化的过程中达成学习目标,获得最大发展,有效提高地理课堂的教学效率。

(刘雷 天津市滨海新区大港第一中学)

第三章

地理综合思维的培养

　　传统地理教学重视传授知识,学习方式以识记为主,而新高考注重从生活中学,形成地理学科核心素养。学生具备全面科学的地理思维,建立系统的学习方法,才能具备地理学科核心素养。目前,对地理综合思维的培养仍存在问题。一方面,学生对教师依赖性强,习惯背诵教师整理的现成资料,缺乏自主探究的动力和知识建构的能力,对地理概念的理解不够深入,分析问题不够全面,不能有效提炼地理信息;另一方面,教师教学理念陈旧,教学手段较传统,重学不重思,不利于学生综合思维的养成。这反映出,学生缺乏综合的地理思维,大部分教师还没有接受单元教学理念。

　　地理综合思维是地理学科核心素养的重要体现,高中地理内容涉及自然地理和人文地理,内容覆盖面广;高中生认知能力强,对实际生活中复杂的地理现象有

敏锐的探究能力;而且,地理高考考查内容也更为贴近生活实际,对综合思维要求逐步提高。因此,在高中地理教学实践中,加强综合思维素养的培养已经成为完善学生地理学科核心素养的关键一步。

本章从以下三个角度阐述了地理综合思维素养培养的策略。第一,引导学生从理解简单的地理概念到探讨生活中的地理问题,实现综合思维理念的确立;第二,从自然地理和人文地理方面,以单元教学设计的理念,进行综合思维教学内容的整合;第三,在教学案例中,运用迁移法、辐射法、因果法和现实问题探究法等方法,详细介绍了综合思维素养培养的具体办法,以教学实践推动教学反思。综合思维素养的培养,能够变依赖式学习为发现学习;有利于学生系统知识的构建;提升学生综合学习能力、创新能力、分析能力、整合能力以及读图能力;使学生能够从科学综合的视角出发去灵活分析地理问题。本章内容,旨在引起地理教师对培养综合思维素养的重视,为广大教师的教学实践提供参考。

第一节 在自然地理学习中培养学生综合思维教学策略研究

自 2017 年 9 月,新课程标准颁布实施,我们一直致力于实现"立德树人"的教育目标,构建学科育人体系,培养学生核心素养的教学研究。在此之前,在高中地理教学中我们关注素质教育,关注学生学科关键能力的培养,也在这样的教学实践中不断探索情境教学,关注学生对教师提问的思考与反馈,但是最终学生的学习是否真的能够达成我们的教学目标,是否能够达到国家对其学科核心素养的层级水平要求呢?为了更好地衡量我校学生在地理核心素养之一的"综合思维"水平上,能否达到更好地层级水平,本人依据我校学情和学科发展要求,制定了更加明确的综合思维水平评价标准(见表 3-1-1)。

表 3-1-1 天津市汇文中学地理学科综合思维层级水平评价标准

综合思维角度	水平划分	表达水平
要素综合	水平 1	能够说出给出地理现象中的 1~2 个地理要素
	水平 2	能够较全面地指出给定地理现象中包含的地理要素
	水平 3	能够说明给定地理现象中包含的地理要素之间的关系,并指出主导因素
	水平 4	能够分析给定地理现象中包含的地理要素之间的关系,并指出主导因素的变化带来的影响
时空综合	水平 1	能够描述给定地理事物和现象的初步形成或发展过程
	水平 2	能够较完整地描述给定地理事物和现象的形成及发展过程
	水平 3	能够结合对给定地理事物和现象的形成、发展过程的描述,归纳发展特征
	水平 4	在描述过程、归纳特征的基础上,分析该地理事物或现象的变化
区域综合	水平 1	能够对给定的地理事物和现象所在区域进行 1~2 个特征描述
	水平 2	能够对给定的地理事物和现象所在区域进行较完整的区域特征描述
	水平 3	能够对给定的地理事物和现象进行区域特征描述并对比区域差异
	水平 4	在对给定地理事物和现象进行区域比较的过程中进行区域联系

综合思维角度	水平划分	表达水平
综合思维素养	水平1	能够对给定的地理事物和现象从综合思维的任意两个角度进行简单的描述
	水平2	能够对给定的地理事物和现象从综合思维的任意两个角度进行较完整的描述
	水平3	能够对给定的地理事物和现象从综合思维的任意两个角度进行较严谨的分析
	水平4	能够对给定的地理事物和现象从综合思维的多个角度进行较为准确的描述和分析

结合我校地理综合思维水平层级标准,本人设计了初中和高中学生的两套调查问卷了解我校学生目前的综合思维水平状况。调查结果表明,七年级和高一年级作为起始年级水平以一级和二级为主。高二、高三年级和八年级,在经过一段时间的地理学习后,综合思维水平有所发展,尤其是三级水平比例大有提升。但是,对于高三年级面临学业水平等级考试所要达到的四级水平来看, 还是有很大差距。反思本人一直实施的教学过程,在教学方法上,本人一直坚持着素质教育的理念,通过有效的教学方法提升学生能力,从高一年级与高二、三年级学生层级水平差异可见,但是从整体水平的提升上依旧存在欠缺,这说明在地理教学上缺少的是更为有效的教学组织方法和完善的教学体系,因此,需要从教学策略入手,有效地整合每个教学过程,进而提升学生综合思维的整体水平。

2014年9月,教育部基础教育课程教材发展中心组织专家团队,在借鉴国外相关研究成果和总结我国课程教学改革经验的基础上,着手研究开发"深度学习"教学改进项目。经过4年的研究与试验,总结项目成果,出版了《深度学习教学改进丛书》。该研究成果指出"深度学习倡导单元学习",并指出"深度学习的实践模型"。通过阅读和深入学习书中内容,以及在"天津市中小学学科领航教师"培养工程中历时五年的学习研修,我在地理教学策略方面进行了更深入的研究。实施"单元学习"对于实现"深度学习"、对于培养并发展学生核心素养、对于最终达到"立德树人"的教学目标起到了重要作用。

国外的相关研究也是近些年才开始,并提出了关于"迁移说""素养说"等理论。特别是美国学者格兰特·威金斯等人主持的"为理解而设计"项目中,直接从"理解"的角度来阐述何为深度学习。并以"项目式"学习或者我们称之为STEAM学习的方式呈现单元整体教学策略。这样的教学策略让我们看到外国学生在学习能力和学科素养上的优势。

美国伊利诺伊大学厄巴纳-香槟学校的研究人员通过两组学生比较,研究学生决策能力的差异。发现采用项目式学习的学生对问题的考虑更为周全,在决策制定过程中的推理更为合理,对假设重要性的评估更加频繁。针对我国国情和课堂教学特点,我国学者提出了"单元学习"的方式进行深度学习。

从教学策略来看,在仲小敏教授的《基于整体把握的主题教学》研究中,提出对 "课标要求整体把握""学习内容整体把握""学习进阶整体把握""学习策略整体把握"的主题教学研究。在此基础上,我将"单元学习"定义为"单元整体教学"。以"单元整体教学"为基础构建高中地理学科教学体系,是落实立德树人根本任务、发展学生核心素养的重要途径。通过学习与研究国内外著作,通过高中地理学科领航团队导师的指导,本人开始了对单元整体教学的教学策略的研究与实践。

一、研究单元整体教学策略的意义

单元整体教学要求教师首先建立好学科核心素养与学科核心内容之间的关系,依据课程标准和教材,选择有利于培养学科核心素养的教学内容和情境素材,制定学习目标、选择学科内容、设计学习活动、开展课堂教学、进行学习评价,环环紧扣,使学科核心素养具体化,可培养、可干预、可评价。

要想形成有效的单元整体教学,我们应该转变教学思维,从想要达到的学习结果导出,而不是从我们所擅长的教法、教材和活动导出,最好的教学设计应该是"以终为始",从学习结果开始的逆向思考。反思以往的教学策略即便我们增加了情境教学、增加了对学生的提问与引导,但是并没有走出"变式灌输"的误区,因此,学生所反馈的学习结果、所获得的学科能力也未能达到我们预期的层级水平。

在综合思维能力培养的过程中,我们应该首先设定需要在教学中达成的各维

度的综合思维能力目标,并能够对能力目标的达成进行合理有效的评价,在此基础上选择合理的教学资源、教学方法,通过这样的教学策略,将培养与发展地理综合思维的各个教学环节进行更有效的衔接与关联,使教学设计从实际出发,以生为本,实现育人价值。

综上所述,本人开始着手通过"逆向"设计达成单元整体教学的教学策略研究。

二、实施单元整体教学策略的步骤

地理学科内容广泛,钱学森先生将地理科学纳入五大开放的巨系统之一,本人仅从自然地理的教学入手进行单元整体设计的研究。

我们将单元整体教学设计分为三个步骤。

(一)步骤一:确定单元教学主题,设定教学目标和学习目标

首先打破教材章节和内容的限制,依据课程标准选择单元教学主题,教学单元内应是彼此相关的一系列学习内容和学习活动。高中地理学科共有五本教材,自然地理知识主要包含在地理必修一和选择性必修一中,同时也在另外三本教材中涉及了相关知识的综合应用。依据自然地理所研究的内容,本人将其划分为岩石圈、大气圈、水圈、生物圈、自然环境系统特征、自然地理实践、宇宙中的地球七个大单元。具体到单元教学内容时,要在全局观和联系观的共同指导下,针对学生在不同发展阶段应具备的学科核心素养及其应达到的水平层级,合理安排教学内容。然后,依据课程标准确定每个单元所涉及的"大概念"来确定单元教学主题下的相关知识框架,制定教学单元内的一级教学主题。再根据一级教学主题合理设计二级教学主题。根据学生的学情,不同年级学生所学习的二级主题不同,同年级不同层级的学生在学习相同主题时要达成的能力水平要求也不同。

在确定单元教学主题后,我们需要制定具体的"单元教学目标",包括教师需达成的教学目标和学生需达成的学习目标。

教与学的目标是否真正达成是需要通过科学的评价来测量的。教学目标是对

于教师的教能否完成单元教学主题的教学内容,并在此基础上实现课程标准的要求。学习目标则是指学生在完成单元学习之后所获得的学科核心素养的学习结果。具体来讲包含了学生应用知识的能力、掌握学科相应思维的方法、解决具体问题的能力以及学生学习任务完成后的心理收获等[3]。教与学的目标是教师教学过程中的“北极星”,是教学实践中的“灯塔”,它帮助教师更加明确地展开教学活动,使教学活动设计服务于教学目标。

(二)步骤二:设计阶段性评价和持续性评价方案

在教学目标确定后,我们展开的是指向教学结果的评价方案设计,而非教学活动设计。在教学活动中,教师通过一系列教学活动设计完成教学过程,而教学目标是否达成,则必须通过有效的学习评价进行诊断。因此,教学活动设计是否合理应从教学评价所要求的结果出发进行设计,而不是为“活动”而“活动”的教学设计。因此,我们可以从学习结果倒推教学设计,首先设定学习评价的标准。

对学生的评价采取阶段性评价与持续性评价相结合的方式。阶段性评价是指在学生完成不同单元主题学习的过程中,以及学生在每个学习主题进行中所参与完成的学习活动中所达到的能力结果,我们应以一个合理的评价量表予以评价。阶段性评价应以鼓励性评价为主体,关注学生个体差异,发现每一位学生身上的闪光点,给学生表达的机会。

持续性评价则是指针对学生的学习过程,给予学生在一个完整学段内的长期评价,其中可以包括学生在各阶段的达成表现,以及教师基于学生表现所给出的进阶性评价,另外还有学生在阶段性学业考核中所处的等级变化。此外,作为对学生地理学科四大核心素养的评价,还可以包括不同核心素养的发展变化,但是,在本人的研究中,因只从综合思维一个能力素养去考量,因此在评价上仅从纵向的时间维度进行评价。

评价的方式可以是多样化的,如我们在教学中设计了小组合作学习完成相关任务,那么就可以在阶段性评价中对学生个体及小组整体进行不同对象的评价。同时,也可以通过小测验、问答题、作业、研究报告等多种方式作为评价依据。另外,我校已多年使用“智学网”作为学情监测的评阅卷平台。此平台可以将学生历次考试以及日常练习的得失分题目以及对应知识点进行大数据比对,因此,借助“智学网”平台的精准分析,我们可以实现对学生学情的阶段性、特别是持续性评价。

(三)步骤三:进行学习资料的选取和学习活动设计

学习资料的选择应该基于达成教学目标和学习目标的需求,基于学生的兴趣和能接受的难度。目前我们使用的新教材中为学生提供了很多新颖的学习资料,教师在设计学习活动时可以使用。同时,地理学科的区域性特征,也引导教师可以结合本区域具有突出特征的学习资料作为教学案例进行相关教学设计。学习活动设计应该能够更好地发挥学习资料的作用,通过有价值的学习任务,如关于为什么、怎么办的任务来启发学生思路,进而完成有关联且结果不可直接预见的任务,让学生在充分思考、研讨、探究、概括、分析、解释、预测、设计、评价等一系列思维发展过程中得到学习结果[1]。教师以适宜的教学方法组织课堂学习,从而使学生的学科核心素养有所提高。

同时,教学活动设计应关注学科育人的价值。地理学科兼具自然科学和社会科学,对于解决人口、资源、环境和发展问题,建设美丽祖国维护地球生态等具有重要作用。学生学习地理不仅是要掌握学科知识和基本规律,更应该学会从地理视角观察世界、认识世界,形成人地和谐共生的发展观[1]。因此,我们在选择教学案例、进行实践探究的过程中,使学生体会到地理科学的研究价值,感受我国地理科学发展的成就,通过实践探究发现地理学习对保护环境、建设祖国的重要作用。

教师在设计教学活动时,要特别关注教学时长,课堂教学有限的 40 分钟时长内,如何合理安排教学活动并达成教学目标,取得相应的教学效果,是教师在教学设计中进行充分预设的环节。

基于以上三个步骤,并结合对地理综合思维不同维度的层级水平评价标准,我们进一步完善教学策略,指导教学实施,进而发展学生综合思维水平。

三、以《大气运动》为例实施单元整体教学策略研究

依据这样的教学策略,本人以自然地理"大气圈"单元教学主题中的"大概念"

之一——"大气运动"作为单元整体教学案例,进一步说明在自然地理学习中培养学生综合思维的教学策略实施。

(一)基于综合思维培养的教学目标和学习目标的确定

《大气运动》在高中地理教材中涉及的教学内容包括热力环流与大气运动(必修一)、大气环流(选择性必修一),与之相关的课程标准:

(1)运用示意图等,说明热力环流原理,解释相关现象。

(2)运用示意图,说出气压带、风带的分布,并说明气压带、风带对气候的影响,以及气候对自然地理景观形成的重要意义。

(3)运用示意图,分析锋、低压(气旋)、高压(反气旋)等天气系统,运用简易天气图,解释常见天气现象的成因。

综合来看,我们要达成的单元整体目标为运用示意图,说明大气运动即热力环流和大气环流的原理,并解释相关现象。从综合思维的培养角度来看,高一年级学生需要理解在单一要素——"冷热差异"即热力原因影响下的大气运动形式即"热力环流";高二年级则需要学生从多个要素共同作用的角度理解大气运动即"大气环流"的过程,大气运动对自然环境及人类活动都产生深刻影响,因此,从综合思维的时空综合、区域综合等角度提出了更高的要求。具体到综合思维水平的要求,将教学目标和学习目标制定如下表3-1-2。

表3-1-2 综合思维培养的教学目标和学习目标

	教学目标	学习目标
要素综合	理解大气运动的成因要素:热力与动力; 描述大气运动的方向要素:垂直与水平; 说明大气运动的规律要素:简单与复杂	能够理解冷热不均、地转偏向力、密度差异等因素对大气运动的影响; 能够准确描述大气的垂直运动和水平运动的方向,特别是描述风向风力的特征; 能够画示意图说明热力环流和大气环流的规律
时空综合	结合示意图,描述大气运动的过程	能够根据示意图,分析说明热力环流和大气环流的形成与发展过程

续表

	教学目标	学习目标
区域综合	运用大气运动规律,分析说明某区域的自然现象或自然景观,如天气、气候、风向变化等	能够分析说明某区域真实的自然现象或自然景观,解答其成因,如天气状况、气候特征、风力风向的变化等
综合思维素养	运用大气运动原理,设计相关实验,解决现实中的问题	能够利用所学的大气运动原理解决生活中的一些问题

在此基础上,本人结合我校学生的学情状况选择适宜的教学内容,设计适当的教学活动,引导学生自觉学习、自主学习,激发学习愿望,保持学习兴趣。

(二)对综合思维培养的阶段性和持续性评价设计

那么怎样才能知道以上的教学目标和学习目标是否实现了呢?学生的学习效果如何?综合思维能力是否得到发展?这就需要进行科学的评价。就某一个年级来说,我们要予以不断的阶段性评价,就某一个学生来说,我们要予以持续性评价。

在《大气运动》这一主题单元整体教学中,我所设计的对高一和高二两个年级学生的阶段性评价如下表3-1-3。

表3-1-3 《大气运动》阶段性评价方案

	高一年级	高二年级
评价目标	能够理解冷热不均对大气运动的影响,绘制热力环流示意图	能够理解热力原因与动力原因对大气环流的影响,绘制三圈环流示意图
评价任务	课上关注学生能否主动描述热力环流的形成过程; 关注学生在小组讨论中的参与度; 关注学生绘制的热力环流示意图是否准确。 课后关注学生对热力环流示意图的解读与判断; 关注学生在应用热力环流原理解答实际问题时的文字表述情况	课上关注学生在小组研讨中的参与度; 关注学生对三圈环流成因分析的逻辑关系; 关注学生绘制三圈环流示意图是否准确。 课后关注学生对三圈环流示意图的解读与判断; 关注对气压带、风带分布、特点的判读; 关注解答实际问题时的文字表述情况

续表

	高一年级	高二年级
评价标准	课上能主动发言阐述观点； 课上能积极参与讨论； 能准确绘制热力环流示意图； 能准确完成课后客观练习； 课后主观练习的表述准确 （五星评价，基于完成程度，酌情给星）	课上能主动发言阐述观点； 课上能积极参与讨论； 能准确绘制三圈环流示意图； 能准确绘制气压带和风带分布图； 能准确完成课后客观练习； 课后主观练习的表述准确 （五星评价，基于完成程度，酌情给星）
评价方式	课堂观察，生生互评，学生作业	课堂观察，生生互评，学生作业

持续性评价本人采用了"智学网"所提供的"精准分析"功能，它可以将一位学生多年来利用智学网进行的测验、作业等数据进行精准分析，教师可将所出题目按照考察的知识点或者对应的学科核心素养进行分类，这样智学网便可以据此对学生的相关能力点的得失分情况、历次考查的发展变化等进行精准的数据总结，据此追踪学生多年来地理学科能力的发展变化，为学生的持续性评价提供强有力的支持。

(三)达成综合思维培养的学习活动设计

设计单元学习活动，是对"如何才能达成单元整体教学"的回答，它应该是以理解和应用为基础的实践性单元学习活动设计。为此，本人依据单元学习主题、单元教学和学习目标、学生目前的学情状况，设计了一些具有一定辨析性、探究性和实践性的学习活动。

高一年级《热力环流》的单元学习活动设计：可以通过身体对气流的感受导入主题：如果在冬天，打开教室门可以感受冷空气流进室内，如果是在夏天，请一位同学站在楼道里，打开教室门，感受冷气扑面而来。一个简单的体验让学生感受到空气的流动。为什么是冷空气流进温暖的地方，而不是暖空气流到凉爽的地方？一个简单的问题激发学生的思考。可以通过合作绘制使用暖气时，室内空气运动示意图，说明热力环流的规律及相关概念。观看《三国演义》片段"火烧上方谷"，给出相关材料，请同学们依据所学热力环流的原理解答是否真的是"谋事在人，成事在

天"?来激发和维持学习的兴趣。对比两张海边拍摄的照片,一张长发飘逸、美丽优雅,另一张长发遮脸、毫无美感,同样是在海边,为什么拍出的照片反差这么大?哪里出了问题?引发热力环流在生活中的应用。

高一年级的单元学习活动设计趋向于简单化、生活化、趣味性强,旨在激发并维持学生的学习兴趣,并逐步引导他们发展综合思维的过程。

高二年级《大气环流》的单元学习活动设计可以通过播放《角马大迁徙》的视频,感受野生动物长途跋涉,寻找水源与食物的壮观场面。结合探究资料了解角马迁徙的路线及时间规律,分析原因。为什么草原上有干湿季的交替?为什么相邻的两个国家下雨的时间相差这么大?是什么导致了雨带的移动呢?由此引入大气环流、气压带风带的单元整体学习。在研究大气环流形成过程时采用由简单到复杂,由结论找原因的逆向推理去寻找规律。如由浅入深的四层设问:问题①如在假设地表均一、地球不自转、不公转、太阳直射赤道的情况下,地球表面的大气运动如何进行?问题②对比三圈环流示意图,发现在解除了地球不自转假设之后大气环流发生了哪些变化?问题③结合气压带风带的分布,我们是否能解答导致角马迁徙的雨带变化问题了呢?是否能解答热带草原上干湿季的变化?问题④如果我们进一步去掉假设条件,能否找出原因?层层深入的问题让学生的思维始终活跃在寻找答案的过程中。在寻求解答的过程中,学生会调用头脑中各种知识储备,应该说是对综合思维中要素综合的训练,同时在匹配要素的过程中进行思考辨析,最终形成合理的时空规律。"饥时饭,渴时浆"当学生最需要寻求教师帮助其解惑时,才是教师讲授最有效的时机。教师的讲授帮助学生打通要素之间的联系,为庞大的知识体系构建出更清晰的脉络。提升学生的综合思维素养。

在任务的驱动和问题的引导下,学生逐步建立起连贯的思维过程突破本单元学习的重难点,并将所学知识应用到真实情境之中。

针对两个年级不同的学情状况,我们在《大气运动》这一单元主题学习中,通过进阶式的教学目标与学习目标预设,特别是设定了地理综合思维的培养与发展的目标,在此基础上制定了课上和课下表现型评价和结论性评价相结合的评价方式。前两步为课堂学习活动设计指明方向。两个年级的学习活动设计也关注了综合思维培养与发展的不同层面,高一年级立意于培养综合思维,高二年级旨在发展综合思维,因此,学习活动所涉及的教学材料选取、教学情境设计、教学任务中涉及的问题设计,都有一定的提升。在经过教学评价后,教师能够及时掌握学习活动设计中的不足予以改进,同时关注到学生个体学习能力的差异,进而在课堂学习和课后交流中加以指导。

在《大气运动》的单元整体教学的学习活动设计中,本人主要采用了真实情境教学和任务驱动下的问题式教学。在不同的教学目标和学习目标引领下,参考教学内容的差异我们可以选取不同的教学策略来培养和发展学生的综合思维。如基于信息化网络学习空间的发展所采取的"翻转课堂"教学、如基于地理学科专项教室的建设所采取的"实验"教学、再如基于研学活动的成熟发展开展的"地理实践"学习等,对于学生的综合思维培养与发展,乃至学科核心素养的发展都有良好的作用。

由于教学策略的调整,使得我们在组织地理教学的过程中更加关注整体、关注全局,因而,在整个地理教学实施的过程中,我校地理学科组在各年级的教学中均开始了对单元整体教学的实践,并在教学的过程中加以反思进行经验的积累。在地理学科综合思维的培养上取得了一定的成效。

(牛娜 天津市汇文中学)

参考文献

[1]刘月霞,郭华.深度学习:走向核心素养[M].北京:教育科学出版社,2018.

[2]格兰特·威金斯,杰伊·麦克泰格.追求理解的教学设计(第二版)[M].上海:华东师范大学出版社,2017.

[3]中华人民共和国教育部.普通高中地理课程标准(2017 年版 2020 年修订)[S].北京:人民教育出版社,2020.

《大气的运动》教学案例

一、综合思维在教学内容中的体现

大气圈是地球四大圈层之一，在地球自然系统运行中起到至关重要的作用。大气圈保护地球少受其他天体的剧烈碰撞；大气圈过滤太阳紫外线，是地球生命的保护伞；最重要的是，大气圈调节地球的温度，保证液态水的存在，为地球生命提供适宜的生存环境。因此，对大气环境的学习与研究，是自然地理的重点。

大气通过它的物质组成、理化性质与运动特征深刻地影响地球的自然系统乃至人类的生产生活。在大气的特性之中，大气运动是导致地球上形成各种天气变化和不同气候的动力原因，因此"大气运动"在自然地理研究中是基础，是研究天气与气候的前提。

从教材内容来看，"大气运动"知识难度大，涉及的范围广，强基作用深刻。"大气运动"的形成过程涉及多个综合思维要素，如就大气物理性质来看有气温、密度、气压等，就大气运动方向来看有垂直运动和水平运动。大气运动作为自然地理中物质运动和能量转换的基本环节，其发展又影响了天气和气候的发展与变化。天气和气候对自然环境的其他要素以及人类的生产生活又产生了巨大影响。要搞清楚众多要素之间的关联和相互影响，以及发展变化的结果，就要求学生能够从要素综合、时空综合、区域综合等角度加以研究，进而提升综合思维的整体品质。因此，"大气运动"的教学深刻地体现了地理综合思维的应用

"大气运动"在高中地理教材中涉及的章节为：地理必修一第二章第三节大气的受热过程与热力环流、选择性必修一第三章第一节常见天气现象及成因、第二节气压带、风带对气候的影响。其中与大气运动相关的主要知识点包括：热力环流、大气的水平运动——风和大气环流。与大气运动所产生的影响相关的主要知识点包括：气压带、风带对气候形成的作用及常见的天气系统。

二、发展综合思维的教学策略

反思以往的教学策略，发现为更好地提升初高中学生综合思维能力，发展学科核心素养，在教学中虽然我们注重情境教学，关注学生的对教师问题的思考与

反馈,但是最终学生的学习并不能真正达成教学目标,甚至有点相差很远。因此,我们需要调整教学策略以实现在教学中,特别是课堂教学中更为有效的培养并发展学生综合思维能力。通过学习与研究国内外著作,通过高中地理学科领航团队导师的指导,我们研究实践了单元整体教学的教学策略。

我们将教学策略分为三个步骤:

步骤一:确定单元教学主题,设定教学目标和学习目标

步骤二:设计阶段性评价和持续性评价标准

步骤三:进行学习资料的选取和教学活动设计

依据这样的教学策略,在《大气运动》的单元整体教学中具体实施如下。

(一)基于综合思维培养的教学目标和学习目标的确定

《大气运动》在高中地理教材中涉及的教学内容包括热力环流与大气运动(必修一)、大气环流(选择性必修一),与之相关的课程标准如下。

(1)运用示意图等,说明热力环流原理,解释相关现象。

(2)运用示意图,说出气压带、风带的分布,并说明气压带、风带对气候的影响,以及气候对自然地理景观形成的重要意义。

(3)运用示意图,分析锋、低压(气旋)、高压(反气旋)等天气系统,运用简易天气图,解释常见天气现象的成因。

综合来看,我们要达成的单元整体目标为运用示意图,说明大气运动即热力环流和大气环流的原理,并解释相关现象。从综合思维的培养角度来看需要学生能够理解大气运动的原因、规律及结果。(如表3-1-4)

表3-1-4 基于综合思维培养与发展确定的教学目标和学习目标

	教学目标	学习目标
要素综合	理解大气运动的成因要素:热力与动力;描述大气运动的方向要素:垂直与水平;说明大气运动的规律要素:简单与复杂	理解冷热不均、地转偏向力、密度差异等因素对大气运动的影响。准确描述大气的垂直运动和水平运动的方向,特别是描述风向风力的特征
时空综合	结合示意图,描述大气运动的过程	能够根据示意图,分析说明热力环流和大气环流的形成与发展过程

续表

	教学目标	学习目标
区域综合	运用大气运动规律,分析说明某区域的自然现象或自然景观,如天气、气候、风向变化等	能够分析说明某区域真实的自然现象或自然景观,解答其成因,如天气状况、气候特征、风力风向的变化等
综合思维	运用大气运动原理,设计相关实验,解决现实中的问题	能够利用所学的大气运动原理解决生活中的一些问题

(二)对综合思维培养的阶段性和持续性评价设计

针对《大气运动》这一单元整体教学,我分别设计了教师评价表和学生评价表,见表3-1-5和表3-1-6。

表3-1-5 教师使用评价表

年级	评价标准	打分
高一年级	1.课上能主动发言阐述观点;	1 2 3 4 5
	2.课上能积极参与讨论、参与小组活动;	1 2 3 4 5
	3.能准确绘制热力环流示意图;	1 2 3 4 5
	4.能准确说明热力环流原理;	1 2 3 4 5
	5.能准确完成课后客观练习;	1 2 3 4 5
	6.课后主观练习的表述准确	1 2 3 4 5
高二年级	1.课上能主动发言阐述观点;	1 2 3 4 5
	2.课上能积极参与讨论、参与小组活动;	1 2 3 4 5
	3.能准确绘制三圈环流示意图;	1 2 3 4 5
	4.能准确绘制气压带和风带分布图;	1 2 3 4 5
	5.能够准确描述季风环流的形成;	1 2 3 4 5
	6.能够准确绘制东亚季风环流示意图;	1 2 3 4 5
	7.能准确完成课后客观练习;	1 2 3 4 5
	8.课后主观练习的表述准确	1 2 3 4 5

表3-1-6　学生使用评价表(各组组长对组员进行打分,随机选择一名组员对组长打分)

年级	评价标准	打分
高一年级	1.小组活动中能发表自己的观点;	1 2 3 4 5
	2.小组活动中做代表发言;	1 2 3 4 5
	3.能准确绘制热力环流示意图;	1 2 3 4 5
	4.能准确说明热力环流原理;	1 2 3 4 5
	5.能积极参与小组活动;	1 2 3 4 5
	6.能帮助同学共同完成活动	1 2 3 4 5
高二年级	1.小组活动中能发表自己的观点;	1 2 3 4 5
	2.小组活动中做代表发言;	1 2 3 4 5
	3.能准确绘制三圈环流示意图;	1 2 3 4 5
	4.能准确绘制气压带和风带分布图;	1 2 3 4 5
	5.能够准确描述季风环流的形成;	1 2 3 4 5
	6.能够准确绘制东亚季风环流示意图;	1 2 3 4 5
	7.能积极参与小组活动;	1 2 3 4 5
	8.能帮助同学共同完成活动	1 2 3 4 5

(三)达成综合思维培养的学习活动设计

设计单元学习活动,是对"如何才能达成单元整体教学"的回答,它应该是以理解和应用为基础的实践性单元学习活动设计。为此,本人依据单元学习主题、单元教学和学习目标、学生目前的学情状况,设计了一些具有一定辨析性、探究性和实践性的学习活动。

1.高一年级《热力环流》的单元学习活动设计

教学环节:新课导入。

教师活动:以身体对气流的感受导入主题:如果在冬天,打开教室门可以感受冷空气流进室内,如果是在夏天,请一位同学站在楼道里,打开教室门,感受冷气扑面而来。一个简单的体验让学生感受到空气的流动。提问:为什么是冷空气流进温暖的地方,而不是暖空气流到凉爽的地方?

学生活动:学生在教师的引导下感受气流的运动。

四人小组组织讨论思考并回答问题:冷空气密度大、气压高,暖空气密度小、气压低,气流由气压高处流向气压低处。

设计意图:通过身体感受理解气流运动是最常见的自然现象,对大气运动的学习就像去了解一位老朋友一般亲切自然。学生在轻松愉快的氛围中进入学习情境。学生在思考问题时借助所学习过的物理知识,进行思维关联,进行综合思维训练。

教学环节:课堂活动一。

教师提问:刚才我们感受到的应该是空气在水平面上的运动,即空气水平运动。接下来仔细观察我们的教室,你会发现空调机出风口都安放于室内高处,暖气安装在窗户下面,可否把两者的位置倒换一下呢?

学生活动:学生观察教室,四人小组继续讨论并回答教师提问:冷空气密度大,下沉后使地面气压升高,地面周围气温较高,空气密度相对小,就会上升到教室上方被继续降温然后下沉,这样形成了空气的循环运动,最后整个教室的气温都降低了。暖气的原理与此相似,因此不能调换位置。

教师引导:结合学生的描述将热力环流的具体过程和关键概念、地理术语进行讲解:地表冷热不均引起空气的垂直运动,冷空气下沉、暖空气上升,垂直运动导致同一水平面上气压差异,产生水平气压梯度力,水平方向上空气由高压流向低压,形成热力环流。

下面我们以暖气使整个教室升温为例来共同绘制教室里的热力环流。

学生活动:四人小组共同研究分别绘制热力环流示意图并展示说明原理。

教师组织小组之间进行点评。

设计意图:通过学生绘制示意图,完成热力环流的有抽象到具体的转化,使学生在探究的过程中综合考虑气温、气压的变化对大气垂直及水平运动的影响,发展综合思维。

教学环节:课堂活动二。

教师活动:播放《三国演义》片段"火烧上方谷",给出相关材料,请同学们依据所学热力环流的原理解答是否真的是"谋事在人,成事在天"?

学生活动:观看影片后四人组讨论,绘图解答原理。

教师归纳:火攻使得山谷内气温升高,气流发生强烈的上升运动,气流上升到高处气温下降其携带的水汽冷却凝结形成降水,引起天气变化。看来这场雨是诸葛亮自己引起的呢! 那你能否用我们学到的知识帮诸葛亮解决这个问题呢?

设计意图:应用所学原理指出谋略超群的诸葛亮用火攻之计的错误,使学生获得成就感,进一步激发和维持学习的兴趣。将热力环流应用于山谷之中,通过改变区域,激发学生区域综合的思维能力。同时,这个事例也说明大气运动引起了天气的变化,教师带领学生进一步探讨大气垂直运动对天气的影响,促进综合思维品质的提高。

教学环节:课堂活动三。

教师活动:展示两张海边拍摄的照片,一张长发飘逸、美丽优雅,另一张长发遮脸、毫无美感,同样是在海边,为什么拍出的照片反差这么大?哪里出了问题?请用热力环流原理来进行解析。

学生活动:四人组讨论得出结论。白天海洋与陆地之间气温不同,海水比热容大于陆地,因此白天海面气温较陆地低,气压高,陆地气压低,所以风由海洋吹向陆地。所以白天在海边照相,最好面向大海感受海风拂面,照出长发飘逸的感觉才好看。

教师总结:热力环流可以发生在任何表面气温存在差异的地方,因此它是最简单也最普遍的大气运动现象。

设计意图:从生活实际出发,应用热力环流原理,为生活服务。同时,活动中还隐藏了对照片上细节的关注,即两张照片都是白天拍摄的。进而又引发了学生对白天和夜晚海陆风的变化的思考与探究。有利于学生时空综合、区域综合能力的发展。

高一年级的单元学习活动设计趋向于简单化、生活化、趣味性强,旨在激发并维持学生的学习兴趣,并逐步引导他们发展综合思维的过程。

2.高二年级《大气环流》单元学习活动设计

教学环节:新课导入。

教师活动:播放《角马大迁徙》的视频,感受野生动物长途跋涉,寻找水源与食物的壮观场面。请同学们结合探究资料了解角马迁徙的路线及时间规律,分析原因。

学生活动:观看视频,结合给出的资料,四人小组合作讨论,分析角马迁徙时空原因。

教师总结:追随着雨季的进程,8月开始由北向南,次年2月开始由南向北。

为什么草原上有干湿季的交替？为什么相邻的两个国家下雨的时间相差这么大？是什么导致了雨带的移动呢？今天我们来共同研究大气环流、气压带风带的相关知识。

设计意图：本单元知识网络庞大，主体知识所涉及的基本概念多达14个，关键知识之间的逻辑联系复杂，难度大，因此首先给学生一个大自然壮观的场面，使学生感受到世间生灵受到自然环境的影响努力去适应环境。我们人类也应尊重自然、了解自然、保护自然。首先赋予学生一种使命感。同时，为后面的学习创设任务情境。

教学环节：课堂活动一。

教师活动：地球表面大气环流的形成采用由简单到复杂，由结论找原因的逆向推理去寻找规律。

教师提问①：如在假设地表均一、地球不自转、不公转、太阳直射赤道的情况下，地球表面的大气运动如何进行？

学生活动：调用热力环流的知识储备，得出单圈环流。

教师提问②：我们所绘制的热力环流是否就是地球表面的大气环流状况？对比三圈环流示意图，发现在解除了地球不自转假设之后大气环流发生了什么变化。

学生分析后，教师归纳大气环流形成的原因并进一步给出气压带风带的概念。

学生活动：四人小组合作，仔细观察，找出发生变化的气流，标在图中，并尝试分析原因。

教师提问③：结合气压带风带的分布，我们是否能解答导致角马迁徙的雨带变化问题了呢？是否能解答热带草原上干湿季的变化？

学生活动：四人小组继续讨论，发现仅从以上角度考虑，虽得出气压带风带影响下的气候状况，但是对于这两个问题还是没法解答。

设计意图：三连问的设计让学生的思维是这种活跃在学找答案的过程中。在寻求解答的过程中，学生会调用头脑中各种知识储备，应该说是对综合思维中要素综合的训练，同时在匹配要素的过程中进行思考辨析。

教学环节：课堂活动二。

教师活动:如果我们进一步去掉假设条件,能否找出原因?

学生活动:四人小组进行讨论,发现还有地球不公转和太阳直射赤道这两个假设条件未解除。

教师引导:当我们加入了地球是倾斜着身子自转的同时又在公转,引起太阳直射点的回归运动这个条件后,我们看看气压带风带发生了什么变化呢?

学生活动:气压带风带的位置随太阳直射点的移动而移动。

教师提问:现在我们是否能够解答导致角马迁徙的雨带变化问题了呢? 是否能解答热带草原上干湿季的变化?

学生活动:热带草原地区受到赤道低气压带和信风带的交替控制,夏半年赤道低压控制下降水多进入湿季,冬半年受信风影响降水少,进入干季。

教师引导:我们再来看一看,是不是所有的假设条件都解除了呢?

学生活动:地表性状均一,还没有解除,地球表面三分陆地七分海洋,海陆的比热容不同也会造成气温差异引起气流运动。

教师肯定学生的回答进而引出季风环流的学习。

教师给出季风环流示意图,提问:仔细观察亚欧大陆与太平洋之间风向随季节的变化,结合热力环流原理,画出东亚季风环流示意图。

学生活动:四人小组讨论并绘制东亚季风环流示意图,说明原理。

教师提问:进一步观察季风分布图,南亚地区的季风与东亚地区的异同有哪些?

学生活动:相同处夏季风都由海洋吹向陆地,冬季风都由陆地吹向海洋;不同在南亚夏季风来自印度洋,更准确来说是来自于南印度洋。并且两处冬夏季具体的风向不同。

教师肯定学生的回答,并引导为什么南亚的夏季风会来自南印度洋呢?

学生思考但可能不能得出准确结论。

教师在学生思考未果情况下进行解答:北半球夏半年气压带风带的向北移动,东南信风向北越过赤道,在地转偏向力的作用下偏转为西南季风影响南亚地区。

设计意图:"饥时饭,渴时浆"当学生最需要寻求教师帮助其解惑时,才是教师讲授最有效的时机。教师的讲授帮助学生打通要素之间的联系,为庞大的知识体

系构建出更清晰的脉络。提升学生的综合思维素养。

在任务的驱动和问题的引导下,学生逐步建立起连贯的思维过程突破本单元学习的重难点,并将所学知识应用到真实情境之中。后续,我们还可以继续追寻角马迁徙之路上非洲草原独特的自然景观、人文景观并分析成因,将综合思维要素进一步扩展出去已达到更高层次的发展。

在《大气运动》的单元整体教学的学习活动设计中,本人主要采用了真实情境教学和任务驱动下的问题式教学。在不同的教学目标和学习目标引领下,参考教学内容的差异我们可以选取不同的教学策略来培养和发展学生的综合思维。

(牛娜　天津市汇文中学)

第二节　在人文地理中培养学生综合思维

　　新的课程标准已将立德树人和培养学科核心素养作为核心目标。地理核心素养包括人地协调观，综合思维，区域认知，地理实践力。我们知道，地理是一门综合性学科，而区域性，综合性，人地观，是我们传统地理教学中常提及的教学思想。综合思维作为核心素养之一的再度提出，是对地理课程教学思想的继承和发展，是核心素养的重要素养。

　　本人所处的学校，名义上是区重点学校，实则合校以来，是一个大的收底校。学生基础差，学习成绩不良。本校教师都能以学生终身发展奠基为理念，用心教学，潜心育人，在每年的高考中都有较好的突破和进步。作为地理教师本人深知，学生高考成绩的进步，更多是出在基础知识层级上的得分。而情境新，重思维，较灵活的题目，学生难以驾驭。这其中的原因除了学生的基础差之外，还有就是教师在日常教学中不注重学生思维能力的培养，没有将核心素养的教学理念深入贯彻教学实际。所以，本人除了希望学生学习成绩进步，更希望学生能用综合的，发展的，立体的，系统的地理视角看待问题。提升综合思维品质，让地理思维使学生受益成长，受益未来，受益终身。当然，本人也希望自己成为学生地理视角的塑造者和地理魅力的传播者。

一、地理综合思维概念界定与意义

　　普通高中地理课程标准(征求意见稿)是这样描述"综合思维"的：它是地理学基本的思维方法，指人们全面、系统、动态地认识地理事物和现象的思维品质和能力。"综合思维"素养有助于人们从整体性的角度分析和认识地理环境，以及地理环境与人类活动的关系。

地理学科是一门研究人类活动与地理环境关系的跨领域的综合性学科,所以综合性思维在地理教学中尤为重要。不仅如此,以立德树人和核心素养为本,综合思维应该是学生分析、理解地理原理与规律及处理人地关系的重要思想和方法。是形成地区差异观,因地制宜观,人地协调观,可持续发展观,全球环保观等观点的思维基础,教学中重视综合思维的培养更有助于教育领域培养能力型人才,综合型人才。

美国心理学家、教育家布鲁姆提出教育目标分类法。他认为,教育目标分为三大领域:认知领域,情感领域,动作和技能领域。其中认知领域包含认知,领会,应用分析,综合评价。而综合就是把一些思维重新综合成为一种新的完整的思想,产生新的结构。综合就是以分析为基础,全面加工已分解的各个要素,并再次把它们按要求重新组合成整体,以便综合性的创造性地解决问题。因此根据这一理论,我们地理学科综合思维的培养,完全可以在日常教学活动中从时间的角度,空间的角度,发展的角度,立体的角度,系统的角度创造性的重组地理要素。基于地理学科的综合性特点,本人选择了能够体现综合思维的,人文地理单元整合课例"交通区位及其影响"及"等高线的应用"部分环节来分析总结综合思维能力培养的策略。

二、综合思维与单元整体教学

(一)核心素养提出与传统以课时为单位的教学设计之间的矛盾冲突

自核心素养提出,再到去年天津中图版新教材在学校的全面应用,高中地理教师在教学中迎来了新的教学挑战。新的教材,新的内容,新的课标,新的学生,在原来三本必修,一本选修的情况下,变成两本必修三本选择性必修,不但书本数量增加,知识内容在宽度和深度上,新教材也都提出了新的要求。对于教师面临教学压力大,备课任务重,而时下新课程的特点是以立德树人为根本任务,以地理核心素养为主导,以满足学生的多元发展为依据,这无疑加大了教师教学设计的难度,也加大了对学生综合思维培养的难度。

传统的地理教学,教师一般根据教材,教参,以课时为单位进行教学设计。以课时为单位的教学设计对学生综合思维培养不利, 对大单位的区域认知不利,对大格局的人地协调观培养不利,因为这种教学设计知识的系统化,链条性不强,知识被 45 分钟的课时教学碎片化了,教师要想系统化这些知识需要承接设计,从而加大教学设计的资源利用负重率,不利于提高效率。

时下的课堂必须是高效的课堂,教师要达成核心素养的课堂,肯定要在各种整合过程中达成高效的目的,但是如何不留痕迹地将核心素养融入其中,在单位时间内达成教学目标,就需要教学的科学设计。目前的地理课堂,课时、知识点、教学计划都还没有发生大的变化,而要对学生进行核心素养的培养,需要学生在课堂上由听者、观众变为课堂的主角,而要实现这一转变,关键是教师理念上的转变,理念的转变促成教学模式的转变。教师必须重视"思维"的培养、"价值"的熏陶,这些是传统教学难以实现的。

(二)单元整体教学与综合思维培养的契合点

仲小敏、崔国松等人提出深度学习这一有效路径,认为教师应当在日常教学中,关注学生高阶思维、自我导向、信息整合、批判创新、运用迁移等特质的培养。首先,重构教学内容以设计单元整体教学;第二,通过前期预估和考查学生身心发展水平和认知规律,了解哪些知识学生已知,哪些知识学生有极大的学习需求,从而决定采取何种教学策略对学生的已有知识进行启发和激活。

指向学科核心素养的教学倡导的不是一个单一的知识点或技能点,而是学生通过日积月累地学习之后,所具备的必备品格、关键能力与价值观念,是大项目、大观念、大问题与大任务的设计。单元作为地理教材逻辑架构的主要单位,不仅体现其所包括的所有教学内容的核心主旨,还是实现一个或几个教学目标的完整过程,单元整体的内涵主旨为教师提供了设计教学环节的多种方式,为学生创设了多样的真实情境,引导学生自主寻求各要素之间的逻辑关联,自行构建本单元的知识体系,达成对学生综合思维培养的目的。

三、综合思维能力培养在人文地理单元整合课例中的表现

"交通区位及其影响"一课是一个单元整合课。本教学设计是关于"交通"这个核心主题的单元整合设计,新课改教材必修两本,选择性必修三本,其中必修二的第三章产业区位的第四节是交通布局与区域发展的影响,选择性必修一的第二章地表形态的变化,第一节是地表形态对交通线路的影响,其实就是影响交通布局的区位因素其中的自然因素地形,选择性必修二的第三章区域协调第四节是"一带一路"倡议与国际合作,因为"一带一路"建设交通互通是比较重要的部分,这三个章节选自不同课本但是都有"交通"这个知识点,所以,我以"一带一路"为线索进行一例贯通,设计"一带一路"沿线案例,作为教学情境来引导学生学习影响交通线布局的因素和交通线布局对区域发展的影响,以及"一带一路"建设的内容和国际意义,从而达到整合知识点,落实核心素养,提高课堂效率的目的。总之,本设计概括为六句话:一个交通区位概念,"一带一路"一条线索,一个核心思想,落实核心素养,地理环境对交通,交通对区域环境两种关系,必修二,选必一,选必二,三本教材,众多案例支撑。通过整合设计将三册书涉及交通的相关知识进行横向纵向联系,并且学生在课堂中要想解决教学设计中的问题,就必须调动各种地理要素及相关知识,而调动这些知识的过程就是地理综合思维能力培养的过程。

"等高线的应用"也一节综合复习课,尤其是水库大坝选址,疗养院的修建等也有人文地理的融合,该课应用一例贯通的方式做了课程整合,同样达成了提高课堂效率和培养学生综合思维的双重目标。

四、人文地理中地理综合思维能力培养方法

地理学科的综合思维是指全面、系统、动态地认识地理事物和现象的思维品质与能力，它是地理学科核心素养之一，人文地理具有宽泛性、综合性和时事性的特点。一节优秀的人文地理课不仅要生动有趣，还要能够培养学生的空间思维，帮助学生构建整体性、系统性的思维模式。实践表明，构建区域背景、设计"大"问题、辅以材料、激活小组讨论、构建思路框架是培养地理空间思维的有效方法[4]。在此，将以"交通区位及其影响"一课为例，对高中人文地理教学中培养地理综合思维的方法进行探究。

(一)构建"一带一路"热点区域背景，促综合思维发展

地理课尤其是人文地理课要紧跟时代节奏和密切关注热点，服务于整堂地理课，以便完善课的完整性，流畅性。所以就本课利用"一带一路"这个线索贯穿始终。首先，用2015年高考题，"自古以来，'南方丝绸之路'就是我国西南地区与东南亚、南亚国家的贸易通道，说明古代'南方丝绸之路'基本沿山间谷地分布的自然和人文原因"切入，引导学生得出影响交通线布局的因素，而后做2016年高考题"汉唐时期的北方'丝绸之路'主要经过水草丰美的欧亚草原，沿线有许多古文明中心，是东、西方物资和文化交流的主要通道，后来逐渐衰落。"让学生学会举一反三。在课的最后，本人用了港珠澳大桥，提问"简述港珠澳大桥通车对香港、珠海、澳门三城市的主要影响"，还有京新高速，"京新高速全线贯通，贯通后北京到乌鲁木齐的路程将缩短1300多千米，成为'一带一路'的重要组成部分。"引导学生总结交通线对地理环境的影响，这样为塑造学生发展动态的综合思维奠定基础。所以本人以"一带一路"为热点区域背景进行一例贯通，设计"一带一路"沿线案例，贴合当下热点时事区域为背景，利用大量的信息、数据信息和生活信息，进行归纳、演绎、抽象、综合，可促进学生思维的发展。

(二)把握内在联系,尝试思维建模,培养全面的综合思维

培养学生综合思维,利用思维导图导学,是建构知识体系,形成全面的系统的思维的最简单直接的方法。

《交通区位及其影响》一课中,事先预设好思维导图,如图3-2-1。

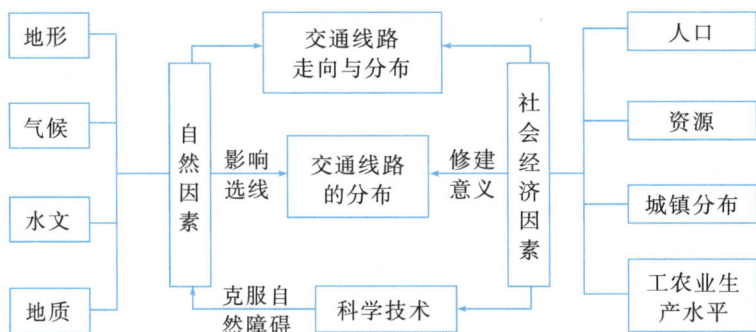

图 3-2-1　交通区位的影响因素

利用高考题引入,一带一路资料情境做载体,首先用一带一路的一道高考题引入,结合图片设问引出地形这个要素,然后用进藏铁路为何选择青藏线逐一导出地质,人口,城市,资源,经济发展水平等影响因素。京新高速公路"一带一路"的重要组成部分,让学生分析建设该路段需要高品质沥青的原因,之后用了海上丝绸之路的重要组成部分,港珠澳大桥这个案例,从而又导出气候和水文这两个要素。总之,达成让学生逐一构建知识体系的目的,交通线的布局要考虑自然因素和社会经济因素两大因素,而自然和社会经济因素也有它系统的构成。学生从而掌握了人类活动对地理环境干预类习题的解题模式。之后,在交通线对地理环境的影响这一部分讲授中,利用大量案例服务于学生,引导学生自己生成思维导图。并利于综合思维,要素综合的思想,构建了全面思考的意识形态,也达成一堂课中用两次思维导图,第一次引导学习,第二次学以致用。

总之,思维导图法以便于查漏补缺,减少漏洞,让学生注重归纳和整理知识,拒绝片段,编写成网,利于学生理解知识的内在联系,强调以点带面,知识系统化。思维导图的架构中,对学生形成全面的综合思维,养成全面地看待问题,形成健全地看待世界的观点有极大的育人价值。

(三)设计"大"问题关联交通区位及影响

以往的传统教学中,教师在设计问题时,生怕学生自主发散,为提高其课堂的注意力,常会在大板块中设计众多精密的小问题,使其环环相扣,便于学生理解。但这种提问看似是精准设问,层进设问,实际上,在培养学生自主化庖丁解牛式的系统分析能力上有不良的效果。如果以更大的问题为导向,十分有利于学生综合思维能力的培养提升。关键环节是教师必须帮助学生组织好各类素材,学生以各种素材为载体进行加工,分析,整理,整合,而这一过程就是综合思维培养的过程。在解决"大"问题的过程中,学生尝试透彻地分析问题,这就培养综合思维最好的训练。以下是本课提出的几个大问题及问题链。

大问题一:交通布局对区域发展的影响。

问题链:对于当时的中国进藏天路的修建也是很困难的,如此困难为什么还要修此路?云轨的建设对西青区的影响?瓜达尔港就是交通点,该港的建设对我国区域发展的影响是什么呢?

大问题二:影响交通布局的因素。

问题链:为什么人口、城市能影响交通线布局,怎样影响?在自然因素中,影响交通线布局比较重要的因素是地形,地形是如何影响交通选线的呢? 不同地形区应如何布置交通线呢?具体地质状况如何影响交通线布局?从水文、气象的角度如何选线?

大问题三:一带一路建设的重要意义。

问题链:以上我们了解了"一带一路"建设,交通互通部分,其实交通和通信这都属于基础设施,在交通互通基础上,"一带一路"的合作领域还有哪些? "一带一路"对国际合作的意义是什么?

(四)辅以材料,助力综合思维养成

"大"问题的解决需要从更多资料中获得数据。一些资料是老师在设计时精心准备给学生的,当然老师也可以设计活动让学生自行搜集资料。教师教会学生怎样搜集材料,尤为简便的方法可以从习题库中查找合适的资料,如图片、各类地图、表格等坐标图,关系图等等。但每种材料必须有主题,能体现出一至两个地理

信息。如本课的辅助地图包括地形剖面图、分层设色地形图、资源分布图、人口、城镇分布图;图表包括工程造价比较表、地质灾害统计表;视频材料包括港珠澳大桥、京新高速、西青区域比亚迪合作规划建设云轨等资料。课例资料以地图、图片、图表、视频等形式呈现,从数据类型上看,既有各种数据也有属性数据。学生可以对这些数据进行选取、概括、分析、连接和整合,在此过程中又一次培养了学生的地理综合思维。

(五)一例贯通,纵向整合,提升课堂效率

单元整合课堂与综合思维的契合点在于在整合过程中实现提升核心素养,尤其是综合思维的培养。在不断地摸索实践中本人发现一例贯通是一个合理有效的教学方法。

地理是生活中的地理,只要教师用心,我们的课堂也将情境化,充满活力。用情境一例贯通引知识,用知识解读情境代入感强,能提高效率,使课堂亲切,连贯,生活,一气呵成。"等高线的应用"一课巧妙运用本人一家三口出游蓟州郭家沟的案例,辅助一张等高线地形图,一例贯通课堂始终,45分钟完成了两课时的内容。

【活动一】:来到丙地,听说丁地有满山的野花,我们满心欢喜地预备去丁地,女儿说要走线路1(线路短,但是穿过了等高线)爸爸说要走线路2(线路长,但是沿等高线修),请你评价哪个方案更合理? 为什么?

【活动二】:图3-2-2中从山峰向下望,将不能看见的点是哪个,简单绘图表明,并小组讨论。

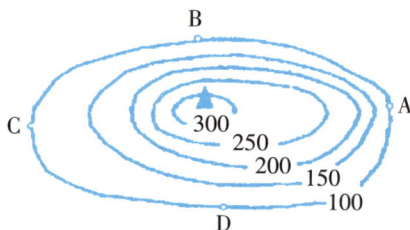

图3-2-2　等高线地形图

【活动三】:登上山顶,俯视山下,一池碧蓝的湖水映入眼帘,原来这是郭家沟水库,请问水库的大坝和库区应建于图示的哪个地区?为什么?小组讨论总结修建

水库大坝的原则。

【活动四】:听当地村民说,G 地为旅游规划新开辟的古朴农家院,政府打算引水到此,目前有 HG(自河流向 G 地)和 DG(能自流)两个方案,你觉得哪个可行?为什么?

以上通过一个案例,游玩一条主线,一张等高线底图,实现了公路选线,水库大坝选址原则,引水线路选择,地形剖面图的绘制等知识点的传授以及综合思维的培养。

总之,随着时代的发展,教育也产生了巨大的变革,对学生的探究意识、创新精神和能力也有了更高的要求, 要让学生能够更好地发挥积极性和主动创造性,而不是老师一味地单方面向学生传授知识。我们在组织学生进行地理学习时,要在围绕"能力"上下功夫、做文章。而综合思维作为核心素养的能力之一,也是需要教师在课堂实践中不断思考的方向。关于这个能力的培养需要老师在教学中不断积累,摸索,探讨,本人深信创新过程虽艰辛漫长但光明无限。

(刘建敏 天津市第九十五中学)

参考文献

[1]安德森.布卢姆教育目标分类学[M].蒋小平,罗晶晶,张琴美,译.北京:外语教学与研究出版社,2009.

[2]仲小敏,崔国松,赵安冉.基于核心素养的地理深度学习理念与实践[J].天津师范大学学报(基础教育版),2019,20(01):64-67.

[3]崔允漷.如何开展指向学科核心素养的大单元设计[J].北京教育(普教版),2019(02):12.

[4]廖碧云.高中人文地理教学中地理空间思维的培养——以"城市内部空间结构"一课为例[J].基础教育参考,2019(22):59-60.

《交通区位及其影响》教学案例

一、资源整合价值

传统的教学一课一学,学生学习的知识零散,在复习环节还需要教师重组建立体系,整个教学过程不系统,重复率高,效率低下。核心素养为本的地理课堂,在教学时间、教学内容、教学计划等客观条件较难进行选择和变更的情况下,要真正在日常教育教学中落实核心素养,关键在于学生学习方式和教师教学模式转变,需要学生在课堂上的行为发生改变,由聆听者、记录者变为参与者、表达者,而要实现这一转变,需要教师在教学理念上进行"换血",要想把一味灌输知识、教授技能转变为传授方法、培养素养的课堂,教师必须重视"思维"的培养、"理念"的传递,而这仅以 45 分钟一节课为基本单位的教学模式是难以改变并实现的。所以当下的新课程改革,以立德树人为本,以核心素养为依托,高效课堂是最急需的课堂。高效的同时,能让学生快速盘点知识,盘活系统,有足够的驾驭知识的能力,并在学习中会"举一反三",本人认为实施单元整体教学是解决当下教学矛盾的措施之一。

单元整体教学就是一个围绕目标、内容、实施与评价的学习事件。单元教学这种方式打破教材的编排顺序,改变了教材固有的章、节等分类模式,当然单元整合不只是把教材自然章、节等栏目简单的叠加组合,而是为教师提供教学设计的多种方式,为学生创设多样的教学情境,帮助学生自主并探索分析各要素之间的逻辑关联,自行建立单元知识逻辑结构体系。建立联系的过程不仅仅是知识的整合,更多的是注重方法和规律的关联。整合应以规律和方法为主线,以知识情境为载体,以培养核心素养为目的,以立德树人为内核,让学生在一定的系统性的高度去学习。所以本人认为它是对教材的二次开发,是从课程的角度研究教学,使教学的针对性、时效性更强,在实际教学中实现课程目标的高度达成,全面提高学生学习能力,落实学科素养的培养,提高教学整体效益。整合的意义和价值其根本在于促进学生的学。换言之,凡是有利于学生学的整合才是有意义的、有价值、有必要的整合。整合是依据学生学习需要,站在学生学的角度,依据知识间内在规律和联系,对教学内容进行有效拆分,合并,重新组装。整合的过程以为学生服务,为学生搭桥,为学生长远的发展为终极意义的。总之,单元教学设计是实现核心素养,尤其是落实综合思维培养的重要手段。

下面以"交通区位及其影响"一课为例进行教学设计说明单元整体教学是如何落实核心素养的,是如何实现综合思维培养的。

二、教学内容分析

本课例对应的课程标准内容要求为"结合实例,说明运输方式和交通布局与区域发展的关系"选用的教材内容为中图版必修二第三章"产业区位选择"第四节交通布局与区域发展的影响,选择性必修一的第二章地表形态的变化,第一节是地表形态对交通线路的影响,选择性必修二的第三章区域协调第四节"一带一路"倡议与国际合。

课标解读:新课标意在将"运输方式和交通布局"落实在具体的实例上加以分析,在学生熟悉或指定的区域背景下,说明交通的区位条件及其带来的影响。交通与区域发展的关系不仅要对聚落空间形态和商业网点布局的影响进行分析,还要对区域社会经济发展进行综合分析,旨在培育学生区域认知和综合思维素养。交通运输是学生熟悉的经济活动。在人类社会的各种活动中,交通运输是必不可少的,是实现地域间联系的一种最主要方式。从必修二教材宏观布局上看,本节是在之前学习了农业、工业和服务业三大产业,掌握了产业区位因素的分析方法后,所安排的交通运输业学习。交通运输业的发展,促进了人口迁移、城市发展,加强了产业活动的地域联系,带动了区域的发展,在一带一路建设中交通互通要先行。所以依据此教材内容分析,本人设计了单元教学主题。

本教学设计是关于"交通"这个核心主题的单元整合设计,因为"一带一路"建设交通互通是比较重要的部分,这三个章节选自不同课本但是都有"交通"这个知识点,所以本人以"一带一路"为线索进行一例贯通,设计"一带一路"沿线案例,作为教学情境来引导学生学习影响交通线布局的因素和交通线布局对区域发展的影响,以及"一带一路"建设的内容和国际意义,从而达到整合知识点,落实核心素养,提高课堂效率的目的。总之,本设计概括为六句话:一个交通区位概念,"一带一路"一条线索,一个核心思想,落实核心素养,地理环境对交通,交通对区域环境两种关系,必修二,选择性必修一、选择性必修二,三本教材,众多案例支持。

三、资源整合策略

(一)依据核心素养,学情要求确定单元教学目标

单元整体教学设计,目标设计是教学设计的依据,要根据学情和核心素养的要求进行。而单元整体教学设计与传统教学设计的区别还在于必须根据大概念的提取为核心进行。由此设计了本单元的大概念及分析了学情和核心素养落实等,具体如下。

(1)单元大概念提取:影响交通布局的因素及交通布局对区域发展的影响。

(2)课时必备知识分析:区位—交通区位—交通对区域的影响—"一带一路"建设内容和意义。

(3)核心素养落实:综合思维:影响交通线布局的因素,交通线布局的原则,交通线布局对区域发展的影响。区域认知:识别"一带一路"交通线,交通点对应区域位置。地理实践力:设计表格比较三条进藏铁路区位要素。人地协调观:云轨对西青区的影响,青藏铁路,京沪高铁设计成高架桥的原因。

(4)学情:本节内容的教学主要面向高三年级的学生,处于此阶段的学生已经具备综合思维能力,加之学生在高一、高二学习了交通的相关地理基础知识,可能部分同学相关基础知识并不是很扎实,另外交通区位的内容与高中自然区位、人文区位要素紧密相连,而教材只介绍了地形对交通布局的影响,其他要素需要拓展,要求学生有举一反三的能力,综合性较强,所以本节内容学习具有一定的综合性,基于此学情,在教学过程中一方面需要巩固原有知识,同时又要渗透区位相关原理,并结合具体实际案例培养学生理论联系实际的能力。另外交通的影响主要是必修二的内容也是在学生选科之前学习的,学生的重视程度致使掌握程度一般,所以也给此整合课带来了学习难度。

(5)教学目标:①通过"一带一路"沿线交通线、点,相关案例分析,掌握影响交通布局的区位因素,提升要素综合的综合思维能力和区域认知能力;②运用相关案例,掌握交通线布局的原则,培养人地协调观;③能根据不同区域交通线布局总结交通线对区域发展的影响,提升综合思维及人地协调观;④通过"一带一路"一例贯通整合,掌握"一带一路"建设国际合作的领域及国际合作的意义,培养学生家国情怀及大格局观念。

（二）依据教学目标设计教学活动的具体思路

本单元就"影响交通的区位因素及交通布局对区域发展的影响"这一个核心问题为主线，依据核心素养和课程标准，各课时需要解决几个小问题，形成大问题下的问题链，再针对问题链辅以案例及活动设计，这样既整合了知识点又落实了核心素养。设计思路如下。

情境：习主席 2013 年提出"一带一路"倡议，地图上画出这几条线路并不难，如何把蓝图变成现实，关键在于做好"通"的文章，尤其是设施互通，基础设施互通互联是优先领域，俗话说，要想富先修路，玩啥交通就好像打通任督二脉，经络畅通，让整个经济带健康活力，因此我们今天的话题就是交通线布局与区域发展。

课程标准：结合实例，说明交通运输方式和交通布局与区域发展的影响；结合实例，说明人类活动（交通）与地表形态的关系；结合"一带一路"建设，说明国际合作的重要意义。

核心问题：交通布局对区域发展；影响交通布局的因素；一带一路建设的重要意义。

问题链 1：对于当时的中国进藏天路的修建也是很困难的，如此困难为什么还要修此路？云轨的建设对西青区的影响？瓜达尔港就是交通点，该港的建设对我国区域发展的影响是什么呢？

问题链 2：为什么人口、城市能影响交通线布局，怎样影响？在自然因素中，影响交通线布局比较重要的因素是地形，地形是如何影响交通选线的呢？不同地形区应如何布置交通线呢？具体地质状况如何影响交通线布局？水文、气象，从水文、气象的角度如何选线？综述交通区位的原则。

问题链 3：以上我们了解了"一带一路"建设，交通互通部分，其实交通和通信这都属于基础设施，在交通互通基础上，"一带一路"的合作领域还有哪些？"一带一路"对国际合作的意义是什么？

教学设计简介如表 3-2-1。

表 3-2-1　教学设计简介

核心问题	问题链	辅以案例及活动	核心素养
交通布局对区域发展的影响	对于当时的中国进藏天路的修建也是很困难的，如此困难为什么还要修此路？ 云轨的建设对西青区的影响？ 瓜达尔港就是交通点，该港的建设对我国区域发展的影响是什么呢？	出示地形图、线路图、对比表格。 观看新闻视频，理解交通点建设对区域发展的影响。	用乡土地理增强学生爱乡情结 单元整合必修二交通对区域发展的影响。
影响交通布局的因素	为什么人口、城市能影响交通线布局，怎样影响？ 在自然因素中，影响交通线布局比较重要的因素是地形，地形是如何影响交通选线的呢？不同地形区应如何布置交通线呢？ 具体地质状况如何影响交通线布局？ 水文、气象，从水文、气象的角度如何选线？ 综述交通区位的原则。	先独立思考1分钟，再小组讨论，并细化在思维建模中的地形部分。 青藏、甘藏、滇藏、川藏四条线路地质建设周期等对比图，地形剖面图。 出示京新高速的例子，京新高速铺路为什么要用高品质的沥青？ 播放港珠澳大桥视频。 青藏铁路和京沪高铁修建中都采取了"以桥代路"的模式，其作用相同吗？出示图片及资料，讨论。	提升对比的综合思维和区域认知能力，内化知识网路，提升综合思维。 单元整合选择性必修一第二章地表形态及其他地理要素对交通的影响，总结概括能力，要素综合思维能力提升。
一带一路建设的重要意义	以上我们了解了"一带一路"建设，交通互通部分，其实交通和通信这都属于基础设施，在交通互通基础上，"一带一路"的合作领域还有哪些？"一带一路"对国际合作的意义是什么？	观看视频资料。 小组讨论总结	热点案例，情景教学，激发学生家国情怀，培养学生人地协调观，加强国际理解培养大格世界观局意识

四、资源整合成效

总之,通过实践,本人认为单元整体教学,重组顺序,整合教材,集约利用案例资源,精准设问,有利于高效课堂教学的开展。另外,单元整体教学整合了若干节课的设计,教师不再会带领学生进行课前重新回顾,而是高效地对核心知识,大单元概念的直接检验应用,从而不但提高了课堂效率,还落实了核心素养。当然单元整体教学在设计实施中也增加了教师的备课负担,还存在诸多问题,它需要教师重新整合设计,在繁杂的教育教学活动中需要教师付出更多的精力,操作性难度系数大,目前还不易推广。但本人会深入研究,精心设计,早日将单元整体教学应用于适合的地理课堂之中。

(刘建敏　天津市第九十五中学)

第四章

地理"问题"的创设

　　在新课改的推动下,学生的学习方式已不再拘泥于传统的接受式学习,而综合思维作为一种能力和思维品质,是自主学习和发现学习的基础,能够促进学生全面、系统、动态地认识自然环境。卢梭认为学生能够在分析问题情境,解决问题的过程中发展能力。布鲁纳提出"发现学习法",通过给学生创立问题情境产生学习的内驱力,在独立探究问题情境的过程中建构知识体系。新课标也指出要培养学生综合学习能力、创新能力、分析能力和整合能力,应从问题式的课堂教学着手,教师在备课时所做的问题式教学的教学设计,要以综合思维为指导,在学生已有的认知水平基础上综合而全面地进行课堂问题的设置,鼓励学生提出问题,这有利于培养学生的发散思维和创造思维,从而实现地理学科核心素养的全面培养。

　　问题情境由三部分组成：新知识；学生的认知需求；学生的认知可能性。地理问题情境创设是指在地理课堂教学过程中，教师为实现教学目标，根据教学内容和学情，运用设问、实验和多媒体等一种或多种手段创设问题情境，以激发学生的学习兴趣，促进学生积极思考问题，主动参与学习。但问题式教学的实施往往难以把握，存在一些误区，如地理教师对问题式教学一知半解；学生缺乏问题意识；问题评价方式不完善等。这就要求教师应在课前从实验、教材、课外资料、多媒体和生活实际着手，做好问题情境的创设；在课中按照"提出问题—分析问题—解决问题—总结评价"的路径进行实践；在课后进行自我评价和反思。

　　在问题情境的创设过程中，要求教师不断提升业务水平，注重创设问题的综合性，体现地理学科严谨的科学精神，当教师充分发挥学科教学能力，又会极大激发学生的学习兴趣和潜力，有利于培养学生的创新能力和创新精神，为祖国培养创造型人才。

参考文献

[1]王民,张元元,蔚东英,等. 高中地理核心素养水平划分标准研究(连载二)"综合思维"水平划分标准与案例研究[J]. 中学地理教学参考,2017(13):28-31.

[2]卢梭.爱弥尔——论教育[M].李平沤,译.上海:商务印书馆,1978.

[3]杜威.民主主义与教育[M].王承诸,译.北京:人民教育出版社,2001.

第一节　指向综合思维培养的课堂问题设置策略

　　地理课程改革的关键点之一即是着力培养学生的地理核心素养。地理学具有地域性和综合性特点，这些特点决定了地理学科具备培养学生综合思维能力的优势。本文从综合思维培养的角度，以高中地理课堂问题设计为切入点，探索通过有效的课堂问题设置促进学生地理综合思维能力发展的途径和方式。

一、研究背景及研究意义

　　《关于全面深化课程改革落实立德树人根本任务的意见》(2014年4月)提出，要明确各学段学生发展的核心素养体系以及学生应具备的适应终身发展和社会需要的必备品质和关键能力。地理课程改革的关键点之一即是着力培养学生的地理核心素养。地理学具有地域性和综合性特点，学科特点具备培养学生综合思维能力的优势。

　　落实学科核心素养培养的主阵地在课堂，课堂多种教学手段和途径中提问无疑是中心环节，是教师引发学生思考、提升学生思维、激发学生学习热情的有效手段，表述精准明确、引发深度思考的高质量课堂问题是发展学生地理综合思维能力的有效途径。本文从综合思维培养的角度，以高中地理课堂问题设计为切入点，探索通过有效的问题设置促进学生地理综合思维能力发展的途径和方式。

　　当前课堂提问研究方向多集中于提问的分类、提问的作用、提问的现状等层面，探讨提问与发展学生综合思维关系的研究不多，实践积累不够。本文从综合思维培养的角度，以高中地理课堂问题设计为切入点，探索通过有效设问方式促进学生地理综合思维能力发展的途径和方式，丰富课堂提问的相关研究，通过研究达到有效、高效的课堂问题设置，让学生在清晰的课堂教学逻辑思路中经历思维

的锤炼,逐步提升地理综合思维素养。

二、综合思维内涵

地理学科研究内容纷繁复杂,涉及自然、社会、经济等多领域。地理环境在其发生发展过程中各要素相互影响、相互作用,在不同时空不断变化。因此,综合性是地理学的显著特征之一。

综合思维是地理核心素养之一,是学生用全面、辩证、综合的视角去分析和阐释地理事象发生过程和发展规律、探究协调区域人地关系的重要地理思想和方法。综合思维包含要素综合、时空综合、区域综合三个维度(见表4-1-1),是地理学综合性特征的重要体现,是阐释地理问题的重要思维方式,是高中地理课程着力培养的学生的重要素养之一。

表4-1-1 综合思维

维度	内涵
要素综合	从综合各地理要素角度,认知地理事象的形成与发展受多方面因素相互影响、共同作用,理解地理环境整体性特征
时空综合	能够无从时空综合发展的角度,认识到地理事象是在特定的地域空间和时间尺度条件下,不断产生、发展和演进的
地方综合	从地方综合的角度,探究自然、社会、经济等各因素对特定地域人地关系系统产生的影响,从而对地域性鲜明的地理特征和人地关系问题做出简明扼要的解释

综合思维三个维度之间具有层级与递进的结构关系(见图4-1-1):要素综合是综合思维的前提和基础、时空综合是综合思维的尺度框架和提升、地方综合是综合思维的深化和拓展。

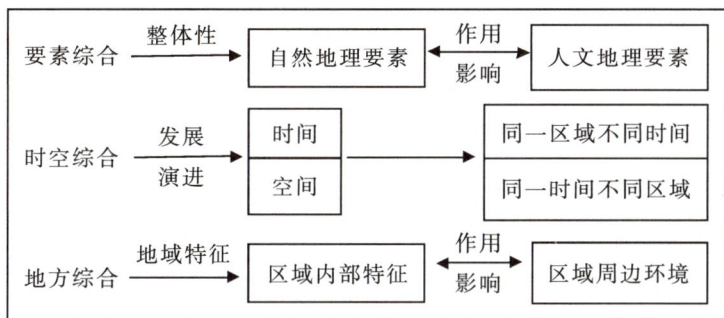

图 4-1-1　综合思维内涵

三、基于综合思维培养的课堂问题设置

教师认真解读课标、研读教材并结合学情,精心建构地理综合思维与教学内容的有机关联,挖掘地理学科的独特育人价值,将问题细化分解,从要素综合、时空综合和地方综合的视角设计具有思辨性的、层级递进的问题链条,将问题细化为初级问题—进阶问题—综合问题—现实问题,并将其对应在适宜情境中,使问题内容贯穿于整个教学过程,让学生在真实的学习情境中积极思考、持续思考、深度思考,最终发挥课堂提问应有的提升学生综合思维的作用。

四、高中地理课堂问题设置现状

(一)问题目标设置

1.问题设置与综合思维目标层次要求不符

从综合思维发展角度分析,问题设置难易不当,与综合思维培养目标不一致。

2.问题设置与学生综合思维水平不相应

课堂问题设置的切入点、起始点应是基于学生原有思维基础,没有充分考虑学生原有的综合思维水平基础的问题,学生难以进入问题情境,问题效率较低。

3.与教学重难点关联不密切

课堂问题设置应密切关注教学重点,努力突破教学难点。在不断突破知识重难点的过程中,通过有效问题的启发引导作用,不断发展学生的综合思维水平。

(二)问题情境设计

情境是问题的依托,脱离了情境的问题似是无根之木,无源之水。创设一个适合的问题情境,有利于问题的设置、问题的探究、问题的解决。

1.情境设置较为单一,激趣引思效果不明显

如果课程只是简单地罗列一些图表、图片、照片等作为授课情境素材,而非采用现实性、实效性更强的图文数据,联系当下生活实际、地方特色,这样的问题情境设计对于激发学生的思考热情,引导学生深度、广度思考的价值不高。

2.情境设置过多,导致学生思维混乱、不连贯

如果课程中问题情境设置过多,围绕一个问题设置多个情境,导致学生需要频繁地在多个情境中来回穿梭,思维混乱不连贯,往往增加了情景设置的广度,忽略了深度,使得问题提出的效益较差。

3.情境设置与课程内容的贴合度不高

如果问题情境的设置与课程内容本身的贴合度不紧密,仅是为了情境而设置,则实际意义不大。

4.具有思考深度的问题情境不多

选取有质量的、能够引发学生思维碰撞,激发学生深度思考的情境问题尤为重要。

(三)问题的层级递进

1.问题设置缺乏层级难度的递进

某些问题简单涉及综合思维的单要素罗列,停留在综合思维能力水平一,有

些问题涉及综合思维多要素关联结构、甚至抽象结构,上升到水平四,问题之间没有思维水平的递进处理。学生难以达到要求的层级,对发展学生的综合思维能力意义甚微。

2.缺乏一脉相承的"问题链"

一以贯之的"链条式"的问题推进,有利于学生综合思维的连贯性和问题难度的不断提升,既不影响学生思考问题的连续性,又可以在问题的不断推进和深入中启发学生深度思考、全面思考、辩证思考。

(四)问题处理方式

在课堂提问中,教师的预设跟实际生成不一致时,教师依据综合思维能力发展培养目标对学生进行追问和启发,但由于有效性和深度不够,致使学生的综合思维水平提升停滞不前。

五、促进地理综合思维能力培养的课堂问题设置策略

(一)问题设置的原则

1.贯彻立德树人教育思想

教育的本真是培养人。课堂教学设计、实施的过程是培养人的过程。课堂教学各个环节都应体现立德树人的教育思想和目标。

2.体现综合思维培养深度广度递进

问题是启发学生思考的动力和源泉。综合思维能力培养具有不同层级水平划分,围绕核心素养培养的课堂问题设计应体现出问题的难度递进和问题思维培养的深度与广度。

3.重视问题情境选择

设置课堂问题的目标是引发学生主动的积极的思考活动。在真实的、有情感的情境中引导学生去思考、去探索、去研究,并在这一思维发展过程中获得综合思维能力的培养和正确的价值观念的形成。

(二)问题设置的依据

1.课程标准要求

任何课堂教学行为,包括课堂问题设置都应遵循课程标准的要求,体现课程标准的教育目标。

2.综合思维培养层级水平

综合思维水平划分为四个层级,层层递进,逐渐深入。从水平一到水平四,即从单一要素分析,到要素综合和时空综合分析,再到强调不同时间尺度和不同空间维度的要素综合、时空综合与地方综合的多维度、多区域分析、推理、判断。因此,在课堂问题设置中应充分体现综合思维培养层级递进要求。

3.学生思维水平基础

过易或过难的问题都不利于学生思维的发展,而判断难易的标准之一应是学生的思维起点。

(三)问题设置的策略(如图 4-1-2)

1.研读课程标准,确定思维目标

课程标准是教师实施教学活动的宗旨和原则。一切教学活动都应在课程标准的"主航向"上进行。教师制定教学计划,设计教学内容之初,应认真研读课程标准,找准中心词,辨析行为动词和行为条件,对课程标准进行细化,从整体上把握课程标准对综合思维的要求,在全面认识课程标准基础之上进行课堂教学问题设计。

2.分析教学内容,理清思维要求

认真研究教学内容,辨析落实教学内容需要的综合思维能力要求支撑。将教学内容逐条细化,每个内容按照综合思维的要求进行分析,标明每个内容对应何种综合思维维度,辨析是单维度还是多维度,以及能力层级水平达到的要求,深度分析学习内容与综合思维的融合。在全面分析的基础上,设计课堂问题的内容和层次,确定综合思维培养目标。

3.了解学生学情,呈现适用问题

学生的知识基础和能力水平是教学活动的起点。全面了解学生综合思维水平和基础,在此基础上设计课堂问题的内容和综合思维层级难度递进。教师可以通过长期的教学观察积累对学生水平做出判断,也可以采用科学性较高的题目调查。

4.精选问题情境,设计问题内容

"好"的问题情境应该具备生活化的特点,能够贴近学生生活实际,便于学生理解和融入,是"身边事、身边环境",学生可以迅速进入到学习思考中去;"好"的问题情境应是具有思考价值和深度挖掘潜力的,例如"逆向—对立"的问题情境、"困难选择"的问题情境等。问题情境的设置应是为问题的提出做好铺垫,使问题呈现的"合情合理"。从培养综合思维角度分析,选取具有"逆向"思维要求的问题情境,打破思维惯性和思维定式,"不按常理出牌"的问题设置更能引发学生深入思考,逆行思考,全面思考,在思维不断碰撞的过程中发展学生的要素综合、时空综合、地方综合思维。

5.层级递进设置问题,逐级实现思维培养

依据综合思维水平层级划分标准,对应设置层级递进的问题有利于学生综合思维的培养。教师应依据课程标准要求,基于学情基础,设置难度水平、综合水平、复杂程度层级递进的问题,由单要素到多要素、由要素综合、时空综合单点至三种维度的综合统一,不断引导学生思维由低层简单到高级复杂,使学生的思维层级不断提升和提高。

6.关注预设与生成,呈现逻辑关系体系

课前设置问题时,教师应充分基于学情考虑,集中针对学生思维中的薄弱环节,反复出现的思维盲点、弱点、形成的思维惯性等方面设置有效的引导性问题。课堂教学中应随时关注学生对问题思考作答的反馈情况,在一定程度上客观检验问题设置的科学性、合理性、适用性,并认真分析学生作答中暴露的问题,及时分析归纳问题类别(要素缺失、逻辑混乱、表达不准等),精准针对问题进行追问,实现帮助学生建立知识之间的正确的逻辑关系,并能够准确地表达分析结果,实现思维过程外显。

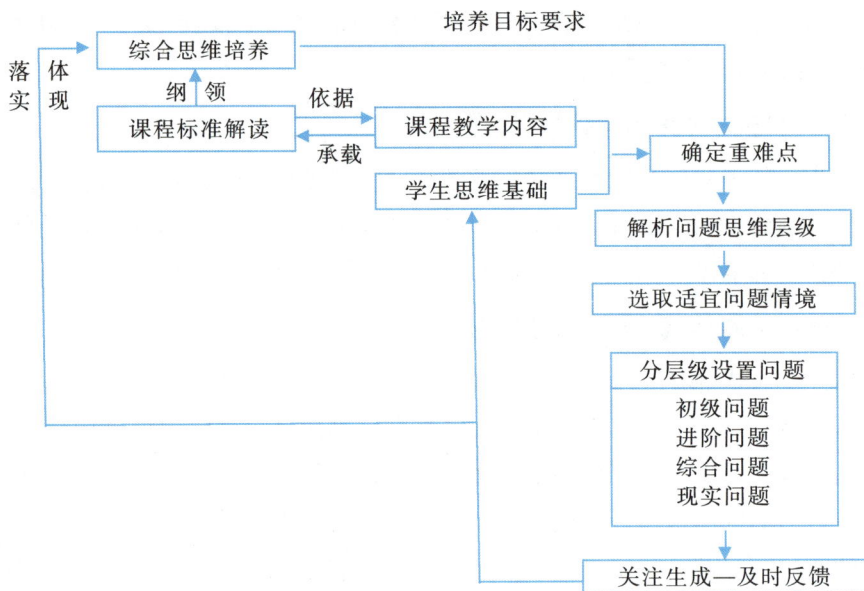

图 4-1-2　课堂问题设置策略

六、教学案例——

必修一第二章第七节植被与地理环境的关系

(一)课标解读(见表4-1-2)

表 4-1-2　课程标注

课程标准	水平一	水平二
说明植被与自然环境的关系	说明区域自然环境对植被的影响，即植被具有和自然环境相适应的形态特征(区域认知+综合思维)；简要分析人类活动对植被的保护或破坏产生的影响表现(人地协调观)	结合搜集材料，辩证客观分析植被与环境的关系，说明不同区域自然环境中的水热组合对植被的影响，简要分析植被在生态环境中的重要作用(区域认知+综合思维)；理解区域植被对自然环境的影响，说明植被的生态环境效益

(二)学情分析

高一学生已具有一定的相关生活体验,且第二章前六节内容涉及了自然地理环境的其他要素,学生已有一定的知识储备。之前的学习涉及各种自然地理要素的学习,学生基本懂得单个自然地理要素学习的方法。但单要素的学习不利于对自然地理环境的整体认识, 学生还未能将感性认识归纳上升到理性分析层面,所以更应该注重在教学过程中培养学生的综合思维。

(三)教学内容与综合思维层级对应(见表4-1-3)

表 4-1-3　教学内容与综合思维

教学内容	思维目标	综合思维	分级评价
不同自然环境下的植被不同	明确自然环境各要素与植被要素的相互关系,培养要素综合思维	要素综合	单点结构 多点结构
	理解不同要素差异形成区域差异对植被的影响,培养要素综合思维、时空综合思维	要素综合 时空综合	单点结构 多点结构
不同植被对自然环境的作用不同	全面理解区域要素差异与植被差异之间的相互关系,形成自然环境整体性和差异性特征,培养要素综合思维、时空综合思维、区域综合思维	要素综合 时空综合 区域综合	单点结构 多点结构 关联结构

(四)问题情境选择与问题层级递进(见表4-1-4)

表 4-1-4　问题情境与问题层级

问题等级	问题内容	问题情境	综合思维维度	思维层级
初级问题	思考如果将学校天馥园的棕榈树等植物移栽到室外,其能否正常生长	特定情境 (学生熟悉、教师筛选)	要素综合	多元结构 (初级)
进阶问题	比较天津地区与塞罕坝地区的气候特征差异	真实情境 (教师筛选)	要素综合 时空综合	多元结构 (较为复杂)
综合问题	基于塞罕坝地区自然环境特征,探究校园树种移栽的可行性	真实情境 (复杂情境)	要素综合 时空综合 区域综合	多元结构 关联结构

续表

问题等级	问题内容	问题情境	综合思维维度	思维层级
现实问题	塞罕坝森林生态系统对区域环境产生的效益	真实情境（复杂情境）	要素综合 时空综合 区域综合	多元结构 关联结构

七、后续研究与展望

　　教学研究永无止境。本论文聚焦于课堂问题设置环节,着重研究科学设置课堂问题促进综合思维发展的策略。如何进行科学合理、操作性强的层级递进问题链条的设置还需进一步深入研究,并进行有效的教学实践检验。

（李舒雯　天津大学附属中学）

参考文献

[1]中华人民共和国教育部.普通高中地理课程标准(2017年版2020年修订版)[S].北京:人民教育出版社,2020.

[2]王建芹.谈地理核心素养中综合思维的培养[J].中学地理教学参考,2016(09):17-19.

[3]何洁,邓昊源,祁岩,等.基于综合思维素养的考生水平表现评价及其对地理教学的指导作用[J].考试研究,2017(01):15-26.

《土壤—植被》教学案例

一、教学内容分析

"土壤的主要形成因素"为中图版必修一第二章第六节内容、"植被与自然环境的关系"为中图版必修一第二章第七节内容。

（一）地理1模块内容

地理1模块旨在帮助学生了解基本的地球科学知识，理解一些自然地理现象的过程与原理，增强对生活中的自然地理现象的观察、识别、描述、解释、欣赏的意识与能力，树立尊重自然、顺应自然、保护自然的观念。

（二）地理1第二单元教学内容

地理1中的第二单元教学内容主要围绕地理科学基础和自然地理实践知识，分7节具体介绍了自然地理环境中地形地貌、大气、水（水循环、陆地水体、海洋水）、土壤、植被等自然地理要素，阐析自然地理要素及现象。

（三）土壤—植被教学内容

土壤与植被作为构成自然地理环境要素，是区域自然地理环境特征的标志，是区域自然地理环境演化的结果。二者的特征与形成要素既体现区域自然地理环境整体性特征，又构成区域自然地理环境差异性。土壤与植被教学内容如表4-1-5。

表4-1-5 教学内容分析

	课程标准	教学内容
土壤的主要形成因素	通过野外观察或运用土壤标本，说明土壤的主要形成因素	土壤及其物质组成：认识土壤的概念和土壤是由哪些物质组成的
		土壤剖面：认识土壤剖面以及各层次之间的关系
		土壤形成的影响因素：认识成土母质、生物、气候、地形、时间和人类活动等对土壤形成的影响
	课程标准	教学内容
植被与自然环境的关系	通过野外观察或运用视频、图像，识别主要植被，说明其与自然环境的关系	世界主要植被类型：认识世界上主要的植被类型及其特征
		植被与自然环境的相互关系：认识自然环境对植被生长、分布等的影响；认识植被对环境的影响

（四）土壤—植被单元教学整合优势

自然地理环境各要素相互影响、相互作用,共同构成了自然地理环境的整体性与差异性特征,综合性较强。

1.有利于形成完整、系统、高效的知识结构

植被与土壤作为自然地理环境要素,在自然环境演化过程中具有协调一致性特点:植被的类型及植被的地区分布受多种自然要素影响,其中包括土壤的直接影响。土壤是植被生长的物质基础,为植被提供各种养分与水分,土壤性质差异直接造成植被类型差异及分布差异;土壤的分布与形成受多种自然要素影响,其中植被的影响较为活跃。

植被通过自身的生长潜移默化地改造着土壤的物化结构、组成成分与性质,甚至某些土壤类型直接以植被命名。从知识内容上看,二者关联度较高,内在联系密切,适宜打破章节限制,整合为小单元内容进行整体教学,使学习内容呈现完整、系统、高效。学生通过单元整体学习,能够更深层次、更系统地理解自然地理环境各要素的相互关系与相互作用机理,全面自然环境客观地认识整体性和差异性特征。

2.有利于学生核心素养的深度培养

植被与土壤是区域自然地理环境特征标志,是较为直观地显示,是了解区域自然环境特性的重要途径,也是贴近学生生活实践经验、较易于理解的要素。将土壤与植被教学内容进行有机整合,既有利于调动学生探究学习的兴趣和热情,又有利于引导学生学习观察了解区域自然环境特征的方法。

在学习过程中通过植被土壤二者关系的分析理解,推进到自然地理环境整体性差异性理解,培养学生区域认知、综合思维及地理实践力的深度培养。

二、单元问题设置策略

单元教学打破原有的课时限制,将零散的、分散的内容有机整合,教学关注点由原来的重视课时重难点转向"整体知识建构"。因此,在设置单元教学问题时更应从单元知识体系建构角度,深入研读课程标注,明确单元教学达成目标;科学确定单元教学核心问题,逐级分解层级递进问题;选取适宜单元问题情境,使情境贴合问题内容和学生思维基础,可以形成问题链条;注重问题的反馈评价;同时在单元教学各环节中结合教学内容有机渗透学科思政教育，落实学科核心素养培养，实现立德树人的教育目标。

(一)深入研读课程标准,落实核心素养培养

包含问题设置在内的任何教学活动的设计、实施、反馈等环节都应体现课程标准的要求,落实核心素养培养。"土壤—植被"部分的课程标准解读如表4-1-6。

表4-1-6 课程标准解读

课程标准	课标解读——核心素养
通过野外观察或运用土壤标本，说明土壤的主要形成因素	• "野外观察""运用标本":行为动词"观察",培养学生观察能力—地理实践力培养 • 行为动词"说明",阐述土壤形成的影响因素,培养学生分析归纳能力—综合思维
通过野外观察或运用视频、图像，识别主要植被,说明其与自然环境的关系	• "野外观察""运用标本":行为动词"观察",培养学生观察能力—地理实践力培养 • 行为动词"说明",阐述植被与自然环境的双向影响,培养学生分析归纳能力—综合思维、区域认知

(二)精析单元教学内容,渗透学科思政教育。

在地理教学活动中应深刻挖掘教学内容承载的育人价值,通过问题引领,启发学生价值观念的深刻思考,落实学科思政的教育目标(如表4-1-7)。

表4-1-7 教学内容与学科思政

单元教学内容	学科思政教育
分析自然要素(土壤、植被)特征 归纳自然要素(土壤、植被)类型 解释自然要素(土壤、植被)形成过程	引导学生更为全面和深刻理解自然环境特征和形成规律,培养学生积极探索、勤于思考、求真求实的科学精神
设计、实施模拟实验(海绵城市建设、山区水土保持)	鼓励学生动手实践,在探索过程中不断思考、不断修正、不断完善,模拟科学实验过程,实践科学精神;选取乡土地理环境为探究案例,通过学习活动更深入了解家乡、热爱家乡、建设家乡,培育家国情怀

(三)制定单元—课时教学目标,指向问题设置结果

包括课堂问题设置在内的教学活动实施的目标应是达成教学目标,落实素养培养。根据课程标准要求与单元教学内容,制定单元教学目标如表4-1-8。

表4-1-8 单元—课时教学目标

单元教学目标	课时教学目标	素养维度
1.通过观看景观图片、观察实物样本,认识自然地理要素(植被、土壤),学会观察方法,归纳自然地理要素特征 2.依据图文资料,分析某自然地理要素(土壤)的形成过程、形成原因和分布规律;理解自然环境中地理要素间的相互作用及相互影响 3.通过模拟实验、案例探究,辨析自然地理环境特征,探究自然环境与人类活动的双向影响,形成正确的人地观念 4.通过多种学习活动,提高学习意识和学习能力,培养动手能力和团队合作精神	课时1:观察植被样本,辨认归类植被类型;观察景观图片,绘制植被水平—垂直分布图;利用校园植物园与真实自然环境对比,分析归纳植被与自然环境相互关系 课时2:观察土壤样本及不同类型土壤图片,认识土壤、归纳土壤特征;读取图文信息,归纳土壤形成过程;分析不同环境中植被的影响作用 课时3:通过校园积水问题调查和水土流失实验,归纳植被、土壤水土保持作用;通过案例探究(海绵城市建设——蓟州水土保持),理解自然环境与人类活动的相互关系	地理实践力:在特定情境中,通过使用适当地理工具对土壤、植被进行深入观察、研究,并做简单解释,实施中表现出独立思考意识,求真求实的科学态度 区域认知+综合思维:能够在特定情境中分析土壤形成与多种自然要素之间的关系;能够在特定情境中结合植被特征分析其他要素对其产生的影响;能够在真实复杂情境中分析土壤植被相互影响,进而理解自然环境整体性特征及差异性特征

(四)依据核心素养与教学目标,整合单元教学内容

在解读课程标准、制定单元及课时教学目标之后,对单元整体教学内容进行系统整合(如图4-1-3)。

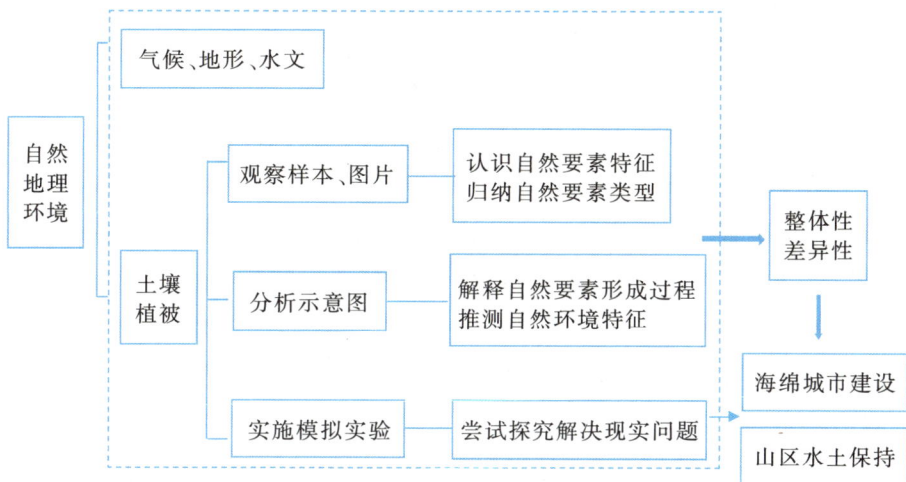

图 4-1-3　单元教学内容

(五)全面了解学生学情,创设生动贴合问题情境

　　单元教学中的问题设计与实施应在全面了解学生学情的基础上展开,充分尊重学生的知识基础及能力水平,遵循学生的认知规律,设置灵活生动、贴近学生原有生活经验及认知水平的问题情境,以利于学生积极、主动、快速进入学习内容,并使问题的提出自然顺畅,易于接受,利于思考。

　　植被、土壤比较直观,易于观察,在学生生活环境中随处可见,与其他自然地理环境要素相比,学生具有较好的认知基础。结合教学内容与学生认知基础,初级问题情境选取校园植物园(天馥园)与校内操场。学生每日生活其中,非常熟悉,利于快速进入问题思考;进阶问题情境选取教材案例"塞罕坝",随着学习的深入,设置问题的综合性、复杂性提升,问题情境也由熟悉的到陌生的,由简单的到复杂的,进一步提升学生的思维水平和对单元教学内容整体认知;现实问题选取探究案例天津海绵城市建设问题。案例问题情境是更为复杂的和多样的,在现实的、复杂的、要素众多的真实案例情境中去思考问题,并尝试解决问题,学生达到对单元教学内容系统性、结构性、逻辑性的建构,最终达成单元教学目标的实现。同时结合乡土地理环境选取问题情境,有利于学生加深对家乡的了解与热爱,树立家国情怀。

(六)设置层级递进问题链条,落实单元教学思维培养

单元教学问题设置依据初级问题—进阶问题—综合问题—现实问题路径,设置层级递进的问题,并形成围绕单元核心问题的问题链条。

在生动真实学习情境中设置层级递进问题。学习情境由直观到抽象,问题设置依据学习情境难度不断提升,由较为简单的、单一的描述类问题逐级推进到复杂的、多要素相互综合影响的探究类问题,思维层级不断提升,在问题的推进过程中落实教学内容,发展学生核心素养。

(七)设置反馈评价任务,实现单元教学目标落实到位

新课程改革教学评价关注对学生开展思维结构评价,即学生通过学习后表现出来的思维水平的提升与发展。本单元教学反馈评价选取"蓟州山区水土保持"案例,从课堂中的城市迁移到学习反馈中的山区,关注学生通过课程学习之后对植被与土壤相互关系在地理环境中的作用与表现的理解程度,以及人类活动与自然环境的相互关系,并将其迁移至分析治理山区水土流失问题,在具体问题情境的分析、思考、处理过程中检验单元教学成效,评价学生思维与核心素养综合发展水平。

四、资源整合成效

1.优化整合教学内容,形成系统知识结构

必修一教材中土壤—植被内容分散在两节中,将两节内容有机整合在一起,形成新的教学结构系统,通过问题引导、自主探究、模拟实验等多种学习活动,理解植被—土壤特征及相互作用原理,进而提升至对自然地理环境各要素的分析与认知,帮助学生更为清晰全面地认识自然环境要素,探究自然环境各要素的相互作用与相互影响,理解自然环境整体性和差异性特征。

2.培养学生学科思想,渗透学科思政教育

本单元教学从土壤、植被两个自然地理要素入手,通过实物观察引导学生认识自然地理要素、了解自然地理要素特征;在真实案例情境中分析要素之间的相互关系、探究多种地理环境要素的相互作用与相互影响。在学习探究的过程中,关注、引导、培养学生通过要素现象,分析事物本质、规律,在层级递进的问题引导下自然顺畅地理解地理环境整体性差异性规律特征,潜移默化地培养学生概括地理

知识、透析地理事象本质特征及内在联系规律的学科思想。既关注知识教学,更注重地理学科思想培育与引导。

本单元教学从情境问题导入、层级问题引导探究、到真实情境解决问题,学生始终处于发现问题—解决问题—再发现问题—再解决问题过程中,这样的学习探究过程有利于培养学生勤于思考、积极探究、追求事物本真的科学精神;在解决真实案例问题(天津城市内涝—海绵城市建设、蓟州山区水土保持建设)过程中学生更为深刻理解可持续发展理念的内涵,加深对家乡的了解,培育建设家乡的热情。

3.发展学生综合思维能力,落实核心素养培养目标

根据单元教学内容及综合思维培养目标,精心设置本单元层级递进的课堂问题(如表4-1-9),旨在发展学生的地理核心素养,落实课程标准要求。

表 4-1-9 单元问题设计

核心问题	问题层级	问题内容	素养维度
自然环境各要素的相互关系	初级问题	熟悉的、简单的情境中的植被特征、土壤特点;植被与土壤的相互作用分析	要素综合 时空综合
	进阶问题	筛选的真实情境中的植被、土壤特征;二者之间的相互作用过程及结果	要素综合 时空综合
自然环境与人类活动的相互影响	现实问题	复杂变化的真实情境中,各自然地理要素的相互作用;人类活动与自然环境的相互关系	要素综合 时空综合 地方综合

(李舒雯　天津大学附属中学)

参考文献

[1]中华人民共和国教育部.普通高中地理课程标准(2017年版2020年修订)[S].北京:人民教育出版社,2020.

[2]崔允漷.学科核心素养呼唤大单元教学设计[J].上海教育科研.2019(04):1.

第二节 "问题式"教学的教学策略

《普通高中地理课程标准(2017年版2020年修订)》提出了要重视问题式教学的运用,旨在通过以学生为主体的教学理念、以真实情境创设的教学载体、以探究促进思维发展的教学方式,培养学生人地协调观、综合思维、区域认知和地理实践力等四大地理核心素养。问题式教学是用"问题"整合相关学习内容的教学方式。问题式教学以"问题发现"和"问题解决"为要旨,在解决问题的教学过程中,引导学生运用地理的思维方式,建立与"问题"相关的知识结构,培养学生的地理学科核心素养。

一、问题式教学的内涵及其价值

(一)问题式教学的内涵

《普通高中地理课程标准(2017年版2020年修订)》对问题式教学的定义注重在发现问题和解决问题上成为关键点,在此过程中教师注重体现其主导地位,逐步引导学生应用地理思维建立与教学问题相关联的知识结构,而且能逻辑清晰的分析问题,准确合理的表达观点。强调在教学中只要是以真实问题和开放式问题以及未形成答案的问题进行探究的,均可以认为是问题式教学。

问题式教学最突出的特征就是采用问题情境开展教学活动。在教学过程中,教师结合教学内容和学生实际情况,创设相关的问题情境,引导学生主动参与,在探索中发现问题、解决问题,以达到掌握知识和应用知识、培养学生思维能力、探究能力的目的。问题式教学在教与学的双边关系中,教师处于主导作用,学生处于主体地位,教师是问题情境的创设者,在教学活动中主要起组织和引导作用,学生是问题情境的探索者和发现者,是问题解决的主体,通过自主学习和合作探究等方式,主动的、创造性地参与到学习活动中去建构知识。

(二)问题式教学的价值诉求

地理问题式教学是受建构主义等教学理论的影响,是在国家发展学生素养立意取向下的现实反映,表现出与传统教学不同的价值取向。

1.转变学生对地理学科知识的认识

传统的教学中,学生对学习地理这门科目最直接的认识是通过地理课程学习一些地理知识,这个过程中主要是通过教师的传授讲解,然后学生来识记知识,最后再去解题。其更加侧重的是学生背诵知识,然后去做题的过程。所以,学生的认识就是我要背下来老师教的所有知识。

然而,通过问题式教学就可以转变学生对地理知识的认识。因为通过问题式教学就把地理知识置身于一定的情境中,在这个特定的情境中通过"问题"启发引导学生的思考,调动学生的主动学习欲望。这样的地理知识学习过程把学生的情感与认知建立起联系,学生要依靠自己已有的知识、经验等来发现新的知识,而不是被动地为了学而学,学生在解决问题过程中也可能会质疑书本上的知识,所以问题式教学改变了学生对地理知识的认知。

2.转变学生对地理学科价值的理解

立德树人作为我国新时代下教育的根本任务,结合普通高中新课程标准的要求培养学生必备的学科素养的基本要求,地理学科的价值就不仅仅是使学生掌握基本的地理知识,而是要通过地理知识的学习过程,培养学生形成基本的地理思维方法,拥有正确的人地关系思想。更重要的是能应用所学地理知识来解决生活中的问题,即学习对生活有用的地理,这更是地理学科的重要价值所在。

问题式教学就是把地理知识放到一定的生活中的真实情境中,通过问题解决过程培养学生的地理思维、形成地理思想,让学科的价值不再仅是学习知识,更重要的是把知识与生活实际相结合,让知识的学习更有实际的价值。

3.转变地理课堂教学方法

传统上我们进行教学设计的思路是:先把基本的地理概念、地理原理和规律给学生讲明白,然后学生用这些知识解决问题。问题式教学是通过创设一定的问题情境,在此情境下创设问题或学生发现问题,在"问题"的解决过程中,学生获得

地理思维的发展,培养一定的学科素养,习得了一定的地理知识。所以知识的获得过程由传统的老师教授转变为学生主动习得的过程。

4.建立新型的师生关系

重建课堂上的师生关系这个问题已经被提出多年。但看看今天大多数的课堂面貌,仍然没有很好的改变传统课堂的师生关系。大多数教师在思想上也都认为课堂上教师为主导,学生为主体的新型师生关系更有利于培养学生的学科素养,但为什么在实际的课堂上就难以做到呢?影响因素可能有很多,但没有找到正确的教学方法是很重要的原因。

问题式教学这种教学方法就能很好地改变课堂上的师生关系。通过教师创设的问题情境,学生在一定的情境下通过问题的引领,一步一步思考、探究来解决问题,在这个过程中自然而然的学生就成为课堂中的主体,教师的角色就变成了启发引导的作用了。

二、问题式教学的教学策略

(一)影响问题式教学的关键因素

1.问题情境的创设

好的问题情境源于真实生活,高中地理问题情境应该具有鲜明的学科特点。在高中地理教学中创设问题情境有多种方法。一是可以采用地理视频资料创设问题情境。中央电视台纪录频道和科教频道会播放大量的地理相关的视频资料,如《地理中国》《舌尖上的中国》《航拍中国》以及很多的系列纪录片都会涉及中国以及世界地理很多知识,地理教师可以有选择的截取部分视频资料为教学服务;二是采用区域生产实践案例创设问题情境。区域性是地理学科的一个显著特点,大小尺度不同的区域,自然地理要素和人文地理要素的分异就不同,人地关系发展的方向也就不一样,同时,区域地理也是地理学科一个很重要的分支,因此,采用区域实际案例的研究就显得十分重要;三是利用中国知网等学术网站选取资料创设问题情境。学术网站以及一些权威杂志,如《中国国家地理》期刊上有大量关于地理问题的研究,教师可以直接、快速、更广泛的获取到学术信息,在学术网上与大师们进行学术交流学习与思维碰撞。

2.问题的设计

问题式教学中问题的设计尤为重要,问题的数量和质量直接关乎教学效果和教学效率。地理问题的设计要遵循以下基本原则。

教育性与科学性统一的原则。教育性是指问题设计要在科学的方法论指导下进行,内容上要符合社会主义核心价值观,坚持把"立德树人"作为育人的方向和目标;科学性是指内容上要根据地理课程标准的内容和建议来创设问题,要依据地理教材和学生学情去因材施教,在形式上问题的表述要准确、专业、严谨和科学,规范地理语言的表达。

层次性与整体性统一的原则。问题设计要有层次性,这既符合教学规律,又符合学生的认知过程。因此,既要按照教学内容由具体到抽象、由易到难递进式设计,形成梯度,又要考虑学生对知识内化的过程由浅入深,循序渐进。同时,要关注教学的整体性,教学的整体性表现在既要囊括全面的教学内容,又要兼顾学生的知识、思维、能力、素养的综合培养。因此,对于一节课的问题链设计应遵循整体性的原则。

生活性与趣味性相统一的原则。俗话说:"兴趣是最好的老师"。当学生对学科产生兴趣,自然会学得比较好。赫而巴特认为在兴趣状态会产生两种心理活动,一种是"专心",会把注意力集中在某一活动中;另一种是"审思",是调动新旧知识内容的心理活动。问题设计遵循趣味性原则,会激发学生们学习地理的积极性。地理学习的基本理念之一是"学习对生活有用的地理",地理问题的设计,要更多地结合学生生活实际,做到理论与实际相结合,从小切口入手引导学生关注课本知识与实际生活的连接,以达到学以致用的目的。

专业性与可操作性相统一的原则。专业性是指地理教师设置问题要规范使用专业术语,用词准确,体现地理学科特点,它是学生正确理解和掌握地理知识技能的前提,直接关系到学生的学习效果。可操作性是指课堂设计的问题要具体明确,从学生的角度,结合学生的学情,要便于学生理解、思考与合作探究。因此,问题设计既要体现专业性,又要具有可操作性。

(二)问题式教学的一般操作流程

根据认识心理学的基本原理,结合中国学生学习的基本认知规律,地理问题式教学设计则包括创设生活中的问题情境、分析情境提出一个或多个地理问题、探究问题分析解答、总结反思评价四个环节。其中,提出问题和探究问题两环节是教学设计的关键环节。目前,不同学者构建了不同的教学设计环节,但核心环节基本都包括以上四个。

1.创设问题情境

地理问题式教学进行的前提条件是要创设合适的问题情境。地理问题情境的创设主要考虑以下几方面因素:①问题情境要符合学生身心发展规律,即要考虑学生已有的知识水平、社会经验、学生的学习方法和心理特点等;②教师水平的要求。教师对教学内容和课程标准的理解程度、对教学资料的整合度等都会影响地理问题情境的创设;③地理学科特点的客观要求。地理学是一门兼具自然科学和社会科学属性的综合性学科。所以,地理问题情境就应该具备来自于真实生活、具有自然与人文的复杂性、对学生有教育意义,这样的情境对学生是有探究意义的;④教学环境的限制要求。选取的问题情境既要与教学内容高度关联,同时要考虑教学场地、教学资源、教学时间等的限制性因素。

2.提出并分析问题

在创设了合适的问题情境基础上,教学设计的核心环节就是依托情境提出并分析问题、探寻解决问题的方案。提出的地理问题要符合学生身心发展规律,也就是问题要与学生已有的认知建立联系,问题应处在学生的最近发展区,这样的问题才有探究的意义。在地理问题式教学设计中,问题的提出可以归纳为以下模式:①推进式问题。创设一个包含大问题(核心问题)的情境,再将核心问题细化为几个相互联系的子问题,各个子问题呈现递进式的关系。问题层层深入,需逐个突破;②并列式问题。创设一个包含大问题(核心问题)的情境,再将核心问题细化为几个处在同一主题且相互并列的子问题。子问题的联系程度较低,不是下一个子问题解决的必备条件。

3.寻找解决方案

寻找解决方案就是以学生为中心探究学习的过程。在普通高中新课改的要求下,现在的课堂教学倡导学生为主体,教师为主导的自主学习、合作学习和探究学习的过程。在教学设计中要注重发挥学生的主体作用,教师适度的引导、帮助学生。保证所有的学生都参与到探究学习中来,给学生充分的探究时间,也要有学生独立思考时间,保证合作探究的效果。

4.展示总结评价

探究后的呈现、总结和评价是地理问题式教学设计中必不可少的环节。因地理问题式教学基本思想是以学生为中心的教学,所以其对掌握知识本身不是太重视,学生在探究过程中可能获得的知识不是特别完整、知识间的逻辑关系不强。同时,学生在探究的过程中,由于学生知识水平、已有经验等的差异导致探究的深度有较大差别,学生间获取知识的程度参差不齐。所以,在教学的后期阶段,教师就需要对学生的探究问题和解决问题的过程进行知识总结和梳理。这个过程有时也可以安排在每个探究环节结束后,对基础知识进行总结和概括,以保证大多数学生都能获得基础知识,建立知识间的关联,提高学生解决问题的能力。对于学生的教学评价,传统的教学主要关注终结性评价,即通过作业了解学生知识的掌握理解情况。但新课程下的教学评价更加关注过程性评价,即通过学生在探究问题、解决问题的过程中所表现出的学习态度、行为品质,探究过程中应用地理思想、方法解决问题的能力。

(张大伟　天津市九十六中学)

参考文献

[1]中华人民共和国教育部.普通高中地理课程标准(2017 年版 2020 年修订)[S].北京:人民教育出版社,2020.

[2]韦志榕,朱翔. 普通高中地理课程标准(2017 年版)解读[M].北京:高等教育出版社,2018:184.

[3]金子兴,戴周丽. 以问题为导向的深度教学初探[J].中学地理教学参考,2017(05):7-9.

[4]陈芸先. 核心素养目标下的高中地理问题式教学[J].中学地理教学参考,2018(08):35-36.

《地球上的大气》教学案例

《普通高中地理课程标准(2017年版2020年修订)》提出重视"问题式教学"，在真实情境下的问题解决中发展学生综合思维、区域认知、人地协调观、地理实践力，以培养学生的地理学科核心素养。并且《普通高中地理课程标准(2017年版2020年修订)》在实施建议部分对问题式教学的基础概念、特点、组成与教学环节都做了相应说明，为问题式教学提供了理论基础。本文以"地球上的大气"为例，说明问题式教学对于发展学生的地理学科核心素养的重要意义。

一、教学内容分析

(一)本章在高中地理中的作用分析

"地球上的大气"这一部分内容在高中地理学习中有着重要的意义。从教材的整体知识体系来看，这一章内容重点对地球三大外部圈层中的大气圈做了系统讲解，重点阐述了大气环境的形成、发展及其对气候和天气的影响，从而对"地球上自然地理环境形成是由大气圈、水圈、生物圈和岩石圈之间通过相互影响、相互作用，共同形成的"这一理念的确立做了良好的铺垫。本章内容是整个高中地理教材中难度最大、最抽象、理论性最强的内容。

(二)本章教材结构分析

本章内容在知识体系安排上各节之间存在紧密的联系，从知识点的顺序安排上来讲，前一节知识的设置为后一节知识的学习做了良好的铺垫，以共同组成一个有机整体。大气圈处于地球外部圈层结构的最外层，是人类生活的地理环境的重要组成部分，学习本单元知识其目的是使学生了解有关大气的基础知识，学会初步分析大气中所发生的基本的地理现象，认识天气和气候变化的基本规律，了解大气为人类生存活动和生活提供条件，以合理利用和保护环境。本章教材的编排与组织以大气运动为主线，将大气运动的原因——能量交换作为基础铺垫；将大气运动的结果——与人类关系最密切的天气和气候，作为大气运动的深化部分呈现。

(三)重难点分析

教材的重难点分析,为教师课程教学过程中进行教学设计、教学重难点知识的着重强调、教学方法的选用等都具有非常重要的作用。"地球上的大气"这一章内容中可以看出,大气中一切物理现象和物理过程,都离不开大气运动,没有水平方向气流的运行,冷暖气流不可能进行南北交换,没有气流的垂直升降,地球上就无云雨的形成。掌握大气运动规律,了解各种环流系统特征,就可以预测各地天气、气候的变化,因此,这部分内容是整个这一章的重点。具体的重点知识是大气的受热过程、热力环流的形成过程、风向的确定、气压带风带的分布、气压带风带对气候的影响、锋面与天气和气旋、反气旋与天气;难点内容为大气的受热过程、气压带风带的形成及其对气候的影响、冷暖锋的区别。

二、"地球上的大气"问题式教学的策略

(一)"问题"情境的创设策略

(1)利用时事热点事件创设问题情境。《普通高中地理课程标准(2017 年版2020 年修订)》中指出,通过高中地理学习,使学生强化人类与环境协调发展的观念,提升地理学科方面的品格和关键能力,具备家国情怀和世界眼光,形成关注地方、国家和全球地理问题及可持续发展问题的意识。根据时事热点创设问题情境可以引导学生关注时事热点中的地理问题,使问题情境更有吸引力,体会到地理的实用性,学生阅读与思考的过程中富有家国情怀,并且可以以全球视角看待问题,教师同时也可以丰富地理课程资源。例如,在进行气压带和风带的问题式教学案例设计中,利用时事热点,以西雅图为背景创设情境,根据教学内容和教学目标,给学生提供西雅图的区域图及气候特点的相关材料,通过图文材料中的情境设置问题,引导学生读图分析、建立要素间的联系,从而探究其气候特点的成因。

(2)利用生活中常见的现象创设问题情境。学生在现实生活中的经验、对世界的态度和在过去学习中积累的经验影响学生对当下课堂中的情境的理解与问题的解决,我国地域广阔不同地区学生生活的环境状况和生活水平存在差异,例如生活在西部地区的学生对台风的感性知识较弱,在常见的天气系统问题式教学中情境的创设选择西部学生生活中常接触到的寒潮作为范例,在这种学生熟悉的情境下通过问题引导学生学习分析常见天气系统的知识,才能更好地启发学生主动

探究,解决问题。

教育家陶行知认为"生活即教育",问题情境的创设应该结合学生的生活经历,培养学生解决实际问题的能力,首要就是引导学生善于从生活现象中发现地理问题去思考,生活中有些地理问题是被学生忽略的,有些问题学生已经发现但是没有尝试着从地理的角度思考,这些问题都可以用于问题式教学情境的创设中,激发学生的兴趣,也便于学生解决问题时资料的收集与分析。例如,冷热不均引起大气运动中热力环流部分问题式教学案例中,教师利用学生身边常见的、都能感知的如教室中的暖气、空调的位置设置问题,引导学生探究大气热力环流的形成原理及过程可以很好地激发学生的学习兴趣,培养学生的核心素养。

(3)利用乡土地理资源创设问题情境。《普通高中地理课程标准(2017年版2020年修订)》认为"学生应该学会关注乡土地理问题以及可持续发展问题"和"重视地方和校本地理课程的开发",2016年版《国际地理教育宪章》指出"地理关注不同尺度的人类经验。不仅关注全球尺度,同时也关注地方尺度上的人类经验。"根据乡土地理创设可以引导学生对地理的学以致用,主动并有兴趣关注所在地区的地理事象,在情境中引起学生对家乡的热爱。例如,在高三综合复习气候知识时,可以在问题设计时给学生自己家乡的情景材料,让学生去分析家乡的气候特点、成因,及这样的气候对我们生产生活的影响。学生对所在地区创设的情境的观察、思考中对本地区的情况可以更加了解。因此,问题式教学情境要重视乡土地理情境的创设。

(二)"问题"设计的策略

问题式教学中学生是发现问题的主体,教师创设的情境目的不仅仅是作为导入引起学生兴趣后搁置在一边的,而是要学生从其中发现问题进行探究,学生作为新手对于发现有效问题不熟练。并且,问题式教学还是要在引导学生进行学习教学目标下的内容的基础上培养学生利用地理学科核心素养解决问题的能力,所以学生首先需要解决与教学内容相关的问题。因此,需要教师进行问题的预设。

(1)利用情境中地理事象的比较创设问题。对不同的地理事物采用比较的方法可以很好地培养学生的创新思维。运用比较法就是把某一地理事物和另一地理事物进行比较,通过对两事物共性和差异的分析过程,从中发现、获得新的地理知识,形成新的地理概念。比较法的学习过程也很好地贯彻了新课程的基本理念:倡导学生自主学习、合作探究,形成主动学习的态度。比如,在讲到天气系统"锋"的时候,冷锋、暖锋的很多内容就可以通过列表比较的方法来提出问题、解决问题。可以设计问题如看图比较冷、暖锋爬升的原因?过境时、过境后的天气状况?雨区的位置等等。通过比较可以使学生更好地了解和掌握事物的共同属性和个别特征。由于比较法应用简便,适用范围广,并具有高度的科学性和较强的逻辑性,学生很容易接受。在地理教学中,教师和学生若能恰当地运用比较法,不仅有助于学生思维的培养和掌握地理知识,而且能够使他们认识地理事物和现象的内在联系。

(2)利用情境中与学生已有的认知矛盾创设问题。利用认知矛盾探究创设问题是指利用情境中与学生头脑中已有的认知思维定式的地理事象创设问题,引起学生认知冲突,使得学生积极思考其背后的地理原因。这种创设问题的方法实质是运用了逆向思维的方法设计问题。逆向思维属于发散性思维的范畴,是一种创造性的求异思维。在地理教学中培养学生的逆向思维能力,对于提高学生的科学思维水平,使之逐步养成良好的思维品质,具有重要作用。逆向思维的培养是从我们日常生活中一点一滴积累起来的,而逆向问题有利于逆向思维的养成,同时也有利于很多复杂问题的解决。比如在讲到"热岛效应"的时候,可以先列举城市的种种好处。例如,医疗卫生条件较好、交通便利、教育发达……接着问:现在为什么很多人都愿意到郊区生活呢?这时习惯性的传统思维就受到了挑战,学生的那种"挑战"欲望就会被激发起来。

(3)通过激活生活体验设计问题。普通高中新课程标准提出学习对生活有用的地理。有些学生感觉地理课堂枯燥无味,没有学习的动力,这些现象的出现和我们的教学脱离生活有直接关系。现在仍有些课堂教学表现为简单的知识传授,为了考试而教学等现象,这样的教学都是脱离生活实际的。知识都是来源于生活的,也要回归到生活中去。所以我们的教学就要从生活中入手,让学生感受到有用的地理,让学生从生活中领悟地理的魅力。

例如,关于季风气候的教学,可先让大家谈谈天津的盛行风向:"天津夏季多吹偏南风,冬季多吹偏北风。"如果学生对此并不知晓,那么教师就可以引导学生联系生活实际,提出"在冬季大部分时间,你家朝南的窗户风大,还是朝北的风大?夏季呢?"之后,问学生:"为什么季节变了,风向也变了呢?"这样,关于季风的概念、季风气候的特点及其成因等内容的教学就可以更有效地进行。

三、采用"问题式"教学的成效

(一)问题式教学有助于培养学生地理学科核心素养

问题式教学设计问题是基础,问题的设计要从创设的情境出发,通过问题,使知识间的联系更加突出。从问题设计的角度说明地理教学中问题式教学的问题特点:首先,问题应具有区域性,问题的主体为现实存在的具体区域。如在学习气候类型时,每一种气候放到具体的区域中,通过问题的设计,在区域中学习其特点和成因,能较好地培养学生的区域认知素养;其次,问题应具有综合性,问题的解决涉及多个地理要素,学生以问题为中心,将地理学习内容有组织的在头脑中建构起来。

从情境设计的角度说明地理教学中问题式教学的情境的特点:情境应具有关联性,对于同一个学习主题中,教师设计的情境应使学生的思维在一个地理事象的变化中体验自然环境的组成要素间、人类与自然环境的相互联系与影响,引导学生地理思维发展上升到具有自然环境整体性的区域认知与人地可持续发展的概念。

(二)问题式教学利于课堂上发挥学生主体性作用,营造高效课堂

问题式教学中"问题"的呈现,要利于学生发现未知,激发学生学习和探究的兴趣。在创设问题情境时,通过选取与学生已有认知水平相当,选取学生生活中有机会观察到的、符合学生所在区域特点的情境问题,能有效地调动学生参与课堂探究、激发学生探究欲望,提高学生的学习主动性,从而提高课堂效率。

(三)问题式教学有利于提高学生的思维水平

教学中通过设计具有一定开放性的问题,在解决问题中不是套用某种公式或抄写教材中的某些内容就能解决的,而是要学生调动一定的思维创造性地解决问题。问题式教学是要引导学生对地理信息具有批判性思维,对问题的解决应该具有创造性思维,要训练学生的高层次思维能力。

问题式教学中学生在收集资料中会接触到大量的信息,在问题式教学中学生要利用批判性思维辨别筛选信息。利用批判性思维不断验证自己的假设,经过深度思考形成相应的假设,所以问题式教学可以逐渐使学生形成批判性思维,培养学生高层次的思维能力。

(张大伟　天津市九十六中学)

参考文献

[1]中华人民共和国教育部.普通高中地理课程标准(2017 年版 2020 年修订)[S],北京:人民教育出版社,2020.

[2]韦志榕,朱翔.普通高中地理课程标准(2017 年版)解读[M].北京:高等教育出版社,2018:184.

[3]张素娟,李云鹏.核心素养导向下中学地理问题式教学的关键[J].中学地理教学参考,2018(17):31-33.

[4]董满超.基于问题式教学的地理核心素养的培养与反思——以人教版"气压带与风带"一节为例[J].地理教学,2019(04):25-28.

第三节 课堂"问题"设计的策略

问题是指学生在吸收知识、培养能力、提升核心素养的过程中所产生的困惑点以及实际目标的障碍点。它也是在高中地理教学过程中激发学生思维教与学互动反馈的诱因。核心素养为本的课程——教学——评价,更应该注重问题的设计。

传统问题的设计是指教师在备课时以课程理念和课程标准要求为依据,针对教材中的重点难点和关键,以及学生的实际情况,预设引导学生思考探索的系列问题,把教学内容化做问题,引导学生通过解决问题从而掌握知识、形成能力、养成核心素养的过程。在这个教学过程中我一直在思考,这样的问题设计思路是不是产生了一些"问题"。

一、"问题"设计研究应用在地理课堂教学提出的原因

学生高考成绩与平时表现不相符合。因为除了高考的这次,其他的表现都很好,难道真的是学生没有发挥好?还是?学生的问题出现在哪里?与教师课堂中问题的设计有没有关系?是不是教师问题的设计与高考的要求不太符合?应该从什么角度设计问题?

对于问题的提出,我们在思考问题式教学究竟是谁的问题?是不是应该是学生的问题?是不是应该要解决学生的问题?而我们设计的问题是不是学生想要获得的问题?我们的问题能不能体现立德树人?

我们课堂教学中问题设计的目的究竟是什么?我们是否围绕着"育人"的目标,我们课堂上提出的问题是否能解决学生真正的问题,是否能为培养人更好的服务,是否能培养人走向社会、面对社会的能力。

以教学中的问题为切入点,以前上课的时候都是教师提问题,让学生回答相关的问题,从而完成教师设定的教学目标,那教师到底有没有从学生的实际出发,究竟我们提出的问题是不是学生想要知道的问题? 学生的问题究竟是什么? 针对以上的问题,我提出"问题"设计研究的整体思路。

二、"问题"设计研究如何完善地理课堂教学

第一部分:"问题"从哪里来? 应该从学生提出的问题中来,我们要思考学生为什么会提出这样的问题。以及学生提出的问题如何落实到地理核心素养上,主要属于哪些方面(区域认知、人地协调观、综合思维、地理实践力)。

第二部分:如何针对学生提出的问题来设计课堂教学,从而实现地理学科育人的价值? 应该通过具体案例分析,同时注重地理问题的可靠性和科学性,考虑问题情境的创设。

大家知道由于疫情期间,学校都采用了网络授课的形式,同时为了让学生更好地有针对性的学习,我也采用了"主播"的方式,通过腾讯会议,钉钉等与每个同学进行线上打卡交流,所以在每天的交流中真的是针对学生提出的问题,进行梳理总结,同学们每天都会上交作业,同时会私信我不同的问题,在第二天的课堂上我都会先回答大家的问题,然后针对大家的问题做小专题复习。我们已经完成专题案例——关于地壳中岩石的类型和内外力作用;乡土地理中天津的机遇与挑战;产业转移的前世今生与来世;究竟风往哪个方向吹;就是和太阳对着干的影子问题等等。这些都是同学们提出的问题,也是高考的重点和难点,学生通过自己的学习,提出了问题,把握住了地理学科的重难点,既提高了地理成绩又提高了地理学科的核心素养。

三、"问题"设计研究实践中的具体案例

(一)疫情期间的线上交流

"问题"提出的来源——同学甲和同学乙两名同学(2020年优秀的毕业生,高考成绩713分和709分,现就读清华大学,高考地理成绩等级A5=100分),他们提出关于太阳方位的问题,不同半球正午时太阳位置。

我们思考的是学生为什么会提出这样的问题,是不是我们的地理原理不能很好的应用到实践中去,学生对于很多的地理现象和地理问题还不够了解,地理实践力和综合思维的培养还是远远不够。怎样才能将问题落到实处,让学生更清楚地理解相应的问题。

我们备课组的全体成员都在思考这个问题,我们的做法是,制作地理教学课件,进一步加深对太阳视运动的理解——我们设计了大体三个方面:①日出日落太阳方位;②正午太阳方位;③太阳视运动图(夏至日、冬至日、春秋分),同时我们再结合相关题目,录制好视频,网上讲解应用。

教师通过将学生的问题剖析整理,先解决学生对于此类问题所产生的共同点,如知识点认识不清楚,同类问题分析思路,同类问题从何入手的解决问题。然后要引导学生问题的生成,培养学生的综合思维,让学生可以根据身边真实的情境去设计想听的问题。

我们也不断挖掘信息,生成问题,例如我暑假去辽宁葫芦岛兴城浴场拍摄的风向标和太阳能板的照片,就可以将问题应用到课堂上。

因此,我们觉得学生提出问题后,我们要整理、筛选、归类,变成课堂教学中我们要解决的问题,联系实际,实现地理学科育人的价值。

(二)学生返校后的面对面交流

从4月20日高三年级返校到7月5日,我们开始通过课上与学生们交流。注重的不是教师的讲,而是学生的问题与练习,学生在课堂中提出不同的问题,我们制定有针对性的练习,由不适应到适应,在问题中完善地理教学。学生提出不同作物需要的气候和地形条件;学生提出日常的电商平台的利和弊;学生提出分析全国各省的旅游资源,并评价各省的开发条件;学生提出分析不同省份的主要的自然灾害并找出相应的解决措施;学生提出了很多的问题,并针对每一个问题去理解和感悟地理学科带给他们的神奇魅力。我们已经完成这些专题的案例。

进入到六月的后半个阶段,我给大家放一些地理视频——航拍中国云南、安徽、山东、宁夏、吉林,最后离校前我们看了天津,每次都让大家看完后自己设计问题,自己找到答案,在整个的过程中学生各方面都有了很好的提高,也将问题变成了自己能够解决的问题。

(三)通过地理视频材料,自己设计问题,并自己解决相应的问题

以三季的《航拍中国》为例,第一季新疆、海南、黑龙江、陕西、江西、上海(6个省份);第二季四川、浙江、甘肃、广东、内蒙古、福建、江苏(7个省份);第三季云南、安徽、贵州、山东、天津、山西、吉林、湖南、河北、宁夏(10个省份),我们地理组教师小组分工,先解决自己比较熟悉的省份,如我们来自不同的省份,就先研究我们每个教师相对熟悉的问题。开学复课后,我在我们班先选择的是我自己的家乡黑龙江。我先和同学们观看视频,让同学习通过视频找到相关的问题,开始我还比较担心同学们找问题没有侧重地理问题,思考的不到位,但后来我发现高三的学生在知识储备和能力方面还是很有优势的。我整理了同学们提出的相关问题。

问题1:黑龙江的区域认知问题——中国最北端,经纬度,大小兴安岭,黑龙江和众多支流冲积两大平原。

问题2:北极村中国最北端,距离北极圈距离的计算问题(1500千米);漠河昼夜长短变化的情况,最长白昼达17小时的昼夜长短情况。

问题3:库尔滨雾凇的原因——水电站排出的热水,使周围的河流常年不冻,大量聚集水蒸气,夜晚,气温骤降,湿润的空气拂过大地,遇冷形成冰凌,聚集在树枝表面,形成雾凇奇观。

问题4:雪乡中国下雪最多的地方的原因——一年中积雪天数长达两百多天,积雪最深处超过两米。

问题5:镜泊湖中国最大的高山熔岩堰塞湖(瑞士的日内瓦湖)黑龙潭冬季气

温低于零下 20 摄氏度,水底的温度却常年保持在 10 摄氏度以上。而且越往下,水温越高,因为有不断涌出的地下温泉(火山群带来地下温泉)。

问题 6:三江口,只有两条江(黑龙江和松花江)在此交汇,汇合之后双色江被当作第三条江,大量腐殖质让黑龙江呈现出青墨色,裹挟着泥沙的松花江则是黄色。

问题 7:大兴凯湖波涛汹涌,小兴凯湖风平浪静,从太平洋吹来的风,让大兴凯湖时常破涛汹涌,像大海一样蔚为壮观。风继续吹向小兴凯湖,却被湖冈上的植被阻挡,因此小兴凯湖始终风平浪静。

我们结合学生的问题,进行专题的整理。我们以区域(黑龙江)为例,分析其自然地理环境特征和人文地理特征,培养学生的综合思维和人地协调观。

四、"问题"设计研究在地理课堂教学实践中的思考

我们做研究其实应该是提高自己认识的深刻程度,是自己的提高,而不是单单想改变别人的想法,提高别人的认识。

以前提到的翻转课堂推动,是要打破现有的谁是教师,就由谁来评价学生的学习状况的传统做法,建立一种新型的评价机制。学生在学习的过程中,可以观看自己的任课教师的视频来学习,也可以观看其他老师的视频来学习,有利于优质教育资源的共享,对促进教育均衡发展也有很重要的意义。

在研究的过程中发现,这种提出问题设计方案的方法,是否对每一位学生都有实际的效果,相对来看,对于成绩突出的学生,效果体现的更明显一些。以我所教的班级为例,组合都是物理生物地理,一个班级是实验班,一个班级是平行班,实验班的人数是 42 人,平行班的人数是 56 人,但明显实验班的学生提出的问题多、并且能深入分析,问题落到实处,相对来看,平行班问题思路也很广,但是深入不够,研究不够,落实的不到位。所以我们研究的过程中发现,可以借助优势资源,以优生提出的问题做引题,引导相对提出问题薄弱的学生,找到问题的突破口,并

深入研究分析,力求学生在问题中实现翻转课堂。

同时,我发现这种方式可能对于复习课效果更为突出,也就是对于高三学生,通过我们的疫情期间网课提问及回校期间的视频找问题,高三的学生在知识储备和能力方面还是很有优势的,我起初比较担心同学们找问题没有侧重地理问题,思考的不到位,但后来我发现学生们基础还是比较牢固,所以综合起来的能力还是比较强的。

以学生提出"问题"引领课堂教学,并能更好的支撑高中地理课堂教学,能更好地体现地理核心素养的育人价值,对于高三年级的学生是其在复习过程中提出问题的整合和教师针对学生的问题把握课堂教学的生成,实现地理学科的育人价值。科学家说"给我一个支点我能翘起地球",而对于高一、高二的学生来说"给我一个纸箱我能玩转地球"。他们手掌上,江河奔涌,方寸间,山峦起伏。泡沫箱撑起浩瀚宇宙,白粉末点缀璀璨星空。这是高一举办的玩转地球作品展活动,高一年级教师注重培养学生提出问题,并通过动手能力,将问题理解,应该在地理实践力方面更多培养学生。

综上所述,课堂教学中"问题"设计研究,注重的是学生产生的疑问,学生提出的问题,将学生产生的疑问和小问题归纳形成引领的问题,注重在教学过程中解决学生真实的实际的问题,从而更好地达到高中地理育人的价值。

(金玉玲 天津市武清区杨村第一中学)

参考文献

[1]王芯芯. 问题式教学在高中地理过程性知识教学中的应用研究[D].曲阜:曲阜师范大学,2019:78-84.

[2]王仲炎.课堂教学的"问题设计"研究[D].上海:华东师范大学,2011:125-128.

[3]王丽.浅谈地理课堂教学的预设与生成[C]//地理学核心问题与主线——中国地理学会2011年学术年会暨中国科学院新疆生态与地理研究所建所五十年庆典论文摘要集,2011:225.

[4]陈莘,谭洁,熊伟.基于建构主义的问题驱动式教学法探索[J].当代教育论坛(教学研究),2010(09):59-61.

《水的运动》教学案例

一、教学内容分析

(一)以水的运动为单元的整合内容

高中阶段水的全部内容——必修一中《水循环过程及其地理意义》和《海水性质和运动对人类活动的影响》。选择性必修一中第四章《地球上水的运动与能量交换》,包括陆地水体及其关系;世界洋流的分布与影响;海——气相互作用。选择性必修三中《自然资源的数量、质量及空间分布》中的可再生资源及其空间分布——以水资源为例。

(二)课标要求

(1)运用示意图,说明水循环的过程及其地理意义。

(2)运用图表等资料,说明海水性质和运动对人类活动的影响。

(3)绘制示意图,解释各类陆地水体之间的相互关系。

(4)运用地图,归纳世界洋流分布规律;说明洋流对地理环境的影响。

(5)运用图表,解释厄尔尼诺、拉尼娜现象对全球气候和人类活动的影响。

(6)结合实例,说明自然资源的数量、质量及空间分布。(水资源)

(三)重点内容分析

(1)水循环的过程。水循环的概念——自然界的水是连续运动的过程;这种运动是通过水圈、大气圈、生物圈和岩石圈而进行的。水循环的类型,水循环的三种类型既有区别,又有联系;三种类型不是孤立存在的,而是彼此相关联的。

(2)水循环的意义。水循环各环节中的能量的交换和物质的运动将地球上四大圈层紧密联系起来,并成为它们之间的能量调节者,使各种自然地理过程得以延续;同时水循环还是联系地球上各种水体的纽带,使地球上各种水体成为一个动态系统,各水体都处于水循环的一定阶段;通过水循环,海洋向陆地不断供应淡水,使淡水资源得以不断更新。

(3)海水的性质。海水的温度、盐度和密度是海水性质的重要指标,也是区分不同性质洋流的重要标志。海水的性质对人类活动的影响,从海水盐度、海水温度及海水密度变化对人类的制盐、航海、海洋捕捞、深海探测和海底通信等方面的影响。

(4)海水的运动及其对人类活动的影响。海水运动的形式多种多样;从波浪、潮汐和洋流等海水的基本运动形式说明对人类活动的影响。重点介绍洋流的概念及洋流的类型,归纳世界洋流的分布规律,并说明洋流对人类活动的影响。

(5)陆地水体之间的相互关系。陆地水体主要类型:河流、湖泊、冰川、地下水等。陆地水体之间可以相互转化、相互补给。河流与其他陆地水体之间的关系最为密切,相互补给关系也最为普遍,河流补给类型——雨水补给、冰雪融水补给、湖泊和沼泽水补给、地下水补给等。

(6)水资源(可再生资源)的数量、质量及空间分布。广义和狭义的水资源,目前人类较易开发利用的水资源,水资源不是"取之不尽,用之不竭"的。水质是水的质量,水资源用途不同,水质划分标准也不同。在空间分布上,世界水资源分布和我国水资源分布都是有地域差异的,这与降水的空间分布不均匀密切相关。

(7)海——气的相互作用(厄尔尼诺、拉尼娜现象)对全球气候和人类活动产生的影响。运用图表,综合分析海——气相互作用对全球水热平衡的影响,解释厄尔尼诺、拉尼娜现象对全球气候和人类活动的影响。

(四)单元整合的框架(见图4-3-1)

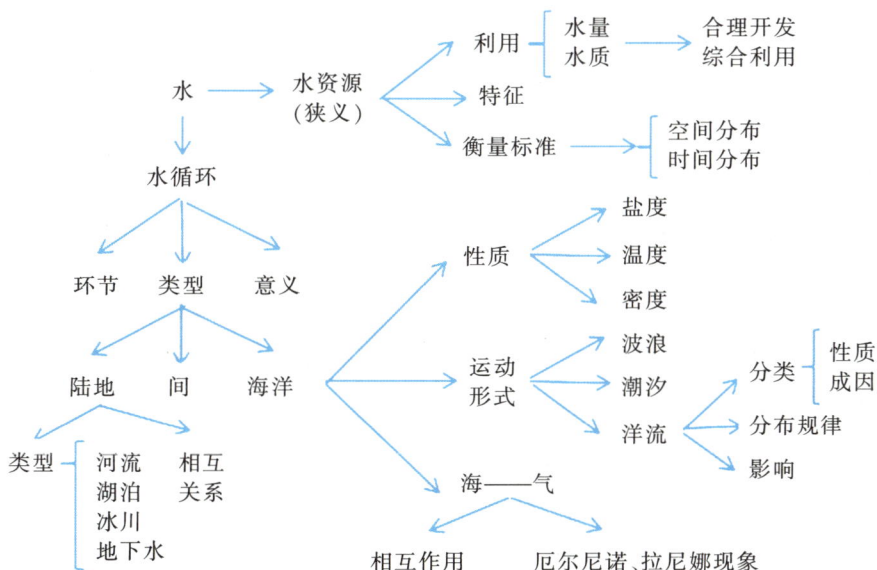

图 4-3-1 单元整合框架

二、问题设计价值

首先,确定单元教学的内容,以水为突破点分析,设计一些单元活动的问题,教师一般会根据课标的重难点设计出相应的问题:陆地水体的类型;水循环类型;河流补给类型;洋流的分布规律;水资源的空间分布等常规问题。

其次,学生也可以根据自己解读提出相应的问题。所以问题的设计来源应该包括学生提出的问题。对于问题的提出,我们在思考问题式教学究竟是谁的问题?是不是应该是学生的问题?是不是应该要解决学生的问题?我们设计的问题是不是学生想要获得的问题?我们的问题能不能体现立德树人?而学生的提出的问题是:世界洋流究竟是怎么样的运动?是一定会有北半球像数字 8,南半球像数字 0一样的规律吗?为什么厄尔尼诺现象后的几年会出现拉尼娜现象?究竟厄尔尼诺现象产生的原因是什么?对于学生提出的问题,是值得我们思考的内容,我们要思考学生为什么会提出这样的问题,我们怎么通过整合的方式,在课堂上解答学生的问题,并落实到地理核心素养上。

再次,教师创设情境,让学生带着问题去感悟,体验地理知识,让活动教学更加趣味多元。教师还可以发挥现代信息技术的价值,通过多媒体教学技术,在线课堂等,让活动教学更加符合学生的需求,更加适应时代的发展。(海绵城市)

因此,教师的问题设计价值在于把握重点难点,理解运用课标,完成课堂教学;而学生问题提出的价值,在于完善课堂,更是真实情境下的地理教学,也是高中地理课程着力培养的学生重要素养。

三、问题设计策略

第一部分:传统方式,教师提出问题,教学设计以问题为线索,以创设问题情境为开端,通过问题解决过程来推动课堂教学的进程,在问题解决过程中促进学生地理知识、能力、思维和素养的提高。

第二部分:从学生的角度思考:"问题"从哪里来?应该从学生提出的问题中来,我们要思考学生为什么会提出这样的问题?学生提出的问题如何落实到地理核心素养上,主要属于哪些方面(区域认知、人地协调观、综合思维、地理实践力)。课堂教学中如何针对学生提出的问题来设计,从而实现地理学科育人的价值,通过具体案例分析,同时注重地理问题的可靠性和科学性,考虑问题情境的创设。

因此,学生先预习,进行相应的梳理整合,教师提供指导学生学习相关的材料和内容,类似于以前提到的翻转课堂,是要打破现有问题的提出一定是教师,学生在学习的过程中,可以提出相应的问题,并思考问题如何解决,并向教师反馈相关的问题,教师通过将学生的问题剖析整理,先解决学生对于此类问题所产生的共同点,如知识点认识不清楚,同类问题分析思路,同类问题从何入手去解决问题。然后要引导学生问题的生成,培养学生的综合思维,让学生可以根据身边真实的情景再挖掘问题。

四、问题设计成效

案例一:以水循环和水资源单元整合为例

环节一:教师提出问题

在水循环过程及其地理意义这一节,教师要设计相关的问题,例如:什么是水循环? 水循环的类型与环节? 水循环的内因与外因? 水循环的地理意义? 因为课标的要求是运用示意图说明水循环的过程及其地理意义,所以完成每个相关的问题都应该是用示意图或者是画图的形式(如图4-3-2)。

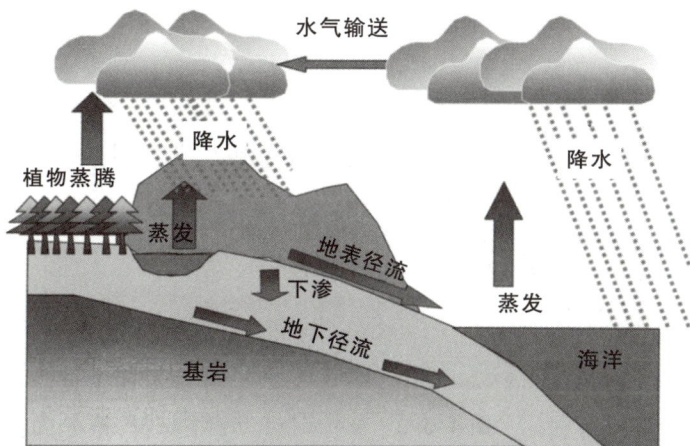

图4-3-2 水循环类型及环节

但在完成水循环的地理意义这一部分,我注意到水是人类赖以生存和发展的宝贵资源,水资源具有可再生和可持续利用的特点,这一特点正是水循环所赋予

的。因此可以将水循环和水资源为单元进行整合。

环节二：教师根据问题进行单元整合

教师可以将水循环的内容与水资源的数量、质量和空间分布进行整合。因为水资源具有的可再生和持续利用，正是水循环不断更新陆地水资源，维持全球水量动态平衡赋予的，同时陆地水体的类型包括河流、冰川、湖泊、沼泽、地下水等，而陆地水体间又存在着相互关系，进而可以完成解释各类陆地水体之间的相互关系的课程标准。

环节三：问题设计策略

通过对教材的分析，我们不难看出，水单元整合后从三大方向考虑，一是陆地上的水，二是海洋上的水，三是陆地上的水与海洋上的水的关系（如图4-3-3）。教师这一部分问题的设计主要针对陆地水体进行。

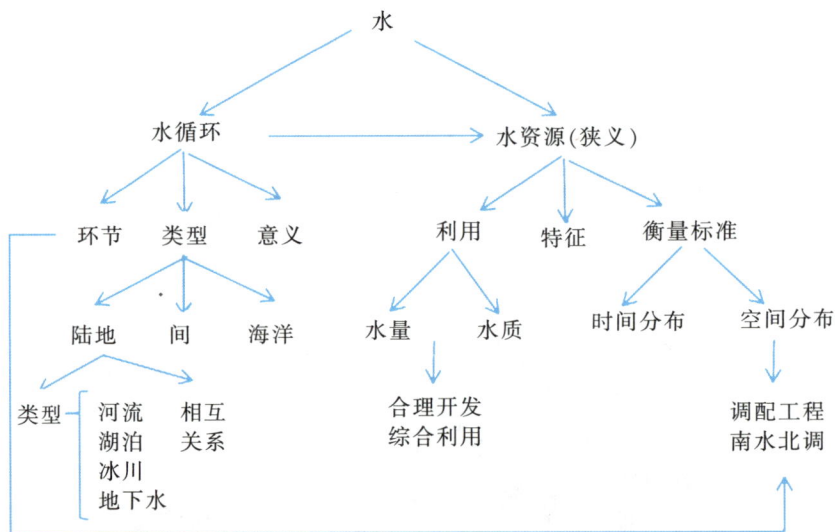

图 4-3-3　水单元整合示意

（1）通过实验观察水循环模拟，描述水循环的环节，判断水循环的类型，能够绘制示意图表示水循环的过程，提高地理实践力。

（2）运用水循环的原理，分析人类活动对水循环环节的影响，培养学生的综合思维,而在涉及联系水资源时,教师可以设计人类对水资源开发利用过程中不断地对水资源产生的影响,例如:人工降雨、修建水库、跨流域调水等方式对水循环的部分环节施加影响。

(3)通过具体案例和问题的分析探究,让学生能够将所学知识灵活运用于实际问题的分析和解决中,强化学生的综合思维和地理实践力。例如:在农业生产中使用农业薄膜可有效防止土壤水分流失,使用农业薄膜改变了水循环的下渗环节;海水淡化过程是把海水中的淡水与盐类分开,是对大自然水循环的模拟;"海绵城市"是城市能够像海绵一样,在适应环境和应对自然灾害等方面具有良好的"弹性"下雨时吸水、蓄水、渗水、净水,需要时将蓄存的水释放并加以利用。

(4)在涉及由水循环到水资源过程中,可以考虑资源跨区域的调配工程,例如南水北调,水资源的调配工程主要影响水循环过程中地表径流的环节,通过单元整合,我们问题的设计更有联系性、层次性更有利于对知识的理解和整合。

案例二:以洋流流向的判读及流向对航行的影响为例

环节一:学生问题提出

学生提出如何判断洋流的流向,判断洋流的流向有哪些方法?

环节二:教师思考

我们在讲解洋流的问题时一般的思路是:先介绍洋流的含义;在说明洋流的分类(按性质划分和按成因划分);之后说明世界洋流的分布规律;最后为洋流对地理环境的影响。而我们主要通过洋流分布规律图,判读洋流的方向,还可以根据"凸向即流向"即洋流流经海区等温线凸出的方向即洋流的流向。但如果学生遇到的是特殊的海域,洋流的流向就会发生变化。特殊海域的流向教师应该把原理讲明白,并且指出主要分布的地区。

环节三:问题设计策略

实验:取一水槽,中间用闸门分开,左边盛油,右边盛红色的水。打开闸门会发生什么现象呢?

一般来说,海与洋之间密度差异较大,密度流多分布于沟通海与洋的海峡或运河附近(直布罗陀海峡、苏伊士运河、曼德海峡)。

资料1:第二次世界大战期间,英军为防止德军从地中海进入大西洋,重重封锁了直布罗陀海峡,并在水下装置了声呐监听仪,一旦发现德军的潜艇便用深海鱼雷将其摧毁。但事实上,德军潜艇屡次通过直布罗陀海峡进入大西洋袭击英军。

资料2:1492年哥伦布第一次横渡大西洋到美洲,共花了37天时间,1493年他第二次去美洲,共花了20天时间,比第一次少了17天,前后两次时间为什么相差那么大?

资料3:1992年,中国一艘装载着近3万只橡皮小黄鸭的货轮在开往美国途中,于太平洋遭遇强风暴。从破损的集装箱里散落的小黄鸭组成了"鸭子舰队",开始了它们的"奇幻漂流",其中1万多只玩具鸭组成的"鸭子舰队"在海洋上漂流了14年之后,已经于2007年抵达英国海岸。

在前面学习的内容中,我们已经涉及海水的盐度及密度问题。世界上盐度最高的海区是红海,红海位于副热带海区,蒸发量大,降水量小;陆地上河流流域的淡水很少,所以盐度大,密度大。因此,地中海和红海之间表层洋流的流向应该是由地中海流向红海,而红海和印度洋之间经过曼德海峡时,表层海水由印度洋流向红海。而世界上盐度最低的海区时波罗的海,波罗的海纬度位置高,气温低,蒸发量小;地处西风带,降水多。陆地上河流汇入大量淡水。盐度低,密度低,所以洋流表层海水应该由波罗的海进入北海。

我们通过特殊地区洋流流向的变化总结,既明确了特殊洋流流向的判断方法,又可以更好地进行海水的运动单元的整合。洋流对地理环境影响中,其中有一点为当海轮顺着洋流航行时,航速要比逆洋流航行快得多。因此,洋流流向的判读为航行速度快慢的判断奠定理论基础。

"鸭子舰队"的漂流过程就是洋流流向的判读,从在南北太平洋中漂流,到向北通过北冰洋,在到大西洋海区,漂流14年的玩具鸭子在美国东海岸遇到湾流,向英国进发,在北大西洋暖流的带动下,"鸭子舰队"有可能沿欧洲海岸北上,加上西风的吹拂,第二次进入北冰洋海域。

单元整合下的问题设计注重的是整合后的"问题"设计,无论是学生提出的问题,还是教师设计问题,都要将问题归纳形成课堂教学中的引领问题,贯穿始终,注重解决学生最真实的问题,从而更好达到高中地理学科育人的价值。

　　单元整合的过程中注重问题的设计,同时单元整合的过程中也要考虑课程思政——立德树人。考察社会主义核心价值观,指引学生培养正确的世界观、人生观和价值观;考察依法治国理念,引导学生梳理宪法意识和法治观;考察中国优秀传统文化、引导学生提高人文素养、传承民族精神,树立民族自信心和自豪感;考察创新能力,提升高考对创新教育与人才培养工程的积极作用。在单元整合问题设计的过程中也要注重培养学生的家国情怀和为社会奉献的责任感。

（金玉玲　天津市武清区杨村第一中学）

第五章

教学关键环节的设计

　　"核心素养"是当今国际教育界的潮流,"核心素养—课程标准(学科素养/跨学科素养)—单元设计—课时计划"——这是教师教育活动环环相扣的基本环节[1]。新课改背景下的教学设计应该是基于核心素养的单元设计。单元设计既是课程开发的基础单位,也是课时开发的背景条件。

　　什么样的单元设计能有效培养核心素养呢?单元教学设计不是单纯地备教材,要以学生的认知为起点。学习并不是简单的"知识传递",而是"知识的建构"。有效的单元教学应该以学习者为中心,充分发挥教师帮助和引领作用,促进单元学习习惯的养成。单元教学设计指导下的单元学习需具备四个特征,才能有效落实地理学科核心素养。①情境性,即以具体实际情境作为知识增长点,丰富学习体验;②主体性,即根据学生的个体需求和个性特点,选择适宜的教学内容、教学方

法、教学进度和评价方法等,启发学生主动对课程内容进行探索和自主建构;③对话性,学习者通过对话,交流分享学习经验,探究学习意义,推敲彼此的观点,实现意义的建构;④深度性,把知识应用到解决问题的实践中去,培养学生的创新能力和反思能力,促进学生对学习内容的深入理解。

体验式学习和小组合作学习的方式,符合培养创新能力、形成核心素养的要求。一方面,创设真实的学习情境,能够建立有效的学习方式,对学生知识迁移能力的发展起到决定性作用,有利于促进学生认知能力的发展,真实的情境与学生的现实生活体验更为接近,能够提升学生的感受性,使学生运用生活经验探寻问题、提出问题,适于学生区域认知和地理实践力的培养;另一方面,师生对话与生生对话的过程是知识建构、思想碰撞和精神交流的过程,能够促进学生对单元知识内容的自主探究,在综合思维的指导下,建构认知结构,而且能够促进人地协调观的形成,促进学生创新意识、探究能力和合作能力的提升。

参考文献

[1]陈彩虹,赵琴,汪茂华,等.基于核心素养的单元教学设计——全国第十届有效教学理论与实践研讨会综述[J].全球教育展望,2016,45(01):121–128.

[2]熊梅,李洪修.发展学科核心素养:单元学习的价值、特征和策略[J].课程·教材·教法,2018,38(12):88–94.

第一节　在体验中提高学生
地理实践力

一、核心概念

(一)地理实践力

《普通高中地理课程标准(2017 年版)》提出"地理实践力是指人们在考察、实验和调查等地理实践活动中所具备的意志品质和行为能力。考察、实验、调查等是地理学重要的研究方法,也是地理课程重要的学习方式。"多年来,注重知识的讲授导致地理实践力培养的缺失,因此,亟待地理教师在地理国家课程教学中、地理校本课程和地理社团的开发中思考如何培养学生的地理实践力。

地理实践力素养的培养是目前地理学习中最亟待解决的学科素养。地理实践力一方面通过实践形成对现实问题的解决能力,另一方面是内在的品质,是一种意识和习惯,如安全意识、环境意识、科学意识、行动意识;养成勤于动手、思考、调查研究的习惯等。

(二)体验式教学

体验式教学,现代汉语词典注释为"通过实践来认识周围的事物;亲身经历"。关于体验式教学,专家认为"体验式教学是在教学中积极创设各种情境,让学生进行充分的体验,使学生得到优化发展的教学方式。情境、体验、发展是体验式教学的三要素。"

体验式教学如何运用在地理教学中呢?本文认为教师在学生认知特点、已有的知识经验基础上,积极创设各种教学情境,让学生在亲身经历和实践操作中探究地理原理规律,运用地理原理规律解决生活中实际问题,提升学生地理核心素

养。"考察、实验、调查等"地理实践活动为学生提供了充分体验的情境,体验式教学有利于培养学生的地理实践力。

体验式教学是教学方式的重大变革,突出学生的主体作用,变被动学习为主动学习,通过亲身体验来获得知识和能力,逐步形成地理核心素养。体验式教学有利于教师转变传统教育教学方法,建立平等师生关系,转变教师故步自封、按部就班的老思想,激发教师创新意识,促进教师动手实践能力的提高,提升教师教育教学水平,为地理核心素养落实落地做出贡献。

二、理论依据

(一)杜威的"教育即生活""从做中学"理论

杜威主张学生在实际生活中学习,提出了从生活中学习,从经验中学习,主张"教学应从学生的经验和活动出发,使学生在游戏和工作中,采用与儿童和青年在校外从事的活动类似的形式"。杜威的"从经验中学习",就是一种体验式学习,引导学生从经验中获得认知,比学生直接获得认知有意义。从经验中学习的学习能力可以促进学生主动接受知识,主动调整自己的学习行为,以便应对新的学习目标,从而激发学生的学习兴趣以及促进学生持续性的学习。

(二)美国哈佛大学教授 David Kolb"体验式教学"理论

美国哈佛大学教授 David Kolb"体验式教学"理论,认为学习分为"具体经验—反思观察—抽象概括—行动应用"四个过程,体验是学生学习的动力和源泉,体验需要反思,反思形成理论运用于实践,再形成新的体验。David Kolb 从哲学、心理学、生理学角度进行研究和阐述,发表了丰富的论著,使体验式教学在美国得到高度重视,进而体验式教学成为美国主流教学方式之一。

三、国内外研究现状

(一)国外研究的现状

体验式的教学在英国、美国、日本均有所发展。英国的"体验式训练"、美国的"体验式学习"、日本的"体验活动",广泛将体验式教学运用到大中小学教育中,逐渐将体验式教学推广开来,成为主流教学方式,甚至成为学校教育的特色。英国的"体验式训练"由单一的生存训练扩展到心理训练、人格训练、管理训练等等。美国将英国的"体验式训练"运用于大学教学、中小学教学,经过实践和研究把这种教学总结为"体验学习"。日本学习美国"体验学习"和英国的"体验式训练"倡导了"体验活动",训练学生的生存能力,培养学生的发展能力。

(二)国内研究的现状

我国古代教育家孔子开启了体验式教学的新篇章,形成了以"道德践履、仁爱贵和、精思善疑、平等民主"为核心的游学思想,成为我国研学旅行的奠基人。孔子的"仁爱"教育启示我们要通过各种体验活动,教育青少年以孝悌为本,尊重人、关心人、爱护人。孔子"仁爱"教育采用的教学方式是"体悟",即身体力行感悟知识,这种教学方式一直影响着国内教学。

近代伟大教育家陶行知倡导的"生活即教育",认为生活具有教育的意义,具有教育的作用;生活决定了教育,教育不能脱离生活;教育为改造生活服务,在改造生活的实践中发挥积极作用;"生活即教育"是对传统教育脱离实际、脱离生活的批判。"生活即教育"的教学方式以学生的体验为主,教育内容以学生的生活环境为基本,这是体验式教学思想的实践。

国内新课程改革是改变教学方式,改变接受式教学为生命体验为主的教学方式,立德树人,培养学生的核心素养。体验式教学会成为当前教育教学的一种主流教学方式。随着核心素养的提出,体验式教学中地理实践力的培养策略处于正在开发研究的过程,逐步摸索出地理实践力培养的实施策略。

四、在体验中提高地理实践力的策略

(一)巧手绘图,培养学生动手能力和解决问题能力

地理学习离不开地图,地图是学习地理必备的工具。在地理教学中引导学生读地形图和专题地图,关注方向、图例、比例尺,分析地图提取关键信息,绘制地理原理的示意图、地形剖面图、旅游线路图、手抄报等等,有利于提高学生提取信息的能力,有利于培养学生总结归纳能力,有利于培养学生动手操作能力和解决实际问题能力,从而促进学生地理实践力的养成。

我校校本课程中,《旅游与地理》课程,教师组织学生分小组绘制地理旅游线路;《防灾避灾与地理》课程,教师组织学生设计地震逃生线路图(学校、家庭)、地震中防灾和避灾的手抄报等等;《气象气候与地理》课程,学生动手绘图天气符号等等。学生在动手绘图过程中,通过实际操作,既培养学生利用地理知识解决生活中问题的能力,又加强同学之间的交流、合作能力和团队意识。

(二)动手设计和模拟地理实验,探究地理规律

地理实验是一种地理实践教学方法。华东师范大学段玉山主编的《地理新课程教学方法》一书把地理实践教学方法分为地理观测法、地理调查法、地理实验法、地理考察法等。地理实验生动地展示了地理原理和地理规律,突破地理教学难点和重点,调动学生学习的积极性,激发学生探究和创新,尤其锻炼学生动手操作能力,真正使地理实践力的培养落地生根。

地理模拟实验的开展是教师提供地理实验的设计方案或者师生共同设计模拟实验,师生在课堂中开展地理模拟实验。地理模拟实验主要关于自然地理的地理规律。例如模拟火山喷发实验,汶川地震实验,城市与郊区的热力环流,冷锋和暖锋的锋面运动,地球的自转和公转,褶皱(背斜和向斜),出山口的冲积扇,黄土高原的水土流失等等。地理模拟实验直观展示了地理规律、地理原理、地理成因知识,强调学生参与,可以有效地改变学生被动接受式的学习方式,使学生亲身体验

生活中地理,让学生亲自动手操作,甚至自主设计,撰写观察记录、操作实施过程、实验报告,培养学生动手实践能力、创新能力以及求真务实的科学严谨态度。亲身体验生活中地理知识,增强学生理解地理知识和运用地理知识解决地理问题的能力。例如我校气象小组开展龙卷风实验,撰写实验报告,提升了学生的地理实践力。

(三)自制地理教学工具,感受直观地理

地理规律、地理成因知识比较抽象,难度大,学生不感兴趣,通过开展自制地理教具等活动,使地理知识形象化、具体化易于学生理解,激发学生学习地理的兴趣,培养学生的动手操作能力和解决实际问题的能力,也培养了学生创新意识。例如师生一起自制地球仪、地球昼夜变化演示教具、气象符号教具、日晷等等,利于教师教学和学生学习。我校高一学生结合地理知识自制创意地质年代表和风向标,不仅深刻地掌握了地理知识,还激发自身和同学们学习地理的热情。

(四)课堂创设地理情境,提高学生的实践力

当下教育容易忽视学生的直接经验,有学者认为"我国传统的课堂教学强调学生的学习应以间接经验为主,其主要任务是掌握人类积累起来的科学文化知识,把学习间接经验看作是学生认识世界的捷径。把直接经验、感性认识作为学生间接经验的手段和工具,为掌握间接经验和书本知识服务,显然是把直接经验放在了从属、次要的地位,把学生限制和束缚在书本世界之中,割裂了书本世界和现实生活世界之间的联系,致使课堂教学变得如同一潭死水,缺乏生机和活力"。

地理课堂教学要与生活情境的融合,教师要创设真实情境带着学生体验地理知识。例如地质地貌的认识,可以利用地理专业教室的实物展示:喀斯特地貌、雅丹地貌等;也可以结合天津地貌,蓟州大溶洞、天津北部山区冲积扇、海河冲积平原、海河的凹岸和凸岸;三大岩石的认识,岩石标本的展示,学生观察岩石特征和分析岩石成因;常见天气系统以及天气现象,建议结合平时生活中的天气现象,典型的寒潮、秋高气爽、秋雨等等发生时随堂教授,解释天气现象的成因;三圈环流,地理教室数字星球的利用,带着学生直观、立体认识三圈环流和气压带风带季节移动;校园土壤的观察,描述土壤特征,分析天津盐碱地形成的成因等等。

我校地理组教师设计出情景主题"我是房地产销售员",一名同学扮演房企销

售员,推销高档住宅和别墅,多名同学扮演买房者,扮演房企销售员根据顾客需求从楼房的朝向、楼层、交通、自然和人文环境优势、房型进行介绍推销。通过场景模拟,学生们认识到高级住宅区的区位选择,深化了地理知识,激发了学生学习地理的积极性。

(五)地理社团的小课题研究,提升学生地理实践力

社团、校本等地方性课程可以进行小课题研究,提升学生的地理实践力。比如我校的气象小组已经完成了《天津地区龙卷风的统计分析与形成机制研究》的小课题研究,学生研究过程中,统计天津龙卷风多年发生的频次和地点分布,从天津的自然条件,同时与美国龙卷风多发地进行比较,研究天津龙卷风的形成机制。我校气象小组开展气象灾害"台风"形成、危害、防治措施的研究,设计了《一波三折》气象科普剧,宣传台风的防灾救灾措施,生动形象地解决生活中地理问题。利用假期开展"跟着美食去旅行""跟着诗歌去旅行""跟着歌曲去旅行"的研究性学习活动,拓宽学生的知识面和提高学生的科研能力。

(六)培养学生从细微处出发,寻找生活中地理

陶行知的"生活即教育",我们可以从生活中寻找地理规律,从细微处学习地理知识。例如鼓励"学生随手拍",生活中随手拍的一张地理景观图,我们就可以研究地理位置、地理事物和地理现象,分析背后的原因,探求地理原理。这才是地理核心素养真正地落地生根。例如校园内拍摄日出日落景观图片,观察太阳方位,分析地球运动的地理意义;校园植物一年四季随手拍,观察区域的植被特征,分析区域自然地理环境等等。

学习地理要学习身边的地理,海河是天津的母亲河,作为天津人首先认识自己的家乡,了解母亲河的特点与历史。我校地理组教师集体教研,探寻出一条海河观光带之旅,追寻津沽文化。我们的路线:赤峰桥—解放桥—大沽桥—北安桥—前进桥,途经地点:津湾广场、天津站、津门津塔、海河观光带,考察城市地域文化的代表建筑——桥和建筑群(法租界、意租界等),交通方式是徒步前行,教师讲解。通过组织学生出游,亲近自然和社会,增强社会责任感,促使学生体验学习、拓展思维、提升能力。

(七)试题中创设问题情境,评价地理实践力

地理实践力在课堂上培养,又如何考核呢? 天津地理高考试卷近年来多精选区域景观,信息形象直观,直面乡土地理,培养家国情怀,创设情境注重设问,模拟实际现场场景,考察学生的地理实践力。例如,2018 年天津高考地理试题以身边熟悉的天塔作为情境,考察地球运动的地理意义;2019 年天津高考地理试题选择天津滨海区的海洋博物馆、航母主题公园等人文景观图考察区域产业发展;2020年天津高考地理试题选择中新天津生态城的智能公交站、南堤滨海步道公园等人文景观图考察城市的发展等等。

五、小结

"纸上得来终觉浅,绝知此事要躬行",体验式教学促进学生地理实践力的养成。作为新时代的地理教师要与时俱进,更新教育教学理念,选择合适的教育教学方法,精心设计每一节课,灵活采用多种评价方式评价学生,引导学生用地理视角去观察、行动和思考,体验感受生活中的地理知识和地理规律,勇于探索、创新和实践、主动反思和批判,真正促进学生地理实践力的培养。

(向娟 天津市第一〇二中学)

参考文献

[1]中华人民共和国教育部.普通高中地理课程标准(2017 年版 2020 年修订)[S].北京:人民教育出版社,2020.

[2]盛春荣,沈国明,蒋云兵.新课程与体验式教学[M].浙江:浙江工商大学出版社,2018.

[3]杜威.民本主义与教育[M].北京:中国轻工业出版社,2016.

[4]段玉山.地理新课程教学方法[M].北京:高等教育出版社,2003.

[5]张天宝.关注学生的生活世界:当代课堂教学改革的重要特征[J].中国教育学刊,2007(03):56—59+65.

《宇宙中的地球》教学案例

一、单元学习主题

（一）教材分析

《宇宙中的地球》作为高中地理必修一的第一章，旨在使高一学生进入高中阶段地理的学习，首先就能够初步认识地球所处的宇宙环境。本章主要由以下三节内容组成：地球所处的宇宙环境、地球的圈层结构、地球的演化过程。本章内容为后续章节的学习提供了一个宏观的背景。通过本章的学习，使学生能够理解宇宙环境是地球及地球上的人类生存、发展的基础，能够辩证的分析宇宙环境对地球与人类活动的各种影响（人地协调观）；能够从宇宙环境综合的角度认识地球上生命存在的条件及地球的演化史（综合思维）；能够运用正确的方法和工具认识区域，包括太阳辐射分布的空间特征和地球各圈层特征（区域认知）；能够选用适当的地理教学工具，学生制作太阳系的模型、设计创意地质年代表等，在体验中学习和反思中学习（地理实践力）。

（二）学情分析

有关宇宙及地球的基础知识在义务教育阶段的开篇有所涉及，学生具备一定的知识储备及基本常识，了解地球的形状及运动情况，对地球各要素也有了基本的了解。但是，大部分学生对宇宙及地球基础知识的认识仅停留在表面，而高中地理新课标对这部分知识的要求由感性认识为主提升到理性理解层面，对能力的要求也有所提升。本单元内容可由远及近、由表及里进行学习，帮助学生树立空间概念；本单元内容之间存在因果关系，因此要注重知识间的逻辑关系，帮助学生形成综合思维，树立正确的人地协调观、宇宙观和时空观；利用学生的好奇心，辅佐以新颖的材料和教学资源，激发学生学习兴趣和学习信心；同时加深学生对地理自然和人文要素的认识，为后续单元学习做铺垫。

（三）单元学习主题

宇宙环境如何造就和孕育了高级智慧生命的地球？

(四)单元课时结构

地球作为人类的家园,在茫茫宇宙中只是沧海一粟,太阳的恩泽使它生机盎然。在漫漫历史长河中,地球上诞生了生物,生物不断进化,出现了人类。地球具有同心圈层的结构,构成了人类赖以生存的自然环境。问题链式单元课时结构如图 5-1-1。

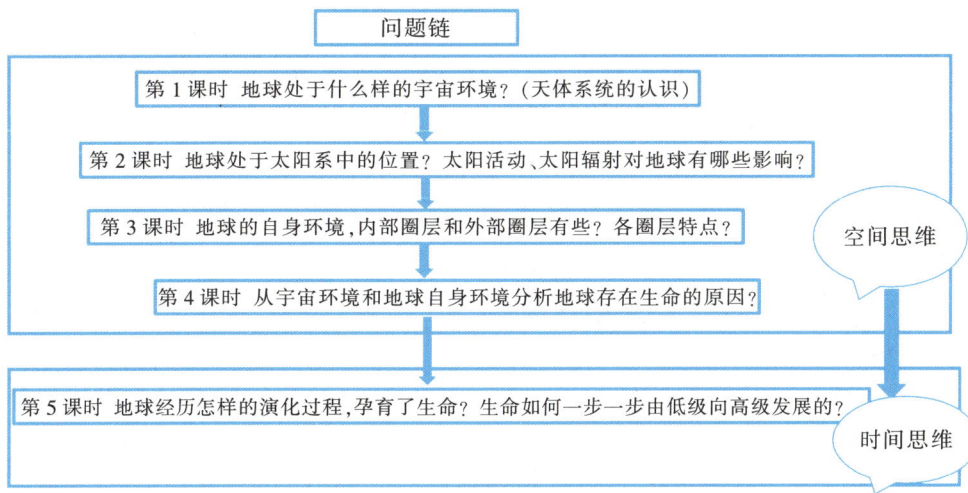

图 5-1-1　问题链式单元课时结构

二、单元学习目标

(一)课程标准

(1)"运用资料,描述地球所处的宇宙环境,说明太阳对地球的影响"。

(2)"运用示意图,说明地球的圈层结构"。

(3)"运用地质年代表等资料,简要描述地球的演化过程"。

(二)单元学习目标

第一,借助地理教室的数字星球、穹顶展示宇宙视频影像,学生能够用语言文字和数据形象地描述地球所处的宇宙环境、认识天体和天体系统、绘制太阳系八大行星公转图、分析八大行星的运动特征和基本特征,从而帮助学生树立空间思维。

第二,视频展示太阳的结构特征、太阳活动,案例探究太阳活动对地球气候、电离层、磁场等方面的影响;太阳辐射的分布图归纳总结太阳辐射空间分布特征以及太阳辐射的影响因素,知识迁移,举一反三分析我国太阳辐射最多和最少之地及其原因,培养学生的区域认知素养。

第三,制作太阳系八大行星模型,绘制《宇宙中的地球》思维导图提升学生的地理实践力。

第四,地球在太阳系中的位置特点、太阳辐射对地球的影响、地球的圈层结构以及地球的演变过程,从以上不同维度综合分析地球成为宇宙中唯一孕育高级智慧生命星球的条件,培养学生综合思维。

第五,利用地理教室的挂图、教具、地球圈层示意图(我校地球圈层创意储物柜)等寻找地球的内部圈层和外部圈层,绘制地球圈层结构图,提升学生的地理实践力。探究淡水资源的有限性,树立学生的节水意识,落实人地协调观。

第六,地球和火星资料对比,探究地球存在生命的原因,培养学生合作精神、搜集资料能力、分析能力。

第七,视频展示原始大气、海洋的形成,探讨地球上水的来源,培养学生的科学探索精神;化石的展示,利用化石寻找年代、推测地理环境,运用地质年代表开展生物演化史的大排序活动,探讨恐龙灭绝之谜,自制创意地质年代表,提升学生的地理实践力和综合思维。

三、单元学习活动

《宇宙中的地球》单元整体教学思路如表5-1-1:

表5-1-1 单元整体教学思路

课时安排	教学活动(体验式教学为主,提升地理实践力)
第一课时 地球所处的宇宙环境 (天体和天体系统)	1.地理教室数字星球穹顶展示宇宙环境(身临其境体验宇宙,恒星、星云、卫星、彗星、流星雨等) 2.太阳系视频展示,绘制太阳系八大行星公转图;图文资料分析八大行星运行特征和基本特征 3.地月系视频展示,拓展认识月相 4.绘制从低级—高级的天体系统层次图 5.作业制作太阳系八大行星模型

续表

课时安排	教学活动(体验式教学为主,提升地理实践力)
第二课时 太阳对地球 的影响	1.视频展示太阳外部圈层、黑子、耀斑、日珥等 2.案例探索太阳活动对地球的影响。从气候(降水与黑子的相关性)、电离层(无线电短波信号减弱或中断的图文资料)、磁场 (磁暴和极光现象的图文资料)等方面探究太阳活动对地球的影响 3.太阳辐射对地球的影响,图文资料分析地球表面太阳辐射的空间分布,探讨太阳辐射的影响因素,拓宽讨论我国太阳辐射最多、最少的地方以及具体原因 4.作业学生搜集太阳活动对地球影响的相关资料
第三课时 地球的圈层 结构	1.地理教室的地球内部圈层结构示意图(我校地球圈层创意储物柜),认识地球的内部圈层,了解划分依据、划分的界限,讨论各自的特点 2.利用地理教室的挂图、模型等,寻找地球的外部圈层 3.探讨水圈的组成和淡水组成,帮助学生树立节水意识、环保意识 4.作业绘制地球圈层的结构图
第四课时 地球存在生 命的原因探 讨	1.《流浪地球》视频播放 2.探讨地球为什么流浪?流浪到哪里才适合生存 3.探索现实中地球存在生命条件 4.探索火星是否存在生命?原因分析 5.总结地球存在生命的条件 6.开放性思考外星人是否存在?是否和地球人一样的生存条件
第五课时 地球的演化 过程	1.地球诞生之初,播放视频《地球起源与成长史》 2.探讨地球原始大气、海洋、陆地的形成 3.拓展思考地球上水的来源 4.化石展示,推测化石的形成及其所处环境 5.运用地质年代表开展生物演化史的化石图片大排序活动,绘制动物进化的结构图 6.选取地质年代表的侏罗纪时代,推测描述"恐龙"生活的地理环境,探究恐龙的灭绝 7.作业归纳不同地质年代构造运动、矿产、生物;绘制创意地质年代表

四、单元学习评价

体验式教学中,为了提升学生地理实践力,我们设计了动手绘图、自制教具、

练习题评价学生的学习效果,例如:制作太阳系八大行星模型;绘制《宇宙中的地球》思维导图;绘制地球的圈层结构图;自制创意地质年代表;单元练习测试。

以绘制《宇宙中的地球》思维导图为例说明如何进行学习评价。结合新教材地理必修第一册,开展了《宇宙中的地球》思维导图绘制活动,培养学生建立空间思维;转变学生的线性思维,培养非线性多元化思维;培养学生动手实践能力。在教师的指导下学生通过绘制《宇宙中的地球》思维导图,不仅构建地理知识体系,培养地理核心素养,还有效地进行自主、合作、探究学习,成为真正"学习的主人"。

课程标准依据:运用资料,描述地球所处的宇宙环境,说明太阳对地球的影响。

培养目标:培养学生的空间思维,思维导图的绘制培养学生的非线性思维,培养学生的地理实践力。

绘制《宇宙中的地球》思维导图选题要求、评分标准、评价主体如表5-1-2。

表5-1-2　思维导图相关说明

内容	举例
《宇宙中的地球》思维导图选题多元化	宇宙中的天体;太阳系;地球等等
课题要求	核心:宇宙的天体,天体系统,太阳对地球的影响,培养学生的空间思维,思维导图培养学生的非线性思维,培养学生地理实践力的核心素养
课题评分标准	评分标准为四级,具体要求如下: 水平1:思维导图知识科学(C等级) 水平2:思维导图知识科学、结构清晰(B等级) 水平3:思维导图知识科学、体系完整、结构清晰(A等级) 水平4:思维导图知识科学、体系完整、结构清晰、形象美观(A+等级)
课题评价主体	小组自评、互评、教师评价相结合

五、以第五课时《地球的演化过程》为例,体验中提升地理实践力

(一)课堂创设地理情境,提高学生的地理实践力

数字星球的应用、课件ppt图片展示、视频播放等方式创设情境,学生身临其

境,从而激发学生探索科学的精神。

《地球的演化过程》导入环节采用数字星球的穹顶展示宇宙星空;课件 PPT 图片展示现在地球表面的环境,从而提出疑问:46 亿年前地球刚诞生时,它的模样和现在一样吗?从而进入本节课的学习。

《地球的演化过程》探究活动(一)地球的诞生之初。播放视频《地球起源与成长史》,学生带着问题去观看。

推测 1:岩浆剧烈喷发时,大气成分……

推测 2:当岩浆逐渐平息后,地球逐渐冷却,地表如何变化……

推测 3:高温岩浆不断喷发而释放的水蒸气……

视频展示《地球上水的来源》,拓宽学生的知识面。学生讨论地球上水的来源的多种假说。教师循循善诱,"科学研究是永无止境的,科学研究探索之路艰难、孤独的,科学家们仍然孜孜不倦的追求真理,路漫漫其修远兮吾将上下而求索,有兴趣的同学可以致力于科学研究为祖国的科学发展贡献力量!"

(二)三叶虫化石、煤标本展示,学生真实感受地理知识

教师讲授和启发学生:三叶虫是古老海洋生物,如果三叶虫化石出现在喜马拉雅山,可以猜测喜马拉雅山附近曾经是海洋,这块化石大概是形成于寒武纪。煤,既是化石,也是化石能源,实质是原始的植物尸体积累埋藏于地下经过物理、化学反应形成煤炭。煤炭的燃烧,释放原始植物自身蕴藏的太阳能,因此被称为"太阳石",山西大同煤炭资源丰富,我们可以猜测山西大同曾经拥有大规模的茂密森林,煤炭形成时期可能是什么时候呢? 石炭纪。

(三)试题中创设问题情境,评价地理实践力

《地球的演化过程》探究活动(二)认识地层和化石是地质年代的划分依据。学生分组讨论地层和化石如何能够确定地球的地质年代?根据教材的图片资料(中图版高中《地理》必修第一册 27 页作业第 3 题)设计的问题如下。

(1)A–G 层中形成于最早和最晚的分别是哪一层? 请说出判断理由?

(2)A–G 层和 W–Z 层中可能形成于同一时代的岩层有哪些? 请说出判断理由?

(3)甲图的 AB 岩层推测该地沉积时的古地理环境是什么?

如果甲乙本是同一地区的岩层,甲地逐渐演变到乙地岩层。

(1)乙地与甲相比缺少了哪几个岩层？

(2)猜想怎样才可能由甲地演变到乙地岩层。

小组讨论探究,学生清楚的认识地层规律和化石研究的意义。

(四)巧手绘图,培养动手能力和解决问题能力

《地球的演化过程》探究活动(三)探究地质年代的动物演化进程,动物化石图片排排序,绘制动物进化过程图。学生依据生物的进化是简单到复杂、低级到高级的规律,进行动物化石图片排序;根据地质年代表,学生找出动物所处的地质年代,绘制动物进化过程图,体验中提升学生地理实践力。

(五)自制地理教学工具,感受直观地理

《地球的演化过程》的课后作业让学生动手制作创意地质年代表,激发学生学习地理的兴趣,培养学生的动手操作能力和解决实际问题的能力。

(向娟　天津市第一〇二中学)

第二节　培养学生区域认知能力的教学策略

区域认知是高中地理四大核心素养之一,《普中高中地理课程标准（2017 年版 2020 年修订)》(以下简称"新课标")明确了其作为基本思维和方法的地位,指明了高中阶段培养学生区域认知的课程和教学体系,系统阐述了区域认知的发展水平及其具体表现特征,提出了依托情境的问题式教学建议。基于此,本人尝试了真实情境下的区域认知能力培养的教学实践,并进行了深入的思考。

一、区域认知能力概述

根据新课标的定义,区域认知是指人们运用空间—区域的观点和方法认识地理环境, 并能够正确评价区域开发利用决策得失及面临风险的思维品质和能力,包含对区域本身的认识和利用区域的方式认识两个方面的内容。区域认知能力就是在认识区域本身过程中表现的一种能力,是学生具备的从区域的视角进行区域划分、定位、分析、解释、评价、预测的意识和能力。其对应的课程目标是:学生能够形成从空间—区域视角认识地理事物和现象的意识,对地理事物和现象的空间格局有较强的观察力,并运用区域综合分析、区域比较、区域关联等方法认识区域,简要评价区域现状和发展[1]。

高中地理课程中涉及的区域认知能力的内容很多,结合课标、教材和相关学者的观点,本文初步构建高中地理区域认知能力的内容和目标(见表 5-2-1)。

表 5-2-1　高中课程中区域认知能力的内容及目标

课程内容	对应教材	区域认知能力目标
自然地理	地理 1 选择性必修 1　自然地理基础	认知区域特征——区域自然要素特征、分布、变化;区域特定自然现象

课程内容	对应教材	区域认知能力目标
人文地理	地理 2	认知区域特征——区域人文要素特征、分布、变化； 区域产业的区位选择
区域地理	选择性必修 2　区域发展 选择性必修 3　资源、环境与国家安全	认知区域差异——区域划分、区域差异和比较 认知区域发展——区域发展、区域联系、国家安全

综合新课标和专家学者的观点，结合高中学生认知发展特点，把握区域认知能力培养目标，本文理解的区域认知能力水平划分如表 5-2-2 所示：

表 5-2-2　区域认知能力水平划分

水平划分	真实情境	行为动词	认知程度	区域认知能力
水平 1	直观感受 日常熟悉区域	描述、概括、辨识	简单认识区域	区域单要素特征、分布； 区域特定地理事象
水平 2	读图分析， 简单给定区域	解释、说明	区域开发利用方面决策条件	区域两要素相互影响； 区域产业区位因素
水平 3	读图文资料 给定复杂区域 两地或一地跨时间尺度，自然、人文多要素	分析、比较	运用证据评价区域决策	区域特征、区域关联
水平 4	绘图，多种图文材料，现实中任何区域	综合分析、全面评价	全面评价区域决策，提出改进建议	区域发展、国家安全

通过对区域认知能力及水平划分的深入思考，利用不同认知水平的真实情境，培养学生的区域认知能力是落实地理核心素养的有效途径之一。

二、立足真实情境，培养学生区域认知能力

(一)具身认知理论在区域认知能力培养中优势

具身认知理论最早由法国现象学家梅洛·庞蒂提出。他认为，人们对世界的认识是通过身体实现的，身体是认识的主体。叶浩生认为，认知、大脑、身体、环境是集成系统的认知结构，认知存在于大脑，大脑存在于身体，身体存在于环境，强调个体本身在认知过程中发挥关键作用。费多益认为，人以"体认"的方式认识世界，心智离不开身体经验；身体不再是单纯的大脑、孤立的身体，而是与他人身体、外部物理和社会环境互动中的身体。

该认知理论尤为强调了身体(包括大脑)参与和环境两大核心要素，强化了认知、思维、记忆、学习、情感和态度等是身体作用于环境的活动塑造出来的。为此，认知和学习的过程明显具有了主体参与性、互动体验性、真实情境性等特征，在学习过程中，转变以脑部活动为主的学习方式，多以通过身体在真实情境下的感知运动等的活动在脑部的直接反应，进行更为有效的学习。该理论对教学的启示是教师要努力创造丰富多样的真实教学情境，联系课标和教材内容，考虑贴近学生知识水平、生活实际和社会现实，选取直观感受的各类地理图像、视频、动画、实物、地理实验和文字融合，设计学习活动时，积极利用多重感官接受知识和技能。在培养学生区域认知能力时，身体运动感知主要表现为：大脑参与获取、记忆、加工、思考、应用等学习和认知；眼、耳、鼻、舌、皮肤等感觉器官参与观看、倾听、闻嗅、品尝、触摸等互动活动；发声器官参与提问、讨论、表达、判断、评价等学习活动；肢体参与操作、模仿、演示、制作等学习活动，让学生的身体作为一个完整的系统全身心参与学习过程，建立认知过程，实现知识技能的内化和应用，情感态度价值观的形成，促进深度学习。

(二)真实情境下,培养学生区域认知能力的教学实践

1.联系乡土,运用地图,认知区域要素分布特征

乡土地理具有距离近、情况熟、情感亲的特点,结合乡土情境的区域认知能力培养,学生兴趣浓,求知欲强,注意力更集中,思维更活跃。

地图是直观表达信息的交流媒体,承载丰富的地理知识,生动、形象呈现地理事物的空间特点和时空动态变化,清晰、简洁反映地理特征和规律,是地理学的第二语言,是培养学生区域认知能力的重要载体。

在学习中图版地理必修第一册第二章第五节海水的性质和运动对人类活动的影响一节中的海水盐度及其分布和海水温度及其分布的教学内容时,尝试了如下的教学实践。

(1)海水盐度及其分布的教学设计思路

展示实物长芦袋盐、景观图长芦晒盐、我国主要盐场地图、长芦盐业发展历史,通过乡土情境的直观感受、图文了解,让学生从区域的视角感性认识家乡天津东邻渤海的地理位置,并由渤海的海水盐度,联想到世界海洋海水的盐度,运用等值线分布图和坐标图,分别从区域的大、中、小尺度对世界海洋盐度的空间分布及主要影响因素、世界盐度最高和最低海区的形成原因、长江口夏季盐度分布及主要因素进行分析;且从人地关系视角,认识海水盐度对人类活动的影响,培养人地协调观素养;此外,可以进一步深化理解家乡天津沿海的地理位置,对区域整体特征的影响。如图5-2-1示意:

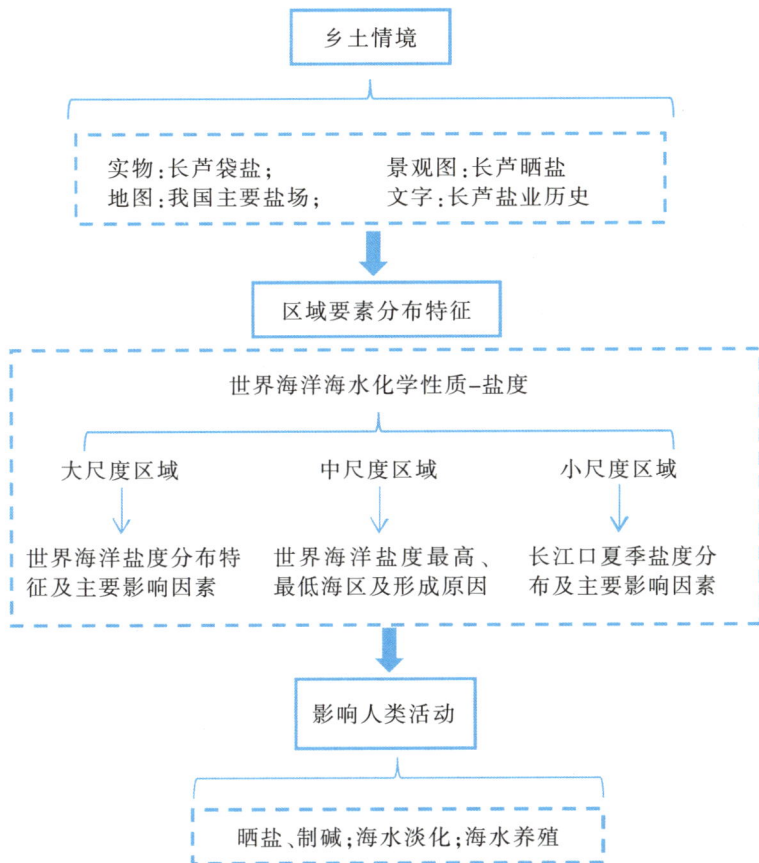

图 5-2-1 海水盐度及其分布教学设计思路

(2)海水温度及其分布

学生学习这部分知识,主要是对教材第 61 页所示图"8 月世界海洋表层海水温度分布",进行有效的读图分析。为了帮助学生快速理解地图,教师指导学生在图中添加和描画了启发思考的信息,并设计据图分析的问题链,从宏观到微观,逐渐深入思考,认知海水温度的分布特征和规律。绘图和问题链设计如下。

①描粗赤道纬线,在太平洋大致沿 180°经线分别画出向北和向南指向的箭头;根据此箭头所示方向,描述世界海洋表层海水温度的纬度分布特征,尝试绘制纬度变化的坐标曲线。如图 5-2-2:

温度/℃

30

20

10

0

60S　40　　20　　0　　20　　40　　60N　纬度

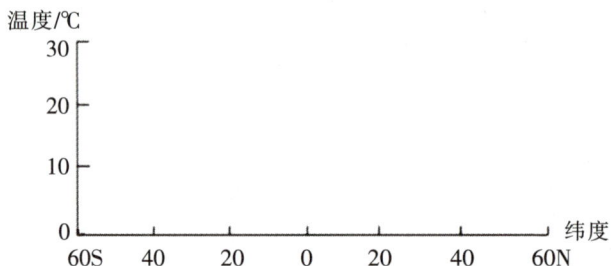

图 5-2-2　纬度变化的坐标曲线

②观察赤道为界的南北半球,描述海水等温线的弯曲变化特点,概括海水温度的分布特征。

③描粗 30°纬线,观察南北半球同纬度海区(以 30°N、30°S 为例),概括海水温度的分布特征。

④补全寒暖流图例 ⸺▶ 暖流
　　　　　　　　　　　　　　寒流 ,在太平洋海域中添画寒暖流箭头,观察低纬海区,以南太平洋副热带海区为例,概括海洋东西两岸海区海水温度的分布特征。

⑤观察中纬度海区,以北太平洋中纬度海区为例,概括海洋东西两岸海区海水温度的分布特征。

教学设计时,从直观读图入手,通过补充的图中提示性信息,指导学生读出地图中的隐含知识;问题链设计主要依据区域尺度思想认知,从全球大尺度到南北半球中尺度再到中低纬度海区东西岸小尺度,同时结合影响因素,进行思考分析;最后落实概括分布特征的区域认知能力目标,如图 5-2-3 所示。

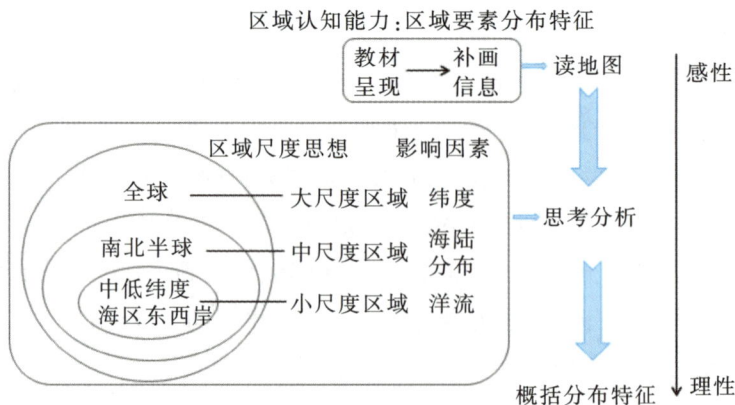

区域认知能力:区域要素分布特征

教材呈现 ⟶ 补画信息　⟶ 读地图　　感性

区域尺度思想　影响因素

全球 ⸺ 大尺度区域　纬度

南北半球 ⸺ 中尺度区域　海陆分布

中低纬度海区东西岸 ⸺ 小尺度区域　洋流

⟶ 思考分析

概括分布特征 ↓ 理性

图 5-2-3　海水温度及其分布教学设计思路

在教学实践中,学生在教师的引导下,逐步养成了经常观察家乡天津的自然现象和关注随着季节和不同时间段出现的典型地理事件,从中找准关联的地理事物,收集视频、图片、地图、文字材料等习惯,增强了学生的区域观察能力。与此同时,特别重视了该地理事物在地图中出现的位置和分布,学生们在查阅家乡天津地图过程中,日渐熟悉了从小尺度区域的角度,了解家乡地理事物的精细知识,还熟练掌握了使用地图的技能。此外,还查阅和翻看中国和世界地图,了解大尺度区域下,这种地理事物的分布状况,在不断读各种尺度地图的过程中,对地理事物的点、线、面以及各种空间组合的地理事物分布的规律和特点领悟了基本方法——从描述的角度说明是否均衡分布;说明总体分布状况,哪多哪少;说明极值的分布,哪最稠密,哪最稀少;等值线等呈现的线状地理事物分布,强调渐变的分布趋势;面状地理事物分布,说明形态和面积大小等。从学生熟悉的区域,创设真实情境,由直观感受到读图分析,学生对区域认知能力的水平逐级进阶,学生在做练习题时, 甚至能够将相同尺度区域的地理事物在不同区域的分布状况进行比较说明,对同一尺度区域的地理事物,找出不同时期的地图,进行动态的对比分析,学生在不断深入探究学习和深度思考的过程中,再次提升了水平,让学生感受到了在学习中的获得感。

针对上述教学实践,本人的思考:中图版地理必修第一册的教学内容中,区域认知能力着眼于培养学生概括区域要素分布特征和简单解释影响因素的水平1和水平2学习要求,情境多选取贴近学生生活,反映时代发展,具有育人价值的乡土教学资源,用直观感受和读图分析的学习方式,设计据图分析的问题链,挖掘与教材紧密联系的知识,植入区域认知尺度思想,开展学习活动,帮助学生获得知识,发展能力,提高素养,体验积极的情感,落实区域认知能力的培养。

2.用好地理景观图,分析区域特征,比较区域差异

地理景观图是直接用画面反映地理事物或地理环境的图像, 与其他图像相比,最大优点是能够真实反映地理事物一般属性、地理环境的外部特征和地理事物与环境之间的关系,具有实地区分性、情境性特点,给人身临其境的感觉。

中图版高中地理新教材中大量使用了自然景观图和人文景观图,教学中充分使用地理景观图,呈现鲜活的生活化情境,让学生直接感知地理事物,丰富表象知识储备,感性理解地理概念,同时培养地理观察力。在此基础上,挖掘图中信息,领

悟地理原理,分析区域特征,比较区域差异。

在学习中图版地理必修第一册第二章第一节主要地貌的景观特点的教学内容时,教师首先请学生欣赏风沙地貌、流水地貌、喀斯特地貌、海岸地貌等多幅自然景观图片,请学生们给景观图起名字,猜测拍摄的地区,并说明理由。之后,设计"赏景观—说特点—思关系—定区域—找差异—谋发展"的探究活动,指导学生自主构建知识框架, 帮助学生掌握判读地貌景观图和描述地貌景观特点的方法,初步建立自然环境要素相互影响的整体性观念,引导学生从区域的视角概括分析每种地貌所在地区的区域特征,初步形成不同地貌类型能够一定程度上反映所在地区存在差异的比较思维意识,形成人地协调发展的人地关系思想。以风沙地貌和河流地貌为例,说明探究活动设计。

读甲(中图版地理必修第一册第34页图2-2-13)和乙(中图版地理图册必修一第17页河流地貌示意图)景观图,回答下面问题。

一、地理景观图的判读

1.说出甲乙景观图所属的类别 _____ (自然景观/人文景观)。

2.甲乙景观图反映的共同的标志性地理事物是 _____(气候/地貌/植被/土壤/水文),

此外, 甲景观图还反映出 _____ 地理事物, 乙景观图还反映出 _____ 地理事物。

3.甲景观图可命名为 _____,乙景观图可命名 _____。

二、描述景观特点

景观名称	甲_____	乙_____
地貌形态		
地表形态		
物质组成		
植被覆盖率情况		
景观形成原因		

三、从区域认知视角,分析区域特征,比较区域差异

1. 甲景观图所在地区为我国 _____ 地区;乙景观图所在地区为我国 _____ 地区。

2. 甲乙景观图反映所在地区的环境特征分别是:甲_____,乙_____。

3. 比较甲乙景观图中标志性地理事物对人类活动的影响,共同的是_____,

不同的是:甲_____,

乙_____。

从对地貌景观图的教学实践中,学生们认识到直接观察到的地表景象、空间和自然、人文要素的综合呈现就是景观。景观能够直接呈现出所在区域的显著特征,也能够反映出不同区域之间的差异,仔细观察这些真实景观和亲身体验景观中反映的地域特色,是学好区域地理,提高区域认知能力的有效方法。因此,学生尝试了将自己观察到的反映区域特征和差异的景观拍摄为照片,从中进行思考、分析,讲解照片中的区域地理知识。在分析区域景观图时,自主归纳出了自然景观、人文景观,结合教材学习内容,注意到不仅地貌景观是学习的重点,植被景观、土壤景观、农业景观、聚落景观,这些景观都具有显著的地域性。还在比较自己拍摄的中国不同区域的景观照片研究中,逐渐找到了植被、土壤作为自然区域差异的标志,而地貌、气候则起到决定性的作用,而人类活动依赖、适应自然环境,又改造自然环境,反映出地域文化特色。此外,景观图中往往会呈现出多个区域要素,学生逐渐学会了从区域整体性的角度,深入分析区域特征,找出区域要素的相互关系,也发现了某些区域要素随着时间的推移,表现出来的显著变化特征,可以看出,学生在不断地探究景观图的学习中,对区域的认知能力确实经历了从表象到本质,从简单到复杂,从单一到综合的不断提高过程,而且在以区域认知为切入点的学习中,综合思维的水平也得到了提高,拍摄区域景观图的地理实践能力得到了很好的锻炼,从中也建立起人地协调观的情感态度价值观。总之,这样的学习帮助学生建立起一种终身学习的方式,有效促进学生地理思维的形成,地理素养的提升。

因地理景观图包含的地理要素较多，在设计培养区域认知能力的探究学习时，着力培养学生从地理视角观察主要地理事物特征的能力，分析地理要素相互关系和影响的能力，判断、综合分析、比较、概括区域特征和差异的能力等关键的能力。此外，以地理景观图作为真实情境开展教学，利于学生建立地理事物的表象认知，发展形象思维，记忆地理知识，提高解决地理问题能力，教学效果显著。

(三)开展收集调查,全面评价区域发展

地理实践是支持学生区域认知能力培养的有效方式之一，通过开展真实生活和社会发展中地理问题的收集调查活动，与地理理论知识相结合，引导学生用地理视角去观察、行动和思考，并在对真实世界感受和体验中进一步提升理性认识，逐步建立起生存、生活与地理知识之间的关联，理解因地制宜开发利用。

中图版高中地理必修第二册、选择性必修2和选择性必修3的教学内容中，广泛涉及了区域开发、可持续发展、国家安全的知识，这些知识与现实社会发展密切相关，相关发展的情况经常由媒体时事播报。为了引导学生融入社会，关注现实，增强责任感，培养家国情怀，辩证看待人地关系，树立人地协调观、"绿水青山就是金山银山"的区域发展理念，教师根据课标、教材学习的需要，开展布置收集资料和小调查的活动，在现实情境中，培养学生区域认知能力。

在学习中图版高中地理必修第二册第四章第一节京津冀协同发展的地理背景一节时，由于所教学生不仅是天津本地生，还有来自北京、河北甚至我国其他省区的学生，教师引导学生从生活中体验京津冀协同发展的成果。交通出行的变化和改善是学生们直接感受和更为关注的，为此，让学生从感性到理性认识交通一体化这一知识，教师布置了收集京津冀交通一体化规划路线图，调查家庭和身边朋友或者经由网络等媒体收集到的交通出行状况的变化，进而深入理解交通变化给人口分布、产业活动带来的影响，体会产业一体化的深刻内涵，并由此引出人类活动对生态环境的影响，树立生态一体化理念。

京津冀交通一体化发展规划调查实践实施方案。

本次调查收集实践主要参与对象为所教高一2班、高一5班学生，学生们利用课前一周时间，重点调查和收集京津冀轨道交通发展现状和未来规划建设的情况，从实践中理解京津冀协同发展的重要途径——交通一体化。

调查目标:通过调查天津与京冀交通出行方式及线路的现状,了解京津冀交通高速化、多样化、综合化、网络化的交通发展趋势,明确京津冀交通一体化发展的优势。

调查内容:京津冀协同发展地理背景——发展途径调查收集任务单(见表5-2-3)。

表5-2-3　任务单示例

	居住地	目的地	主要交通方式及路线	交通变化情况
外省市学生来津学习		天津		
父母或家庭成员省际工作	天津			
省内、省际旅游				

①调查京津冀地区交通出行状况,说明交通变化的表现。

②收集京津冀交通一体化规划图。

Ⅰ.从天津出发与京冀联系的重要交通线。

Ⅱ.京津冀城际线路、高铁规划。

Ⅲ.京津冀城市群综合交通网规划。

③总结:如何评价京津冀交通一体化?

调查实施过程:根据调查任务,首先指导来自京冀和其他外省市的学生填写到天津求学时选择的主要交通出行方式;其次,指导所有学生填写跨省级行政区出行,如工作、旅游等的交通出行方式,填写的主要交通方式如高速公路、城际、高铁、航空等,完成调查任务的内容,初步感受京津冀交通出行的便利。根据收集任务,指导学生查阅地图册和利用网络收集轨道上的京津冀,京津冀综合交通规划的信息和资料,在收集的地图中,将自己出行选择的线路加粗描绘,进一步指导学生绘制从天津出发到达北京、雄安、石家庄、保定、秦皇岛、唐山、承德、张家口、沧州等的轨道交通线,让学生们深刻理解交通一体化的内涵,完成收集任务。引导学生从交通运输与区域发展的相互影响关系的角度,评价京津冀交通一体化的优势。

实施效果:通过调查收集的实践活动,学生明确了轨道交通的概念,认识到高速化交通的建设体现了现代科技的发展,更是得到国家和政府的重视,城市间的协同发展,交通一体化是基础,城市内加强地铁、轻轨、快速路的建设,城市间加强

城际、高铁、高速公路的发展,从交通综合化、多样化的趋势,还要进一步发展现代航空运输等。学生从直接体验生活出行的便利快捷中,还深刻认识到了交通与社会经济发展的紧密联系,也意识到了轨道交通的环保理念。更为可喜的是,学生因为出行走过某条线路、自己又描绘和绘制过交通图,再看到京津冀的交通规划图时,不再是愁眉不展,一头雾水,反而倍感亲切,看着这些交通线,头脑清晰,不由自主地建立在头脑中,做到了心中有数。

教学实践后的思考:经由收集调查现实生活中的地理事件,调动了学生学习的积极性、参与性,学生找到了获取信息的多元途径,初步掌握了整理信息的方法,并进行有效的思考和分析,关注区域发展的使命意识增强,增加了努力学习的动力,在对区域认知评价能力发展方面,更加重视了辩证分析,批判性思考,创新性思维,让学生真切地感受到学习对生活有用的地理,对终身发展有用的地理。

三、思考与展望

新时代,新课程,新的教育教学理念引领教师开展高质量、创新性的教学实践,以学生为中心,立足真实情境的教学,指引师生共同关注生活中的地理,社会发展中的地理问题、地理事件,培养学生区域认知能力需要在进阶性学习过程中,从现实出发,创设真实的教学情境,主动探究问题,教师要充分指导学生掌握学习方法,提高学习能力,强化思维培养,激发学生潜能,提升个人素养。此外,重视课程思政教育,有效落实地理学科核心素养,实现课程育人的价值目标,扎实做好立德树人的教育工作。

（孙莹　天津市复兴中学）

参考资料

[1]中华人民共和国教育部.普通高中地理课程标准(2017年版2020修订)[S].北京:人民教育出版社,2020.

[2]郑孝梅.具身认知理论对教师专业素养提升的启示[J].中国成人教育,2019(02):83.

[3]袁孝亭.区域认知及其培养重点解析[J].地理教育,2017(01):4-6.

[4]庞蒂.知觉现象学[M].姜志辉,译.北京:商务印书馆,2001.

[5]叶浩生.具身认知:认知心理学的新取向[J].心理科学进展,2010,18(05):705-710.

[6]费多益.寓身认知心理学[M].上海:上海教育出版社,2010.

[7]郑亮生.地理学科视角下的整体性情境化教学的情境创设[J].地理教学,2019(01):41-43.

[8]赵生龙,侯美娟.基于"主题式"区域地理教学培养学生区域认知能力[J].中学地理教学参考,2017(14):27-29.

[9]郭颜.高中地理图像分类及图像教学模式研究[D].济南:山东师范大学,2014.

《乡村和城镇》教学案例

单元教学设计是依托课程标准,在某一学科大概念的统摄下,以学科素养培育为目标,对教学内容进行剖析、重组、优化,将逻辑关系紧密的问题链条作为引导,统筹安排整个单元的教学活动,形成系统的、整体的单元教学方案设计。单元教学设计彰显教学重心的变化:从"突破重难点知识"转向"建构整体框架",突出学科大概念教学,使学科知识内容结构化、系统化,凸显学科核心理念和方法,突出学生主体地位,促进深度学习,培养学生解决实际问题的关键能力、必备品格和价值观念,落实核心素养,立德树人。

一、单元教学设计的策略

单元教学设计是培育学生核心素养的重要环节。设计时可以基于教材原有单元框架内容进行调整和重组;可以以某一主题、问题、概念为核心,选取地理知识主线、地理问题主线、地理实践主线等角度,根据课标要求,将同类别相关内容合理组织起来重构教学,主要策略为主题确定、框架建构、教学活动组织。

(一)基于大概念分析教学主题

《普通高中地理课程标准(2017年版2020修订)》明确提出了学科核心素养的内涵,在此基础上,精选学科教学内容,重视以学科大概念为核心,通过情境化、结构化的课程内容,以主题为引领,促进学科核心素养落实的教学理念。

学科大概念是有结构、有逻辑的学科知识体系高度凝练后的涵盖学科思维、方法、观念的最有价值的核心内容,一般包括概念、原理、观念、论题等。大概念能够揭示事实性知识背后的规律,能够将碎片化的知识有机联系起来。通过大概念的学习,逐渐形成可迁移运用的观点和思想。教学中,确定地理学科大概念,往往抓住以下特点:①有一定的抽象性,但来自具体生活现象的概括;②不是一个事实,而表现为一种观点,可以不断被论证和讨论;③反映了专家的思维方式,答案是多元的、变化的。依附学科大概念,构建立足学情,促进自主探究,形成师生、生生互动的合作学习,在学习环节的各个层面,设计利于学生个性化发展的活动,开展有效、高效、长效的深度学习。

大概念引领下的地理教学,更注重学科逻辑和学科思维方法的渗透,以大概念为视角分析教学内容有利于指导教师立足核心素养的高度,从全局把握教材和教法,确定教学点,找准学习起点,连接生长点,串联附着点,凝练单元教学主题,对教学内容进行纵向、横向挖掘,深入讲解。

(二)落实核心素养构建单元教学框架

单元教学是教师分析解读课程标准、教材内容后,考虑学情,从学科大概念的角度,对教学内容进行分析、整合、重组,确定相对完整的教学主题,设计具有内在联系,且集成知识、方法、态度等教学内容的若干节课,形成有机和系统的教学过程。单元教学的主题以核心素养为目标,根据学生的认知水平和认知逻辑重构教学,形成体系化、结构化的知识。单元教学内容主要是从教材中的一章或一个单元的角度出发,可以依据知识结构和逻辑,也可以从培养学生的哪些技能,还可以依托某一学习情境、主题等,将单元中的不同知识,进行整体思考,以教材知识内容内在联系为依据,针对不同特点的教学内容,综合利用多元教学方式和教学策略,设计体现层次性和关键性的单元课时教学活动,在此基础上,综合考虑学生知识的前后衔接和学习水平的进阶,重点设计单元教学目标,单元教学活动,针对每课时,细化在真实情境中的问题设计,同时做好单元教学评价设计。总之,单元教学学习过程中,学生随着单元课时的推进,逐渐进入深度学习,实现知识由点到面再到综合立体成网,引导学生自主构建完整知识体系,逐渐完善知识结构,促进学生思维水平的递进提高和观念、方法的不断总结,逐步形成学科大概念思维,掌握学科思想,培养和提升学科素养,达成核心素养的落地。

(三)任务驱动组织单元学习活动

根据高中学生的身心发展特点和认知规律,以学生为主体,选取真实情境素材,设计问题链的学习任务,组建学习小组,通过自主、探究、合作的学习方式,合理组织单元教学活动。考虑单元的整体性和阶梯性学习特点,任务的设计应遵循"学习进阶"原则,从简单知识到复杂方法,从单一问题到综合思考,从基础处掌握到拓展延伸,为学生设置合理的学习坡度和上升梯度,让学生由学习知识过渡到掌握方法和迁移运用,在此过程中逐渐提高能力,提升核心素养。

"乡村和城镇"是中图版地理必修第二册第二章的教学内容,基于核心素养培育,选取的单元教学大概念为聚落。聚落是重要的人文地理要素,乡村和城镇是聚

落的主要类型,教材依据课标要求,选取了关于聚落的内部空间组织、地域文化对聚落景观的影响、城镇化等作为本章的教学内容。从单元教学的角度,对所学习的内容进行整合。

二、单元教学设计的思路

设计单元教学需要依据课程标准,确定单元教学目标,通过聚焦核心素养、融入真实教学情境,生成课时教学目标,结合单元学习内容,侧重单元内部各知识点的整体联系,以及知识承载的能力类型和核心素养要求,联系学生的学情加以个性化的教学设计。

(一)课程标准分析

(1)对比分析《义务教育地理课程标准(2011 年版)》和《普通高中地理课程标准(2017 年版 2020 修订)》对聚落学习的要求(如表 5-2-4)。

表 5-2-4　义务教育和普通高中聚落内容课程标准比较

义务教育地理课程标准(2011 年版)	普通高中地理课程标准(2017 年版 2020 年修订)
运用图片描述城市景观和乡村景观的差别	2.2 结合实例,解释城镇和乡村内部的空间结构,说明合理利用城乡空间的意义
举例说出聚落与自然环境的关系 用实例说明某国家自然环境对民俗的影响	2.3 结合实例,说明地域文化在城乡景观上的体现
举例说明自然环境对我国具有地方	2.3 运用资料,说明不同地区城镇化的过程和特点,以及城镇化的利弊

对比不同学段课程标准对聚落知识的学习内容要求看,义务教育阶段主要从直观感受角度,多以记忆为主学习聚落的事实性知识。普通高中阶段强调聚落的概念性知识、程序性知识和元认知知识,要求学生从理解、分析、应用、评价等多方面,进行较为深入的理性思考,对聚落的判别关注空间,如聚落空间上的土地利用差异;明确差异,如聚落功能区形成的内部空间结构的不同;强化时间,如城乡发展的演化规律,城镇化进程及发展产生的利弊;深入人地关系,如结合城乡发展,进一步分析人类创造的地域文化对城乡景观的影响。可以说课标体现出对聚落的知识学习、能力发展、素养培养的进阶性要求。

(2)基于聚落单元教学的普通高中地理课程标准(2017年版2020修订)解读

课标明确提出了聚落学习的"核心概念":空间结构、地域文化、城乡景观、城镇化,指明了单元学习的内容要求(学什么);"结合实例、运用资料"的行为条件,要求选取真实情境素材,分别从乡村和城镇不同类型和不同尺度的区域进行问题设置,展开学习(如何学);"说明、解释"的动词,要求学生在掌握基础知识的基础上,能够运用所学的知识和所给的材料,用简明扼要的文字、清晰明了的语言解释和说明概念、问题,强调分析思考的过程(学到什么程度)。此外,在学业质量的要求上,表现为水平分级(见表5-2-5):

表5-2-5 学业质量水平分级示意

水平分级	质量描述
水平1	在简单、熟悉情境中能够辨识城乡的地理特点,简单分析人口、城乡、产业、文化其中两者之间相互作用,及其与自然环境的相互影响。能够收集城乡人文地理信息,开展适合的调查
水平2	对于给定简单地理事物,能够简单分析人口、城乡、产业、文化等人文地理事象之间,及自然环境的相互影响,解释城乡内部空间结构、城镇化等时空变化过程,结合城乡发展,协调人地关系。能够对城乡,设计和实施社会调查,做出简单解释
水平3	能够利用教师或学生收集的图文资料,综合分析人口、城乡、产业、文化等人文地理事象之间,及自然环境的相互影响,说明合理利用城乡空间的意义,不同城乡景观与地域文化关系,城镇化发展与地理环境的关系。能够与他人合作,设计和实施较复杂社会的调查方案,查阅文献,提出合理化建议
水平4	结合现实中的城乡发展情境,说明不同发展阶段的特点和存在的问题,对问题进行系统综合分析,能够比较全面评价城乡发展的得失,提出可行性改进建议。能够独立设计可续额的调查方案,结合已有资料,对存在问题提出建议

(二)学情分析

(1)学生的前认知分析。义务教育阶段,学生已学习了聚落的概念,从景观上识别聚落的差异、聚落与环境的关系、聚落的发展变化和传统聚落的保护等知识,对聚落有了初步的了解。在学习完人口单元后,对人口分布、人口迁移特点及影响因素和人口合理容量有了基本认识,这些前认知为学习本单元内容奠定了基础。学生在地理必修一的学习中,已经具备了搜集资料、分析简单材料的能力,在教师

的组织下,能够开展考察、调查等活动,具备小组合作讨论、表达、展示等能力,有一定的地理实践能力和综合分析推理能力,求真、求实的科学态度较端正。

(2)学生的生活经验分析。参与学习的学生主要生活在城市中,对城市的住宅区、商业区、工业区等比较熟悉,对城市的发展变化,城市的文化有一定的了解,对这些地理现象,教师需要结合教材内容,从素养立意学习的角度,将学生的感性认识上升到理性认识和情感态度价值观的教育。但城市的学生对乡村聚落不够熟悉,教学时,需要更多地为学生选取真实情境,帮助学生更好地学习新知。

(3)学生的差异性分析。依据加德纳的多元智能理论,学生之间是存在差异的,每个学生都有自己擅长的部分。教学时,要关注学生的差异性,在设计教学目标时,能够最大限度地满足每个学生的发展需求。

(三)单元教学设计

(1)单元教材地位。聚落是人文地理研究中的重要组成部分,乡村和城镇是聚落学习的重要内容,本单元学习与上一单元的人口(人口分布、迁移与合理容量)相衔接,是人口这一单元教学的延续,同时与下一单元的产业密切相关,为后面的学习做好铺垫,如城镇化会影响郊区的农业区位选择,会使更多工业集聚城镇;交通运输方式和布局变化影响城乡的空间形态、空间结构等,据此,聚落教学单元在人文地理教学中起着承上启下的作用。

(2)单元教学目标设计。单元教学目标是对教学单元进行的整体规划,是有效实施和促进学科核心素养落实的关键因素。单元学习,既要整合零散的知识目标,也要整合知识、能力和态度,使单元教学和学习目标具有一定的整体性。

依据课标和教材内容,确定单元教学目标;根据单元教学目标对教材内容进行重构,分解教材内容为教学内容和学习内容。表 5-2-6 是乡村和城镇学习目标。

(3)单元教学内容整合。

①整合单元整体结构见图 5-2-4。

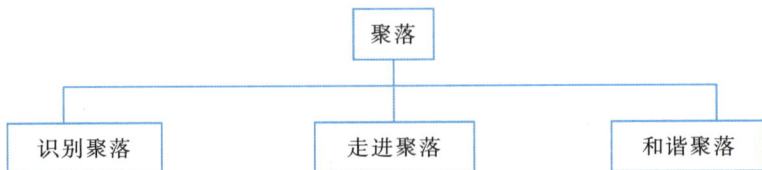

图 5-2-4　整合单元整体结构

表 5-2-6　单元整合教学目标

核心素养	目标内容
人地协调观	学生能够结合具体案例，说明合理利用城乡空间的意义，树立城乡协调发展观，了解城乡发展中保护和传承地域文化的做法，理性看待城镇化利弊，提出合理化建议，树立人地协调观
综合思维	学生能够通过具体案例，解释城乡内部空间结构形成的主要影响因素，用变化、发展的眼光看待城乡内部空间结构的变化，说明城乡地域文化景观形成的原因，分析城镇化的利弊影响
区域认知	学生能够通过图表、文字等材料，结合生活实际，说出某区域城乡土地利用类型、城乡空间结构的特点及变化、城乡地域文化景观典型代表、发达地区与发展中地区城镇化表现及影响
地理实践力	学生能够通过小组合作，通过网络搜索、调查、考察等方式，收集某区域城乡内部土地利用类型、城乡地域文化景观、城镇化发展的表现及影响等图文数据材料，分析城乡内部空间结构城乡地域文化、地区城镇化的差异，理解信息技术在城乡发展变化和解决城镇化问题中的作用；能够在地理实践中表现出独立思考的意识、求真求实的科学态度，以及灵活运用知识的能力

②学习主题说明(见表 5-2-7)。

表 5-2-7　学习内容、能力要求、学科育人

单元结构	学习内容	能力要求	素养培育/学科思政
识别聚落	聚落类型 城乡景观	形象思维 观察、记忆	地理实践力 收集、考察、调查等
走进聚落	城乡空间结构	空间思维 解释、比较	综合思维 区域认知
	城镇化	动态思维 归纳、说明	因地制宜 地理审美情趣 家国情怀
	城乡地域文化	文化意识 感悟、分析	
和谐聚落	合理利用城乡空间 乡村振兴 城市可持续发展 保护城乡地域文化	发展思维 分析、评价	人地协调观 科学发展观

(4)单元学习情境和问题、活动设计。

学习内容一:识别聚落。

学习情境设计:展示学生收集的天津及中外乡村和城市景观图。

学习活动设计:识别乡村和城镇(如表5-2-8)。

表5-2-8 比较乡村和城镇

	乡村	城镇
组 成	由 _____ 等组成的	具有 _____ _____ 等
规模(大/小)		
人口(农业/非农业)		
生产活动 (农业/工业、服务业)		
功能地位(简单/复杂)		
在区域中作用	在一定区域范围内辐射带动作用比较 _____ (微弱/强)	是一定区域范围内的 _____、_____、_____ 中心

学习内容二:城乡空间结构。

学习情境设计:利用地图册第16~17页的城乡景观模式图。

利用地图册第16页坛板坡村空间结构图。

学习活动设计:绘制城乡空间结构功能区平面模式示意图,说明主要功能区分布位置。说明该村空间结构合理性及影响因素。概括该村空间结构的变化。

学习内容三:不同地区城镇化的过程和特点。

学习情境设计:给出天津常住人口及城镇人口、农村人口、城市用地、产业结构近年来的变化资料;给出促进天津城镇化发展及出现的问题的资料。

利用地图册第22~23页世界不同地区城镇化特点的资料

学习活动设计:根据所给资料说明,天津地区发生的人文现象是什么?

这种现象的主要表现有哪些方面?

发生这种现象最主要的推动因素是什么?

说明城镇化对社会经济发展的有利表现和带来的阶段性问题表现,针对问题提出合理化建议。

绘制世界各地区城镇化水平变化的曲线,说明城镇化发展所处的阶段,完成对比表格(如表 5-2-9)。

表 5-2-9　比较发达国家与发展中国家城镇化差异

类型	发达国家	发展中国家
起步时间		
城镇化速度		
城镇化水平		
存在主要问题		

学习内容四:城乡地域文化景观。

学习情境设计:利用识别聚落中的体现地域文化的城乡景观资料。

学习活动设计:分析地域文化在乡村和城市景观钟的体现,完成表格(如表 5-2-10)。

表 5-2-10　说明地域文化对城乡景观的影响

类型	地域文化与乡村景观		地域文化与城市景观	
	景观体现	代表文化	景观体现	代表文化
整体布局	村落景观		城市空间布局	
建筑特色	传统民居		建筑风格	
其他	土地利用		城市色彩	

学习内容五:城乡和谐发展。

学习情境设计:联系京津冀协同发展的背景,给出津冀乡村发展的资料、京津冀城市发展资料。

学习活动设计:结合资料说明城乡合理利用土地的意义表现有哪些?

乡村振兴和城市可持续发展的合理化建议。

如何保护城乡地域文化景观的具体做法有哪些?

三、单元教学设计的效果

"乡村和城镇"的单元教学设计基于聚落这一人文地理的重要概念,融合了主

193

题、观念和对真实情境下,某区域的城乡发展问题三方面内容的思考,进行了单元整合的教学设计,有效培育学生地理学科核心素养。

"乡村和城镇"单元教学设计从初识聚落的概念、特征,到了解聚落的空间组织和发展变化,再到聚落空间组织形成的影响因素和聚落发展的利弊影响分析,最终形成合理利用空间结构、树立城乡可持续发展、保护城乡地域文化的整体性知识结构、地理思维逻辑和核心素养水平层级。

"乡村和城镇"单元教学设计重视了学习情境的选取和问题设计,综合考虑了四大地理核心素养培育的要求,选取了不同尺度和不同类型的区域,从空间、时间、要素等方面培育学生的综合思维,关注到让学生收集、绘图、分析案例、评价和提出合理化建议的地理实践和人地协调观的培养。

(孙莹　天津市复兴中学)

参考文献

[1]中华人民共和国教育部.普通高中地理课程标准(2017年版2020年修订)[S].北京:人民教育出版社,2020.

[2]中华人民共和国教育部.义务教育地理课程标准(2011年版)[S].北京:北京师范大学出版社,2013.

[3]刘筱清.运用地理学科大概念结构化整合课程内容的单元式教学设计——以"地球上的大气"为例[J].中学历史、地理教与学,2021(03):4-9.

[4]崔允漷.学科核心素养呼唤大单员教学设计[J].上海教育科研,2019(04):1.

[5]林培英.指向地理核心素养的单元教学试论单元教学设计的整体性表现[J].中学地理教学参考,2020(19):4-8.

[6]周继红.基于课程标准的教学设计[J].中学地理教学参考,2020(23):27-30.

第三节 小组合作学习新方式的实践与思考

一、小组合作学习的依据与现状

(一)依据与初心

加德纳所提出的多元智能理论认为,智力是在某种社会和文化环境的价值标准下,个体用以解决自己遇到的真正难题或生产及创造出某种产品所需要的能力,个体所拥有的智力不是一种智力而是一组智力。加德纳提出的多元智能包含八种智能,分别为言语语言智能、数理逻辑智能、视觉空间智能、音乐韵律智能、身体运动智能、人际沟通智能、自我认识智能、自然观察智能。因此,个体差异性可以视为个体各个智能的不同表现水平和不同组合。在与学生相处过程中我们不难发现,有的学生有非常强的口头表达能力,有的学生善于观察,有的学生乐于思考常常提出一些较为深刻的问题,还有些学生动手能力较强。而多元智能理论则倡导学生主动参与在交流合作中学习,将这些具有不同能力不同优势的学生有效整合形成小组,不仅能提高小组活动的效率,更有助于每个组员的全面发展。教育的起点不在于使学生考出高分,而在于激发和引导学生,帮助学生克服自身的缺点与不足,获得更好的发展。当代教师则更应该尊重学生的个性差异,注重学生的主动参与与合作学习。让有共同学习方式或有互补学习特质的学生一起合作学习,促进学生在相互交流与合作的过程中得到良好的发展。特别是在当下地理教育改革的浪潮之下,如何激发学生的内生动力,是我们落实立德树人,实现核心素养的关键。

(二)问题与思考

虽然现在不同学段、不同学科的老师在授课的过程中常常使用小组合作学习这种形式。但是在实际的使用中仍存在着较大的问题。以小组合作学习这种形式在授课中的常见使用方式来看,大体可以分为以下两种模式(见图 5-3-1、图 5-3-2):

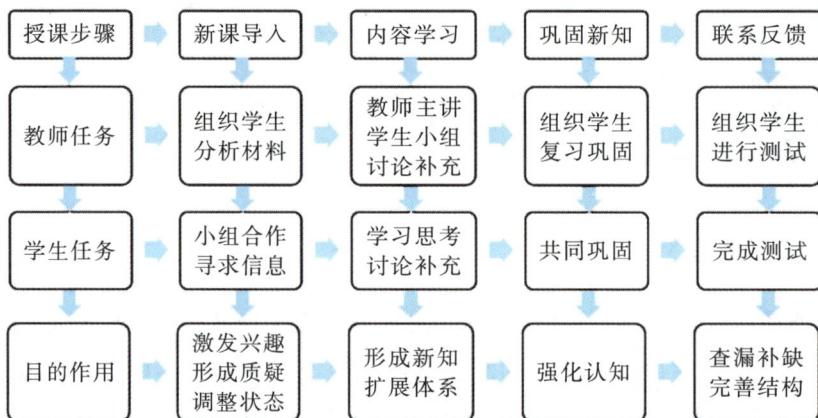

授课步骤	新课导入	内容学习	巩固新知	联系反馈
教师任务	组织学生分析材料	教师主讲学生小组讨论补充	组织学生复习巩固	组织学生进行测试
学生任务	小组合作寻求信息	学习思考讨论补充	共同巩固	完成测试
目的作用	激发兴趣形成质疑调整状态	形成新知扩展体系	强化认知	查漏补缺完善结构

图 5-3-1 被动式合作

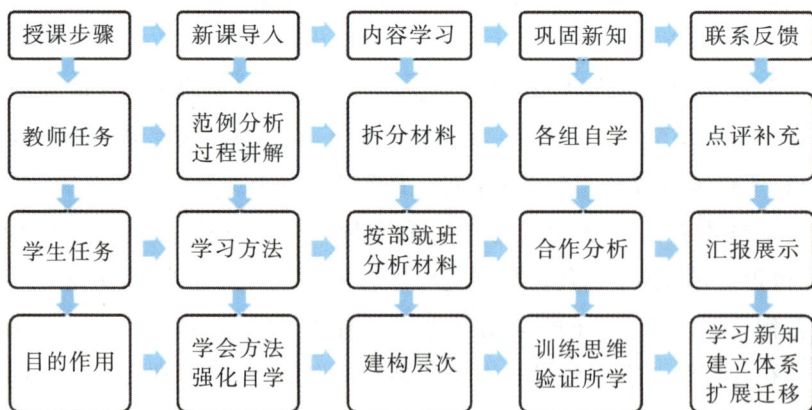

授课步骤	新课导入	内容学习	巩固新知	联系反馈
教师任务	范例分析过程讲解	拆分材料	各组自学	点评补充
学生任务	学习方法	按部就班分析材料	合作分析	汇报展示
目的作用	学会方法强化自学	建构层次	训练思维验证所学	学习新知建立体系扩展迁移

图 5-3-2 模块化合作

虽然很多教师在课的过程中使用小组合作这种学习方式,但是实际产生的效果极为有限,原因我认为可以归纳为以下几个方面:

第一,表演性合作,学生合作技能缺乏;

第二,因时间限制,组间评价流于形式;

第三,主客观原因,组员陪跑现象明显;

第四,学情不清晰,学生讨论层次较浅;

第五,形式化讨论,学生认知逻辑混乱;

第六,评价标准乱,日常教学缺乏抓手;

第七,临时性分组,学生缺乏信任了解;

第八,课堂局限性,小组合作层次较低。

二、小组合作学习新方式的探索

(一)小组合作,实现课程活动的梯次性

在使用小组合作学习的教学实践中,笔者发现学生的合作能力具有差异性,因此作为教师应充分重视学情与教学方法的适切性。在小组合作学习之初一般可以先布置一些相对简单的任务,让学生在合作中相互了解,掌握基本的合作技能。在逐步提升合作任务的复杂度,帮助学生在合作中成长。例如为了培养学生的地理兴趣,加深学生对于地理知识的认知,落实地理实践力的培养,高一阶段首先开展记录日影及天气等难度较低,但是与生活相关性比较强的小组活动。以日影记录为例,每天记录旗杆的影长,安排记录固定日影与最短日影固定日影观测记录每天 9:50 分(大课间)日影的位置(多为组内走读生负责);最短日影观察记录每天中午 12:00 前后的日影最短位置并记录(多为组内住宿生负责);记录短日影的同学,在影长最短时将三角板与杆影平行摆放,并记录三角板影长。此基础上再进行学校所在地的太阳高度角的计算,经纬度的推断。进行了日影观测、日影记录、太阳高度角计算等基础活动之后,学生后期制作的活动中非常容易地联想到了可以利用特定时间的影长准确测量建筑物的高度,使校园模型的精度更高。有了比例尺的实际应用之后,在学习城市空间结构之前,以学校建模比例尺的应用为基

础,我安排各组学生制作芦台镇附近的交通图,先从最基本的线路图进行制作,得到城镇的基本交通图,之后在这个图的基础上,在按照车道数量对道路进行相应的加宽,轻易地分析出了芦台镇的基本功能分区。

在城市化教学中同样通过道路图的绘制辅之以功能区的划分,学生很容易就分析出学校门口震新路的拥堵原因,并且提出相应的改善措施如实施单向通行,不同学段的学校施行错峰上下学,加强小区道路的管理,高峰时段加强警力疏导,实施限时停车等行之有效的策略。

(二)小组合作,促进课程评价的多元性

过往的教学中评价主体主要是教师,缺乏学生之间的评价。虽然教师对于学生的评价针对性非常强,可以非常有效地指导学生的学习,但是当我们面对四五十个孩子时我们很难做到课堂评价与长期评价的客观性及评价的进阶性。所以我的做法便依托小组设立裁判组。裁判组的同学在每节课前在教师的指导下有针对性地对课堂内容进行一定的预学,对本章本课的内容有一个整体的认知。之后在课堂授课的过程中将裁判组的成员分散到各个小组中,评判各组成员的表现。而为了让裁判组的同学有一个评价的抓手,我又与裁判组的同学共同设计了一个评价表格,让学生有据可依,有事可评,有话可说(见表5-3-1)。

表5-3-1 课堂小组活动评价表

组名	XXX	得分	XXX	
导学目标完成情况	全员完成导学任务(少一人则减1分,若跃层完成任务则加1分)			
组内成员发言情况	1人(1分)	2人(2分)	3人(3分)	4人及以上(5分)
探究问题讨论情况	完成基本探究(3分)		完成提升探究(6分)	
讨论过程纪律情况	跑题1次 (减1分)	跑题2~3次 (减2分)	跑题4及以上次 (减4分)	后续表现优异 (加2分)
小组课堂展示情况	展示讨论成果 (3分)	发现他组问题 (5分)	二三层展示 (1分/2分)	出现严重错误 (减2分)
小组课堂展示情况	展示讨论成果 (3分)	发现他组问题 (5分)	二三层展示 (1分/2分)	出现严重错误 (减2分)
是否提出新出问题	否		是:(注明问题加一分)	
该组活动对你启发				
未来需要改进方面				

由于评价的主体由教师转变为了学生,随着担任裁判的组在不断轮换,学生在上课过程中能够用另一种近似于教师的视角去观察其他同学,思考学习内容,从目前的表现来看,能够极大地提升学生的学习热情,提升教学效果。并且由于每次的评价量表都会收回统计,在一个阶段的学习任务完成后还可以根据各组的学习情况对各组进行阶段性的评价。这样就基于小组,扩大了评价的主体,明确了评价体系,同时加强了过程性评价。

(三)小组合作,减小课程学习的差异性

在高三阶段,学习有非常强的模块化特点,每个学生都有自己相对薄弱的地方,可以说高三的过程就是一个查漏补缺的过程,怎么做到最好呢?我想到了自编讲义和合作学习(见表5-3-2、图5-3-3)。我规定每天至少需要做的题目有多少,

表5-3-2 学生分组情况图

张雪组	太阳活动 光照图	曹佳华组	旅游评价
马玉娇组	自然条件对城市的影响	王立航组	天气系统
冯宗晨组	气候类型缝隙	于振蕾组	太阳活动 光照图
张蕊组	气候判断 气候类型分析	周志阔组	太阳活动 光照图

图5-3-3 自编讲义

在遇到问题的时候一方面积极地给学生去讲解,另一方面特别鼓励小组内同学间的讲解。

当学生完成自己本周所设定的目标时(由于目前学生的学习基础差距较大,一组内两人完成即可其他同学在这个过程中也能得到较大的提高),就可以在教师的菜单中在选取一组,作为周末的作业。在实施的过程中建议采取先易后难、先常见后特殊、先热点后冷门的顺序,让学生在学的过程中能够不断获得短期刺激,形成学习动力与惯性。

从实施效果上看,通过点餐学习,班内基本上实现了以小组的自主选择为基础,以自编讲义为依托,以小组共同提升为目的的点餐制的学习模式(如图5-3-4)。对于成绩较好的同学,在给其他同学讲解后对知识有了更深层次的认识,对于成绩一般的同学,能够明显地改善自己的短板;对于成绩相对较差的同学能够很快地树立学习的信心。

自主选择
目标明确——自主自觉

自编讲义
模块训练——因材施教

合作提升
合作讲解——共同进步

图 5-3-4 模块化学习示意图

(四)小组合作,提升课程教学的融合性

学生再完成小组任务时,反映出非常明显的学科融合的特点。以在小组活动中就开始尝试能否以小组活动为线索,将不同学科的内容进行融合,例如之前提到的学校模型的制作阶段规划(见表5-3-3)。

表 5-3-3　模型制作阶段规划图

校园模型制作活动		
阶段	活动内容	预期问题
阶段一:学校测绘阶段	对校园的建筑进行测绘	楼高的测量(数学、地理)
阶段二:数据制图阶段	基于测绘数据绘制校园建筑三视图	计算机制图(通用技术、计算机)
阶段三:点亮学校阶段	绘制电路图,为教学楼,路灯等设计控制电路	电路图绘制,电线、小灯泡等物品准备(物理)
阶段四:校园组件阶段	将三视图样图打印出来利用KT版进行组装	模型拼装,学校美化(美术、生物)

在整个活动过程中,学生可以从多学科,多视角共同完成小组任务,在遇到困难或疑问的时候,还可以将项目过程中遇到的问题制作成悬赏任务,共全班同学思考解决。同时在不同阶段给出学生可以求助的教师,让更多的教师参与进班级的小组合作学习中来,发挥群体智慧,共同设计出更符合学科特点、更能提高学生核心素养的小组活动。

(五)小组合作,丰富课程作业的多样性

除了课堂上的小组合作学习外,我认为为了更好地提高学生的地理实践力,我们在作业体系的建设上,同样离不开小组合作。在新一轮教改中,我惊喜地发现在各章节前都有一个课题,而这些课题由都不约而同地建议我们采取小组的形式去指导学生学习。小组合作学习不再限于课堂教学,而是融入学生学习的各个方面。那么除了这种课题化的形式,我们是否还可以将热点时事融入我们的小组合作学习中?如根据加勒万河谷地区的气候地形,分析中印两国补给困难的原因;G7 国家产业构成与我国的对比分析,为我国的产业发展提出合理化建议等。此外我们基于小组合作还可以将作业与生活联系起来,例如在之前芦台镇道路图的绘制基础上,在结合行政区划图思考为什么要在桥北建设新区?完成以后在通过相机记录新区与旧城区的区别,说明你更愿意在哪里安家,说明你的考虑因素与原因。再如当我们看到最近的空气污染较为严重时,我与学生就去收集还有哪些地区有相同的问题?在网上搜索相关数据后我们将搜集到的数据整理成了表格 5-3-4:

表 5-3-4　雾霾累计天数图

城市	累积天数	城市	累积天数
衡水	209	咸阳	151
保定	187	北京	147
菏泽	173	驻马店	140
济南	172	西安	123
石家庄	161	天津	122

得到这个数据后我让学生分析这些地区有什么共性,我们可否逆向思考空气质量较好的地区有哪些。经过总结,学生反馈我国空气质量"十优十劣"城市排行,其中空气质量十优城市为:丽水、舟山、黄山、惠州、珠海、深圳、海口、拉萨、昆明、福州;空气质量十劣城市为:咸阳、西安、菏泽、济南、衡水、保定、石家庄、驻马店、北京、天津。在将这些城市标注在地图之后很容易就得出我国空气污染较严重的地区主要位于北方地区,南方地区空气污染指数则较低,进一步引导学生思考导致北方地区空气污染严重的原因是什么,并提供给学生全国 AQI 指数实况图及中国人口密度分布图。

学生们分析有:

(1)北方冬季供暖燃煤用量大,加重污染(参考伦敦烟雾事件);

(2)上述地区多位于东部发达地区经济发达,汽车保有量大,大气污染重;

(3)工业,特别是重工业发展排放的大气污染较多(参照附近特钢);

(4)冬半年北方地区逆温现象较为严重和普遍(参照雾成因);

(5)冬半年降水较少,对大气的净化能力相对较弱;

(6)北方地区主要为温带落叶阔叶林,冬季植被覆盖率相对较低,对雾霾的吸附和净化效果较弱;

(7)环保流于形式,监管力度不足(联想于辖区内某著名造纸企业)。

当分析了现象及原因后,很自然的学门就开始想我们应该如何应对?

总的来说有以下几个大的方面:

(1)强化环保立法,加强监督与执行,发动群众共同监管(部分同学想到了朝阳区人民群众);

(2)提高汽车排放标准,强化年检,实施限号措施并提高油品质量;

（3）对工业污染进行集中治理，提高污染处罚力度；

（4）少部分同学想到了进行产业升级，减少高耗能高污染企业比重；

（5）冬季对地面进行地膜铺盖，减少扬尘。

教师引导学生：那么换个角度来看我们还能发现什么问题呢？

空气污染严重的地区多为东部经济地带，说明东部经济发展速度较快，但经济结构并不合理未来可预见的时间内中西部的雾霾状况会加重，原因是因为中西部地区将要进行产业升级，承接东部地区的第二产业转出，所以我们呼吁在中西部地区的开发过程中必须加强环境的监督监管，不能让东部曾经出现的问题在西部地区重演。

（六）小组合作，助力课程思政的实践性

基于小组合作学习，我们可以通过多种方式促进学生价值观的形成。例如在2020年3月15日前后，我市发生了较为严重的沙尘天气，学生们当时看到外面昏黄的天空反应很强烈。于是我趁热打铁，针对不同小组的特点，布置了针对性的问题。例如：沙尘天气多发在什么季节，请举例说明？近年来沙尘天气的数量变化如何，请举例说明？你知道的导致沙尘天气数量变化的措施有哪些？影响天津地区沙尘天气的沙源在哪里？沙尘天气对我们有何影响？面对沙尘天气我们应该怎么做？等等。经过一段时间的资料收集，进行展示宣讲。

统计组给出了3月的AQI数据，并绘制成示意图（如表5-3-5）；有的组则根据近几十年的沙尘发生数据得出天津的沙尘天气主要出现在3、4月份。最让我意外的一组则是追究沙尘天气原因的那组，他们在结合其他组沙尘频次数据后提出随着我国环境的改善，到2000年前后时沙尘天气减少较为明显，但2000年后沙尘天气又有增多的趋势，而本次沙尘天气中，沙源地主要为蒙古地区。其植被的大面积破坏，与当地落后的产业结构，粗放型的经济增长有直接原因。从侧面说明了人类命运共同体的重要性，环境的保护不是一个地区，几个人，一两年能够完成的，需要我们长时间的保护与恢复，生态兴则文明兴。

在日常的教学实践中，我越发感觉到，决定小组合作学习效果的天花板是教师的视野。好的小组合作学习，离不开教师对于教材的准确把握，对于课标的深刻理解，对于达成地理核心素养目标的不懈思考。唯有这样才能让小组合作学习真正地落地生根，帮助学生学到活的地理，学到能够相伴一生的地理。

表 5-3-5　天津市 3 月 AQI 逐日统计

日期	AQI	质量等级	日期	AQI	质量等级
3 月 1 日	42	优	3 月 16 日	129	轻度污染
3 月 2 日	90	良	3 月 17 日	114	轻度污染
3 月 3 日	130	轻度污染	3 月 18 日	75	良
3 月 4 日	132	轻度污染	3 月 19 日	100	良
3 月 5 日	93	良	3 月 20 日	65	良
3 月 6 日	41	优	3 月 21 日	43	优
3 月 7 日	63	良	3 月 22 日	140	轻度污染
3 月 8 日	128	轻度污染	3 月 23 日	84	良
3 月 9 日	213	重度污染	3 月 24 日	86	良
3 月 10 日	129	轻度污染	3 月 25 日	115	轻度污染
3 月 11 日	109	轻度污染	3 月 26 日	138	轻度污染
3 月 12 日	117	轻度污染	3 月 27 日	138	轻度污染
3 月 13 日	110	轻度污染	3 月 28 日	426	严重污染
3 月 14 日	166	中度污染	3 月 29 日	94	良
3 月 15 日	500	严重污染	3 月 30 日	124	轻度污染
			3 月 31 日	138	轻度污染

（潘源龙　天津市宁河区芦台第四中学）

《国土开发保护》教学案例

一、教学内容分析

(一)以海洋权益为线索整合内容

内容整合以高中地理必修及选修中涉及的海洋权益为线索,包括《国家海洋权益与海洋发展战略》《南海诸岛与钓鱼岛及其附属岛屿》和《海洋空间资源与国家安全》。从知识发展梯度上看,存在明显的层次与递进,通过自主学习与小组的合作学习,可以了解我国的国家海洋权益。为分析南海诸岛及钓鱼岛等热点地区中,我国所主张海洋权益提供法理与认知依据。进而结合国家海洋战略,思考海洋对我国发展的重要意义与海洋资源开发利用的方式方法。从而起到培养学生海洋权益与海洋观念,明确我国海洋发展战略及意义,树立可持续发展的理念的目的。

(二)课标要求

(1)结合实例,说明国家海洋权益、海洋发展战略及其重要意义。

(2)运用资料,说明南海诸岛是中国领土的组成部分,钓鱼岛及其附属岛屿是中国固有领土,中国对其拥有无可争辩的主权。

(3)结合实例,说明海洋空间资源开发对国家安全的影响。

(三)重点内容分析

课标中都提到了通过"实例或资料""说明",体现出对本部分内容非常重视学生的认知,并且这种认知一定是建立在对事实的了解与分析之上的。想正确的认识我国的海洋权益、海洋发展战略、海洋空间资源开发及对我国的重要意义就必须首先了解我国所主张海洋权益的基础,即法理依据。进而借由当下的热点海洋问题的提出,引导学生形成正确的海洋观,发展观。所以设置教学重难点如下:

(1)通过阅读教材,初步了解《联合国海洋法公约》,能够区分海域,分辨内水、领海、毗连区、大陆架、专属经济区、公海和国际海底区域;

(2)明确在海洋不同区域所拥有的权益;

（3）说明我国的海洋发展战略及权益；

（4）说明南海诸岛是中国领土的组成部分，钓鱼岛及其附属岛屿是中国固有领土，中国对其拥有无可争辩的主权；

（5）说明不同区域海洋空间利用的方式，方法；

（6）通过本课的学习，了解海洋空间开发利用与国家安全的关系。

二、单元小组活动价值

（一）预习导学

完成基本内容的自学并在课下完成互检，在课上通过模拟一系列事件，强化学生对于海洋权益，海洋战略的认知与理解。小组学习将不再局限于课上的分析材料、提出观点、寻求解决；而是可以突破课堂的限制，让学生课前完成导学案对本节内容有初步地认识，或者课后搜集资料加深对本节内容的理解，从而引导学生全面地看待地理问题。

（二）模拟现场

分析重大海洋事件，提升学生的家国情怀。学习将不再仅限于课堂与学校，通过小组的合作学习，将课程带入生活，充分锻炼学生的地理实践力，课下研讨，课上分享，发现问题，解决问题，将理论规律同生活经验相结合。在生活经验中发现问题，在小组活动学习中解决问题，在分享交流中达成课标。

（三）充分参与

对典型事件提出自己的观点与看法。可以让学生对地理知识有一个更加直观和全面的认识，而通过小组合作学习，能够让学生对自己学习地理的有一个更加清醒和理性的认知。学生学习成长的过程中，其能力必然有所差异，通过组间同质，组内异质的分组，再探索一些适当的分组轮换机制，促使学生充分参与到小组合作学习之中，让小组合作伴随学生的整个学习过程，充分调动学生的学习热情与学习能力，更好地培养学生的合作交流能力与团队协作精神，培养现代公民。

（四）多元评价

在单元教学中引入裁判组同学的评价，并制作收集评价量表。一方面将评价的主体多元化,让更多的同学参与到评价中来,让评价更具有客观性的同时提升学生在日常学习中的学习效能。每节课完成后的评价量表的收集与整理,为学生评价提供了一个更为全面的抓手。能够帮助教师从更长的时间尺度上去观察分析,更加清晰的反映了学生在地理课程学习过程中的进步与不足。

三、单元小组活动策略

(1)确定重难点,明确学生自学范畴,提高预学效率;

(2)使用真事件,创设真情景,提高地理学习的兴趣;

(3)扩大参与度,合理控制梯度,提高课堂参与感;

(4)扩充评价人,发挥裁判组的作用,从学生角度评价。

四、单元小组活动案例

环节一:预学指导。裁判预学,在教师指导下,先对海洋权益,海洋空间利用等内容有基本的认知。检查各小组的导学案完成情况并评分。

环节二:抽签分组。

通过抽签分组,确定自己扮演角色,若拿到坐标,则依据地图册找到自己所代表的岛屿(如表5-3-6)。并用不同颜色粉笔在本组所在位置绘制出领海、毗连区、专属经济区。事件组则准备抽取随机事件。

表5-3-6 我国常见岛屿坐标

名称	坐标	名称	坐标
三沙市	112°20′E,16°49′N	钓鱼岛	123°28′E,25°44′N
西沙群岛	112°E,16°N	台湾岛	120°E,21°N
南沙群岛	110°E,4°N	海南岛	110°E,19°N
崇明岛	121°50′E,31°50′N		
事件组	1	事件组	2

环节三:抢答判定。

第一轮:教师给出一系列事件各组抢答判定属于哪种海洋资源的开发与利用(如表5-3-7)。

表 5-3-7　海洋空间资源开发

开发位置	利用方式	事件
海面 空间资源的开发	海洋运输	1.永暑岛 2014—2016 年遥感图像
	填海造陆	2.21 世纪海上丝绸之路示意图
	海洋旅游	3.三沙市风光图
		4.三亚浮潜观光照
海中与海底 空间资源的开发	海洋渔业	5.休渔期结束后捕捞图
	海底隧道	6.APCN2(亚太二号)海底光缆分布图
	海底电缆	7.港珠澳大桥人工岛及沉管隧道

第二轮:给出一定事件,各组抢答对我国国家安全的影响表现在哪些方面(见表 5-3-8)。

表 5-3-8　海洋事件

对国家安全的影响的方面	事件
海洋资源开发的安全	材料一:2020 年 12 月 29 日 8 时至 2021 年 1 月 7 日 16 时,中国解放军在海南岛西南部、南部、东南部的海域进行军事演习,为期 10 天,期间船只不得驶入。据媒体报道,本次军事演习,075 型两栖攻击舰、055 型号的导弹驱逐舰以及山东舰航母均现身南海或联合开练
海洋通道的安全	材料二:2019 年 1 月 27 日,中国海军第 30 批护航编队凯旋历时 175 天航行 3 万海里。据海军参谋部统计,截至目前,中国海军护航编队共为 1207 批 6600 余艘次中外船舶护航,其中半数以上为外国船舶或世界粮食计划署船舶,不仅使被护船舶和船员免遭海盗的袭击和扣押,有力保障了国际重要贸易航道的安全,更保护了运往索马里的人道主义物资的安全,使苦难中的人民及时得到救助
遏制管控海上军事危机	材料三:2018 年 1 月 6 日 20 时许,巴拿马籍油船"桑吉"轮与中国香港散货船"长峰水晶"轮在长江口以东约 160 海里处碰撞。"桑吉"轮全船失火 1 月 14 日 12 时左右,"桑吉"轮突发爆燃,船身倾斜,随后沉没。"桑吉"轮载有 13 万吨凝析油,易燃易爆,挥发及燃烧会严重污染海洋、大气
遏制管控海上军事危机	材料四:2013 年 11 月 23 日,我国宣布划设东海防空识别区,其中包括钓鱼岛,区域与日本防空识别区重叠。对在此区域不配合或不服从命令的航空器,中国武装力量将采取防御性处置措施

环节四：事件分析。（三轮中每位同学仅有 1 次回答机会）

第一轮：由事件组成员抽取提前准备的事件前往各组所在区域，可以是领海，也可以是毗邻区、专属经济区或公海。事件组成员就位后，打开所抽取的随机事件，事件组成员与对应组判断事件是否合理合法，并说明判断理由。

第二轮：事件组成员再次抽取随机事件后交换前往各组所在的区域，事件组成员就位后，打开所抽取的随机事件，各组抢答分析判断事件是否合理合法（如表 5-3-9）。

表 5-3-9　随机事件

随机事件序号	随机事件描述
1	未经我国允许，铺设电缆
2	美国军舰航行通过
3	民航飞机飞行
4	开发水下油气资源
5	私自开展深海探测
6	美国军机飞越
7	海关检查
8	英国货船通过
9	监禁他国渔民
10	捕鱼
11	油气资源开发
12	海警巡逻
13	填海造陆
14	共同开发矿产资源
15	特殊事件：美国航行自由（美国提出了"国际水域"的概念，把沿海国的毗邻区、经济专属区都视为国际水域，可以自由通行）

第三轮：将下列事件排序，并思考反映了什么问题。

A.秦始皇统一中国，把全国分成 42 个郡，其中南海郡管辖整个南海诸岛。

B.元世祖忽必烈曾派同知太史院士郭守敬到南海测量，把南沙标为"万里石塘"，西沙标为"千里长沙"。

C.郑和七下西洋，都要在西沙停留休整，然后由朝廷派海军船只护航至南海

诸岛,同时加强该海域的巡逻。

D.清政府在西沙设置灯塔等航海标志。

E.康熙年间,广东水师副将吴升率水师巡逻南海诸岛所在海域。

F.汉武帝平定"南粤之乱"后,在南海设"儋耳""朱崖"两郡,辖南海诸岛并派水师巡视西沙。

G.唐高祖李渊改郡为州,南部的振州即今天的三亚市,管辖全部南海诸岛。

H.中英美三国首脑联合发表著名的《开罗宣言》指出,剥夺日本自 1914 年在太平洋所得或占得之一切岛屿,使日本窃取于中国之领土归还中国。

I.宋仁宗于曾将南海诸岛列为广南水军的巡视范围内。

J.中法签订《广东与越南的边境条约》,明确了西沙的界限。

环节五:裁判点评。

由裁判组的成员根据小组活动量表对各组成员的表现情况给予客观公正的评价,总结本节课的收获。

环节六:作业习题。

材料:七连屿位于中国西沙群岛中宣德群岛的东北部,包括赵述岛、北岛、中岛、南岛、北沙洲、中沙洲、南沙洲。我国计划在七连屿填海造陆,陆地面积将达到 15 平方千米,整个七连屿礁盘的总面积达到 28.8 平方千米,其面积将是永兴岛的 11 倍大。目前,七连屿中的北岛和中岛之间已有人工陆地连接,计划中建设机场和跨海大桥连接永兴岛的目标也会逐步实施。

各组根据所学知识,分析我国进行七连屿建设的法理依据及作用。

五、整合效果反思

(1)通过整合教材单元,在明确自学内容与课题探讨内容后,学生对于课堂活动的参与度非常高,课堂氛围较为活跃。极大地提高了学生对于地理课程的热情与兴趣。

(2)因为课堂较多活动的设置都具有较大的随机性,所以学生课下的整体预习效果较好,特别是针对基本概念的理解与应用,能够区分领海、毗邻区、专属经济区等不同海域及在此海域享有的权益。

(3)通过对近些年海洋重大事件的回顾,通过小组活动的形式,让学生置身当时的环境中,判断在不同事件的合法性,并提出一定具有合理性的措施与建议。帮助学神将所学知识应用到实际生活中,培养学生的地理实践力。

(4)通过对重大历史事件的排序,证明了南海诸岛自古以来就是我国的固有领土,培养学生的家国情怀,提高民族自信心与自豪感。

(潘源龙　天津市宁河区芦台第四中学)

第六章

评出学生学习成就感

　　教学设计虽然注重单元设计，但每一个学生的发展、学生实践能力和创新能力的培养仍是教学实践的重点，尊重学生个体差异性，因材施教推广个性化、差异化的教学方式依然成为我国基础教育课程改革的核心理念。实施差异教学能够更好地促进学生的全面发展，差异教学的目标和我国基础教育改革理念能够很好地契合。立足于学生的差异，教师可以在每个学生原有基础上发展学生的能力，根据学生的学习需要、学习风格、学习兴趣来调整教学方法，形成一个灵活开放的教学模式。

　　地理项目学习是以地理概念与原理为基础，着眼于实际问题、在真实情境中指导学生围绕项目任务进行合作和探究，引导学生科学地认识地理学科和跨学科内容，重视小组交流与合作，尊重学生的个体差异性，促进个性化发展的一种探究

性学习模式。

本章倡导以"A–C–L–R"教学模式为指引的项目式学习。这是一种以现实生活为背景,基于课程和现实情境的项目式专题,根据概念、原理、经验、推理和判断等思维形式能动地认识地理事象的过程,确保实践过程的可操作性以及学生学习结果的可评估性。该教学模式有利于提高教师的备课效率,提升教学能力;更好地培养学生核心素养,培育学生的特性、个性发展,增强教学的可评估性,使学生对自己的能力水平有清晰的认识,增强学习成就感;可以更准确把握地理学科特点,有利于发挥教研集体优势,整合教学资源,变革学习方式和教学模式,最终实现课堂教学效度的最大化,充分调动教师和学生的积极性与主动性,发挥创造力,是教学方式、方法的一次意义重大的探索。"A–C–L–R"教学模式势必会转化为学校教育发展的推动力。

第一节 高中地理教师个性化教学策略研究

一、高中地理个性化教学实行的必要性

2017 年开始,我国全面进行高考综合改革,实施 6 学科任选 3 科的模式。大力推行"走班制",即学科教室和教师固定,学生根据自己的能力水平和兴趣进入不同层次班级上课,不同班级教学内容和程度要求不同。这些改革都在突显学生的主体地位,也意味着高中教学的教育功能正在由少数人的精英主义教育,转变为面向全体学生的大众教育,满足不同层次学生的成长需求,更多关注学生自身成长中发展的差异性和不平衡性,让不同学生根据个人兴趣爱好,结合自身学习基础和学习能力,获得与自己最适宜的发展环境。据相关部门选课数据统计显示,选择地理学科的学生越来越多,这些都为地理教学实施个性化教学提供了条件。

个性化教学是以学生个体为切入点,激发学生主动性和创造性,挖掘学生特性,促进学生全面发展的教学活动。目前,符合中国教育国情的个性化教学理论体系基本形成。随着走班制度全国范围的推广,地理个性化教学深入研究的趋势日趋明显。

走班制度推动了地理个性化教学的发展,但是在实行走班制的班级中还是存在着很多问题制约着学生的个性化学习。第一,班级教学方式传统。教师基本还是奉行着教师讲、学生听的教学方式。这种传统教学方式阻碍了学生接受知识多样化的途径。第二,教学内容缺乏层次性。走班制打破了很多学校按照"分数"分班的制度,分班主要借助学生的主观意愿,这样使得一个班级内部学生知识认知水平呈现多样化的趋势,学生对地理教学内容的需求各不相同。传统多个班级实行一样的教学内容已经无法满足学生对知识多层次的需求。第三,学生评价方式单一。

依托分数的应试选拔仍然是目前甄选人才的主要手段。虽然教育部门三令五申不让公布中小学生分数和排名，但大部分学校还是以分数来衡量教师的业务水平进行绩效奖励，让教师只为"分"而教，学生高考的分数是进入重点大学的"生死线"，让学生只为"考"而学，以"分数论英雄"压抑了学生在思政、体育等其他方面的个性化发展。第四，单调统一的学生作业。目前大部分学校，面对不同学生实行无差异的统一作业，抹杀了学生的个体差异。

综上所述，探索适合高中地理个性化教学策略成为当务之急。本研究主要在高中"走班制"地理教学实践中，针对特长、等级、合格三个不同层次的班级创建其个性化教学过程。

二、高中地理教师个性化教学策略

(一)教师自身个性化的发展是个性化教学的前提

教师自身是个性化教学形成的根本。拥有不同教育背景、不同知识经验、不同的教学能力的教师，人格魅力迥然不同。个性鲜明的教师，往往更加受到学生的欢迎和支持。高中地理教师要拥有紧迫的自我发展意识，在教学实践中，充分挖掘自身的个性特点，充实自我发展自我。不断加强教育教学理论修养和教学研究活动，吸收他人的优秀经验，勇于创新，打破原有的、墨守成规的教学模式，探索适合学生个性人格全面发展的地理教学活动。能针对不同年级、不同水平的学生和不同的教学环境，收放自如地在教学过程发挥主导作用，最终拥有自己独特的教学风格。而这种充满个人魅力的教学风格，必然通过地理教学活动直接或间接影响学生的个性发展。

(二)分级的个性化教学设计

在高中"走班制"地理教学实践中，针对特长、等级、合格三个不同层次的班级。立足于教学实际，依据学生知识、能力的差异进行分级教学设计，从而创建针对不同层次班级的个性化教学过程。

1.教学目标的层次性

教学目标的层次性指教师根据国家教育部门颁布的课程标准,以满足不同等级层次学生个性全面发展的需求,多层次、多角度预设教学活动需要达到的最终学习目标。它是教学活动的出发点和归宿,其制定不仅要服务于教师的教学活动,更应该为不同学生的学习目的服务。因此,地理教师制定教学目标,切忌"一刀切",应尊重学生个体差异,满足学生不同学习需求分层次分级别制定。

面对合格班的学生,教师侧重地理基础知识和基本原理的掌握,处处激发学生的地理学习兴趣;等级班学生,教师教学目标的制定,应在保证地理基本知识熟练掌握的基础上,重点培养地理探究能力;而对地理特长班学生,教学目标同理要高于等级班学生,培养其独立提出并且解决实际问题的能力。不同层次的教学目标制定的核心是满足学生自身兴趣、爱好符合其知识经验和认知水平从而被学生个体所接受,最终将其转化为学生个体内在的学习目标。这样的地理教学目标才能激发个体内在学习动机,唤起学生个体的自主学习意识和创造精神。

2.情境创设的认知接近性

在地理创设教学情境时,要能制造悬念,形成认知冲突,唤起求知欲,激发学习兴趣,将学生带入一种与问题有关的情境中,诱发思考,从而让学生积极投身到学习活动中去。但是学生的认知水平差异性很大,其兴趣点就截然不同。

地理教师在进行教学设计时要最大限度接近学生的认知水平。例如讲解太阳的视运动这一教学难点。史地政组合的学生一般形象思维能力强,对感性的文字和美丽的图片感兴趣。在情境创设时,可以给出古诗"敕勒川""天似穹庐,笼盖四野",让学生解释一下诗句描写的场景,让其发挥想象,引发情感共鸣,引出"天圆地方"的太阳视运动效果。而对于物化地组合的学生抽象思维强,他们擅长立体图和数理计算。可以开门见山直接给出天津地区的"二分二"日的太阳视运动图,直接设问如何判读方向,计算正午太阳高度角,这样更能引起理科生兴趣,激发他们攻破难题的斗志。所以在进行分级的个性化教学设计时,情境创设必须接近学生的认知水平,符合他们的生活实际。在地理课堂教学中,问题情境要尽可能来源于学生熟悉的实际生活,问题涉及的深度要稍高于学习者原有的知识经验水平,其思维的容量和强度要有一定的挑战性,学生必须要经过努力思考,通过"同化"和

"顺应"才能解决这个地理问题。

3.教学内容的适度调整

教师依据学生个性发展需求,针对合格班、等级班、实验班不同层次的学生,适时对地理课程结构进行调整,教材内容进行删补。这种调整要遵循"课标做引领、教材为平台、学生是中心"的原则,要让教材真正成为学生个性化发展的有效载体,而不是考高分的工具。教师对地理教学内容调整,首先要理解课标对学生共性要求,提炼出地理教学的核心内容,其次深度分析学情,联系学生的生活实际,让教学内容符合学生认知一般发展规律,将学生已有的知识能力与地理知识逻辑有效衔接起来,最大限度满足其个性化发展的需求。

例如:中图版《农业区位》一课,笔者首先对课标及教材进行研读,发现本节教学内容主要通过案例分析法达成课标,教材案例典型丰富,图片众多美观,文字简洁优美。但是教材中的案例选取,对天津地区城市的学生而言距离实际较远,无法满足不同地域学生的认知水平。如果只采用教材中的陌生地域案例,学生只能是被动地接受教学内容,参与案例分析的主动性就会大大降低。这样就有必要对本节内容进行取舍整合。舍弃教材 62 页"海南豇豆"和"甘肃菜花"对比,改为"冬春海南西瓜北上进津和夏季天津静海台头西瓜南下抵沪"的案例对比。引出影响农业的自然因素和社会经济因素,这样更接近学生实际生活。课中 61 页"山东寿光的蔬菜大棚"改为参观"天津静海的良王庄百亩蔬菜大棚"让学生实际体验科学技术对农业自然条件的改造。课后 68 页作业 2"北京农业嘉年华"的活动,改为"天津静海绿源生态园"周末农业生态游。新添加一些贴近学生生活的乡土案例,对教材内容进行"本土化"处理。一方面对教学内容进行了重组,符合学生认知的最近发展区。另一方面丰富了学生的感性认识,大大激发了学生探求真知的愿望和热情,从而使教学更加贴近学生实际,增添学习过程中的情感体验。

三、传统和现代相结合的个性化落实方式和评价

（一）多元化评价的激励作用

罗森塔尔效应表明，教师的态度会对学生产生巨大的影响，教师提出的合理期望，可以激发学生的学习动机，直接影响学生潜能的发挥。教师给予学生公正的评价和适度的鼓励，利于提高学生学习积极性，激发学生创造性。因此，地理教学中要抛弃"以分论英雄"的单一评价机制，不能把考试分数作为甄别学生优劣的唯一标准。学生评价应以学生个性差异的多样性为基础。我们评价地理知识掌握的同时，对学生的探究、创新能力，地理实践能力，以及学生与学生之间、学生与教师之间的合作精神等进行多层系评价。在地理教学实践中，教师要用发展的眼光看待学生的成长，评价学生时秉承公平公正客观的态度，采用教师评价、小组评价、学生互评、学生自评等多种方式。既要让学生认识到自身不足，又要让学生意识到自身阶段性进步，增强学生学习地理的信心，最终养成既谦虚谨慎又自信阳光的个性。

（二）编写满足不同层次学生需求的个性化的作业

传统教学中使用统一作业，忽视各层次学生的认知要求，抹杀了学生的个体差异，我们创新性地改变"一刀切"的做法，尊重学生个性，每周按不同班级学情选配习题，编写针对不同班级的习题，即"个性化"作业。个性化作业布置时，要符合不同的等级班级的特点。对于合格班，作业应侧重对基本知识的掌握，多布置基础性练习，让其"吃得下"；对于等级班，作业要注重学生知识运用能力的培养，多布置巩固分析练习，让其"吃得饱"；对于特长班，作业侧重学生探究能力的培养，多布置实际运用型练习，让其"吃得好"。精心设计布置个性化作业，让学生如同进入"作业超市"，让不同水平的学生自主选择，给学生作业的"弹性权"，实现"人人能

练习、人人能成功"，使每个层次的学生都得到训练、发展，让学生通过作业方式满足自己基础成就感，也就是地理知识和技能获得的满足感。

(三)借助现代媒体方式，对学生进行个体交流

鼓励教师使用 QQ、微博、微信等进行个性化辅导。一方面通过虚拟的网络环境，尊重保护学生隐私，让学生没有负担地敞开心扉，另一方面教师好友的单独个性化辅导，拉近与学生距离，让学生获得真实的情感体验。

1.充分利用 QQ、微信等媒体，加快地理信息传播速度

目前各种媒体"转发"功能和微信"交流群"功能，为学生地理学习发布和传播学习信息提供了有力手段。如在微信群发布地理学习的要求，学生在可以将自己的作品发到微信群，群里的所有同学都能看到、获取并转发，实现了实时资源共享，同时进行评价发表自己的观点，实现了共同互助学习。在这个过程中，学生既能发布信息、评论信息，又能更快速进行地理信息传播，从而延展了地理课堂。

2.分利用 QQ、微信等现代媒体，组织学生针对热点问题展开讨论

教师在微信、微博和 QQ 公众平台，与学生在建立起"双向关注"的基础上，积极主动地通过"评论"功能加深与学生的互动交流。经常针对地理的热点问题开展讨论活动，借此养成学生独立地发现、分析、解决地理问题的思维习惯。

3.充分利用 QQ、微信等现代媒体，了解学生动态、了解学生内心世界，真正实现个性化辅导

学生在微博、微信上表达的情绪更加大胆直率，特别是一些性格内向的学生不愿意和老师同学沟通，但习惯将心情发布在"微信圈"。教师及时关注"学生好友"的动态信息，通过微博留言、微信语音聊天等方式及时给学生"答疑解惑"。教师借助网络媒体与学生们建立起的沟通机制是"带着体温的"，更容易把地理教育工作做到学生内心里去。

四、将社会主义核心价值观融入地理个性化教学

社会性是人的第一属性。每一个人都要生活在社会群体之中，人出生后，学习、生活、工作都脱离不了社会，人的个体成长环境虽然各不相同，但同时期的人都会深深打上已有社会的时代烙印。因此学生独特个性形成，不能脱离社会，一定在现实社会中形成和发展，个性化必然是具有社会属性的个性化。比如我国的《基础教育课程改革纲要(试行)》明确提出："要使学生在普遍达到基本要求的前提下实现有个性的发展。"。这就是现代社会发展对教育提出的新要求，即社会发展要求教育个性化。"中国的社会发展要求教育要培养多方位、多层次、多规格的个性化建设者，最终满足中国社会主义建设的多样化、多元化的需要。

教师在地理个性化教学中也必须遵循个性化与社会化统一，将学生个性化发展融入中国社会发展中，将社会主义核心价值观融入地理个性化教学。如在高中地理必修 2《地域联系》讲解时，可以补充中国高铁建设。在选择性必修《河流开发治理》讲授时，可以用中国的三峡水利枢纽工程做案例。以 1949 年以来中国各个领域建设取得的重大成来壮国威，增强学生的民族自豪感，激励学生报国之志。在《农业区位分析》一节则要上升到战略高度讲解，让学生认识到作为人口大国，粮食问题不仅事关民生还是国防安全问题，一方面号召学生继承中国勤俭节约的优良传统，另一方面帮助学生树立可持续发展的资源观。

(张艳 天津市静海区第一中学)

参考文献

[1]王民.地理新课程教学论[M].北京:高等教育出版社,2003.

[2]宫作民,仲小敏.国内外地理教育研究[M].北京:北京科教文出版社,2004.

[3]康生煌.教学设计整合个性化教学[J].地理教育,2006(5):60-61.

[4]肖萍.在地理学科中开展个性化教学的探索与研究[J].中学地理教学参考,2005(4):29-30.

[5]王升.主体参与型教学探索[M].北京:教育科学出版社,2003.

[6]邓志伟.个性化教学论[M].上海:上海教育出版社,2004.

[7]陈万勇.个性化教师与个性化教学[J].四川教育,2003(11):15-16.

[8]闫瑞.教师个性的养成[D].西安:陕西师范大学,2007.

[9]王高翔.数学个性化教学策略研究[J].教育科研论坛(教师版),2004(3):11-12.

[10]张焕.中学地理教师个性化教学的形成策略研究[D].安徽:安徽师范大学,2016.

《农业区位因素分析》教学案例

一、教学内容分析

（一）教材分析

本节是地理 2 第三章《生产活动与地域联系》的第一节。是在学习过人口、城市等人文地理基础上,关于生产活动的开篇之作,在农业区位之后将继续学习工业、交通区位。学习本节内容需要学生对中国气候、地形、土壤的自然地理内容有一定了解。重点讲解农业区位形成的条件,此内容是生产活动整个章节学习的基础。农业对于中国这样的人口大国具有十分重要的战略意义,因此本节内容与学生生活息息相关,学习农业便于学生在课后深入生活实际开展探究活动,帮助学生了解家乡的风土人情,培养学生对家乡对祖国的热爱之情。

（二）学情分析

教学对象为高一年级的学生,虽然农业区位来源于生活实践,但是目前的学生特别是城市学生都是埋头学习,对农业生产活动基本没有参与,缺少实践经验。在理论层面,区位因素理论认知首次接触,还未完全掌握高中农业地理学习方法和思维模式,综合分析运用能力也不足。在教学中,教师可以利用学校地处天津郊区,农村生和城市生各半的优势,进行本地农业基地和农庄参观等活动,获得第一手资料进行,不同班级协作学习。将所学运用到日常生活中。

二、教学目标

（一）课程标准解读

高中地理课程标准对本节内容的要求是:"分析农业区位因素,举例说明主要农业地域类型特点及其形成条件。"根据这一"标准"分析,学生需要了解区分农业区位因素有哪些;能够结合所学知识,分析家乡或者其他地域的农业形成条件。通过学习,引导学生尝试独立运用所学的地理知识和技能,获取所需要的地理信息,并能对地理信息进行整理、分析,归纳、总结。

（二）教学目标分析（见表6-1-1）

表6-1-1 教学目标分析

项目 \ 班级类型	合格班	等级班	实验班
知识掌握层面	1.理解农业的概念，能够简单叙述出农业区位的含义 2.能够列举出常见的农业区位因素（包括自然和社会经济因素） 3.能够找出农业区位因素的变化	1.能够解说农业生产活动和农业区位的概念 2.能够分析具体农业区位条件。（比如气候能够从光照、温差、降水、热量角度分析对农业区位影响） 3.理解农业布局、变化与区位因素的关系并进行具体分析，培养探究和读图分析能力	1.能够结合具体实例解释农业区位含义 2.结合不同区域特征分析具体的农业区位条件。（比如能从光照、温差、降水、热量等具体角度对分析气候对青藏高原农业区位的利弊） 3.根据农业区位因素变化趋势，对农业发展提出合理措施
教学过程层面	通过分析案例，理解农业区位因素及其变化对农业的影响；并学会运用这一知识去评价某一地区的农业选择	结合所学根据本地农业生产的实际情况，探究本地的农业形成的条件，提高探究问题和综合分析问题的能力	结合所学根据本地农业生产的实际情况案例，探究农业区位条件。并能够比较分析不同区域农业区位条件
核心价值观层面	1.树立农业生产因地制宜、人地协调的发展观念 2.通过对家乡农业区位的分析，增强热爱家乡的情感	1.树立农业生产因地制宜、人地协调发展观 2.通过对家乡农业区位的分析，增强热爱家乡的情感 3.养成科学严谨的态度和勇于创新的精神	1.树立农业生产要因地制宜、人地协调发展观念 2.通过对家乡农业区位的分析，增强热爱家乡的情感 3.养成科学严谨的态度和勇于创新的精神

三、学习活动设计

(一)单元内容调整

使用本地实际情况的"乡土案例"替代教材案例。舍弃教材 62 页"海南豇豆""甘肃菜花"对比,改为"冬春海南西瓜北上进津和夏季天津静海台头西瓜南下抵沪"的案例对比。引出影响农业的自然因素和社会经济因素,这样更接近学生实际生活。课中 61 页"山东寿光的蔬菜大棚"改为参观"天津静海的良王庄的蔬菜种植园"。让学生实际体验科学技术对农业自然条件的改造。课后 68 页作业 2"北京农业嘉年华"的活动,改为"天津静海多兴农庄"周末农业生态游。新添加一些贴近学生生活的乡土案例,对教材内容进行"本土化"处理。同时还对教学内容进行了重组。

(二)教学思路(见表 6-1-2)

表 6-1-2 合格班级 1 课时;等级班 2 课时;实验班 3 课时

课时安排	教学活动(不同类型班级课时安排不同)
第一课时 社会调查 案例分析	1.不同类型学生自由结组选择农业相关课题进行调查,进行分组调查。而后利用汇总资料,初步对农业区位因素进行分析 2.各小组代表汇报交流调查状况 3.师生共同提炼影响静海农业发展的因素有哪些
第二课时 影响农业区 位的因素	1.教师提供静海的气候、地形、河流、土壤等自然条件、静海的农业布局图,分析这种布局的区位 2.结合学生调查从农产品的运营模式,分析当今农业发展的变化趋势
第三课时 不同区域农 业发展对比	小组互助学习,选择静海的有优势农产品与中国其他地区的同种农产品进行比较,结合中国地理知识,树立农业生产要因地制宜、人地协调发展观念

四、课堂教学活动分级设计对比(三课时为例,见表6-1-3)

表6-1-3 教学活动分级设计

探究活动 / 班级类型		合格班	等级班	实验班
活动一 前期社会调查 (六日完成)		主题:天津抬头西瓜种植基地农业区位调查	主题:天津静海中旺镇金丝小枣农业区位调查	主题:天津静海区良王庄多兴农庄农业区位调查
		调查内容: 1.台头西瓜口感特点皮薄、瓤甜、沙脆 2.种植历史1000年 3.自然条件: (1)气候:夏季高温多雨(2)土壤:黑土 (3)河流:大清河 4.品牌"弘历福" 5.上市时间:6月中旬7月下旬 6.销售市场:京津冀 7.新技术:冷棚嫁接	调查内容: 1.金丝小枣口感特点:果实肉厚、核小、皮薄,肉质细腻,汁液较多 2.种植历史600年 3.自然条件:(1)气候:夏季高温多雨(2)土壤:湿潮土,土壤肥沃 (3)地形:地势平坦 4.品牌"无" 5.上市时间:鲜枣9月 6.销售市场:京津冀	调查内容: 1.原种植作物:蔬菜 2.农庄经营作物:蔬菜、蛋、奶等多种 3.农庄的建立时间:10年左右 4.农庄的销售市场和经营方式:全国、网络直销 5.农庄的相关产业:地主菜体验、学校种植基地、假期农业体验游
第一课时		农业的区位因素		
活动二 交流汇报	分析调查资料	学生根据教师的引导问题,总结分析调查资料进行汇报交流。鼓励学生使用实物投影仪或者制作ppt进行展示		
		引导设问: (1)哪些自然因素影响了台头西瓜的种植 (2)台头西瓜种植过程中有哪些社会经济优势 (3)台头西瓜利用什么技术克服上市时间集中的困境	引导设问: (1)哪些自然因素影响了金丝小枣的种植 (2)金丝小枣种植过程中有哪些社会经济优势 (3)近年来金丝小枣远销海外依靠哪些条件	引导设问: (1)良王庄种植蔬菜的有利区位条件 (2)良王庄成为静海蔬菜种植基地的社会经济条件 (3)良王庄多兴农庄为了适应市场做了哪些变化

续表

班级类型 探究活动		合格班	等级班	实验班
				(4)多兴农庄发展在经济、生态和社会三方面有哪些发展意义
	小组展示	(1)每个小组派代表展示成果 (2)小组之间进行相互提问		
活动三 师生共同提炼影响农业的区位因素		(1)总结概括影响农业的自然因素和社会经济因素 (2)板书总结		

热量、光照、降水 → 气候 → 自然因素 → 农业区位选择（对土地的合理利用）

地形、水源、土壤 → 自然因素

社会经济因素 → 市场、交通运输、政策、劳动力

技术

影响农业类型、产量、品种、质量、分布

第二课时	农业区位因素的变化		
活动四 分析影响农业的社会经济条件的变化	合格班不设第二课时	教师补充学生调查资料,进行深度设问	
		(1)近年来,静海中旺镇枣农在枣树上嫁接冬枣而放弃了几百年历史的金丝小枣,这是为什么 (2)金丝小枣作为干枣的市场,近年来被新疆大枣所替代。提供新疆干枣和本地小枣请学生品尝,对比写出新疆大枣优点 (3)新疆干大枣和河	(1)静海良王庄蔬菜主要夏季上市,冬季静海的蔬菜主要来自海南和山东。请分析海南和山东蔬菜种植的优势 (2)外地蔬菜进入天津静海地区主要依靠的条件 (3)春节期间,良王庄多兴农庄推出了"蔬菜礼品卡",网上订卡,送货上门。受到京津地区

续表

班级类型 探究活动	合格班	等级班	实验班
		北冬枣鲜枣取代本地金丝小枣的共同条件有哪些	市民的欢迎。这种销售方式反映了什么因素对农业的深刻影响。请你再列举生活实践中的几个实例
实验班第三课时			
活动五 影响农业不利自然条件的改造		(1)投影:春季静海田地盐碱化、春季田地缺水干裂、枣园喷灌、多兴农庄的滴灌图片 (2)讨论:静海地区农业面临的不利自然条件有哪些? 如何进行改造 (3)师生共同概括总结农业区位因素的变化	
活动六 为某种农业发展提合理建议		请你为静海的特色农产品的未来如何发展提合理性的建议	

(张艳 天津市静海区第一中学)

第二节 差异化地理教学的教学策略

差异化教学是指"在班集体教学中,立足学生的个性差异,满足不同学生的学习需要,促进每个学生最大限度发展的教学"。它要求在关注学生共性的同时也要照顾学生的个性差异,在教学中将共性与个性辩证地统一起来,使教学与每个学生的学习和发展最大限度地匹配。

"让每个孩子都能享有公平而有质量的教育"是新时代对教育的要求,而深层意义的教育公平是不同学生在学习和发展上的需要都能得到满足,优质教学的重要标志是使所有学生而不是部分学生学会学习,并使他们获得最大限度的发展。那么,我们如何满足不同学生的学习需要并促进他们最大限度地发展呢?差异化教学给我们提供了一个现实的模型。笔者通过对该理论的学习、整理、研究,并结合自己的课堂教学实践,尝试总结了几种常用的差异化教学策略,希望对广大同仁有所帮助。

一、全面、动态监测学生的差异

(一)差异测查的目的、意义和一般原则

对学生的差异测查是差异教学的前提。差异测查的目的是在认识学生共同特征的基础上,进一步了解学生的个性特征,了解学生个体间和个体内的差异,更好地满足学生学习和发展的需要,从而使教学更有针对性,更加有效,也节省教师的时间和精力。

为了保证测查结果的信度和效度,测查中既要力求避免主观因素的影响,又要多角度看问题,采用多种方法、多种途径测量和收集信息,即测查要坚持客观性和综合性的原则。此外,因为学生的差异具有阶段性,所以测查不应该是一次性

的,而且测查也不能只看结果,更要注重产生结果的过程,从这方面来说,测查还要坚持动态性的原则。

(二)差异测查的内容

对学生差异的测查,应包括个体间的差异和个体内差异的测查。了解个体间的差异,是为了在班集体教学中兼顾个性与共性,满足每个学生发展的需要;了解个体内的差异,是为了扬长避短,促进每个学生全面和谐地发展。

从差异教学的角度来说,个体间差异的测查,主要是了解学生在学习目的、动机、学习兴趣、态度、学习知识技能水平、智力水平、学习风格、学习习惯、解决实际问题的能力等方面的差异。此外,我们还要特别重视测查学生的优势和潜能、自主学习能力、合作能力、创新的精神等差异。

学生个体各方面能力水平的发展是不平衡的。就地理学习而言,有的学生空间想象力强大,但抽象思维偏弱;有的学生钟情于人文地理,但自然地理特别困难等。因此,我们还应测查学生个体内的差异,从而扬优补缺,促进个体的和谐发展。

(三)差异测查的方法和途径

差异测查中经常用观察法、测验法、调查法等三种方法。需要注意的是,由于工具、手段的局限性,往往所得结论只能作为参照,并不一定能反映学生的本质,所以还要有"测查结果分析"这个必要的步骤。例如我们对学生的作业进行前后对照比较,可以分析学生的进步情况,甚至分析学生的心理变化。测查后的分析还有助于我们找到现象背后的深层次的原因,从而改进教学。当然,分析必须要有恰当的理论指导,还要注意综合性。

二、提供认知前提的准备

(一)不同的知识能力准备水平影响学习的迁移

有意义的学习过程是原有知识同化新知识的过程。学生原有的知识状况直接影响新知识的学习,影响知识技能的迁移。如在大气环流的学习过程中,理解降水的形成原理是关键。如果在学习新知识之前, 帮助一些后进生理解降水的本质在于降温,并且熟悉各种空气运动形式和降温的关系,就有利于缩小他们和其他同学学习新知识的差距,提高学习新知识的质量。课堂教学实践证明,课前帮助每个学生达到知识前提准备的要求, 是保证大面积课堂教学质量的关键策略之一。

(二)提高认知准备水平的方法、措施

1.测查并掌握与新知识有关的知识技能

教师在教学设计前, 首先要分析清楚新知识学习所需的知识准备和技能准备,这要从知识的内在逻辑体系和学生学习过程的分析来确定关键所在。我们可以通过一定的测试了解学生不同的准备情况,并做相应的补救,让每个学生都掌握知识技能准备。为了不给学生增加负担,可以每个单元测查一次,特别是自然地理的学习可以采用此方法。

2.对新课进行预习

有些新授课的内容可以让学生先预习书上的知识,并在这个过程中发现学生有困难的地方,课上重点突破。教师可以给学生提供一些自学的提纲和指导自学的方法,长期的预习也可以培养学生自主学习的意识和能力。但准备让学生采用探究方式学习的内容,就不适宜让学生先看书,否则学生从书中已经了解了概念的推理过程和解决问题的方法,就无须探究了。

3.课初的反馈和补救

如果学习新课需要的知识技能并不复杂,根据教师的经验,多数学生也不会有什么困难,可以在课上伊始,通过提问、板演等方式了解学生的准备,以旧迎新。但这时应该重点关注学习基础较差的学生,如果发现有的学生没有掌握,可以通过学生的互助或教师提供材料等方式帮助他们在课上及时解决困难。

三、预设与生成挑战性的学习目标

教学要取得好的效果,首先要有明确的学习目标,学习目标制约学习内容,规范学习方向,影响教学的效率和质量。教师应该根据各个学生的不同情况,帮助他们设立适合其水平的,又有一定挑战性的目标。

(一)挑战性学习目标的意义

学生有两个发展水平:一是现有发展水平,二是潜在发展水平,两个水平之间的幅度称为最近发展区。学习目标应处于学生的最近发展区内,并促进潜在发展水平向现实发展水平过渡。

学生的发展很大程度上取决于教学能否激发、启动那些正待成熟的心理机能。挑战性目标最有利于调动学生学习的主动性、积极性。因为每个学生的最近发展区是不一样的,所以挑战性目标必然是照顾差异的;反过来说,照顾差异的弹性目标只有对每个学生都构成挑战时才是有意义的,消极的、迁就学生水平的学习目标对学生的发展是不利的。

(二)制订挑战性学习目标的要求

教师要紧密结合教学内容,从"教—学—评"整体实施的角度制订学习目标。先要考虑全班共性的学习目标,再根据学生的差异,进行"删、补、改"等方面的调整。不能只照顾学得好、学得快的学生,也不能保护慢者,约束快者。对于基本的重要的学习目标,即使后进生有困难,也不能随意降低要求,而是要提供更多的支持和帮助,使所有学生内化对学习目标的理解。

(三)课堂学习目标的调整与生成

挑战性的学习目标不是静态的,需要根据学生的学习状况不断加以调整,特别是有关过程方法等方面的学习目标,更不可能一成不变。教师都应该有不断调整学习目标的意识,从而最大限度地挖掘教学的潜力,提高教学的效率。

在当今信息化的时代,学生获得知识的途径很多,他们在课堂上也会成为信息源,并给教学带来契机。教师要抓住这些机会,充分利用这些资源,生成新的学习目标,这些目标可以是知识技能方面的,也可以是情感态度方面的,或过程方法方面的,在这个过程中会实现师生的共同成长。

四、小组合作学习

(一)小组合作学习的优点

小组合作学习一般指不同水平与能力的学生组成小组,同学间相互合作,满足不同学生的学习需求。

在小组合作学习过程中,优秀学生对所学知识的深刻理解、学习特点、思维方式也能给其他同学启发;在帮助其他同学的过程中,优秀学生自身的认识水平、合作精神、合作能力也能得到提高;在合作学习中,学生能学会和其他同学平等对话,给其他人发言的机会,学会和其他同学分享成果,学会从别人的发言中获得有价值的东西,不追求唯一的答案,而是和其他同学共同加深对有关学习问题的理解;在合作学习过程中,学生的集体意识、组织能力、社会适应能力,以及良好的心理品质等都能得到提高。

(二)合作学习的基本做法

1.建立合作小组

建立合作小组是合作学习的前提和基础。合作学习的分组原则是小组间水平相近,组内成员虽各有差异,却有互补作用。小组规模一般 3~5 人为宜,人员过多,学生参与的机会就少了;小组人员过少,达不到合作的效果。小组划定后,要相对稳定,以利于同学间合作。经过一段时间,可重新分组,使每个学生都有和班上其他同学合作的机会。

2.挑选组长和编排座位

组长的挑选,要考虑到其学业成绩、同学关系、能否以身作则和组织才能等方

面。组长也可采用轮换制,给每个人以改变角色和锻炼的机会。编排小组座位应尽量让组员靠近坐,以利于共同使用学习材料、小声交换意见或用目光彼此交流,要考虑到小组活动方便而又不影响其他小组。

3.小组讨论式

小组讨论是合作学习中用得最多的方式,在教学中开展小组讨论有以下要点:①应当围绕教学的重点、难点内容开展讨论,以便集思广益,加深理解;②精心设计讨论问题。问题设计的水平,直接影响讨论的质量,问题深度要适当,有启发性、争论性;③创设讨论的情境,调动学生讨论的积极性,要让学生在讨论中有一吐为快、呼之欲出的激情;④提供学生讨论的素材,让他们有话可说;⑤组长控制好讨论的速度,防止讨论偏题;⑥讨论中要保证人人参与,讨论的结果应使组内每个人都能回答;⑦教师对讨论的结果应进行画龙点睛的评价。教师要以平等的一员参与学生的讨论,及时发现讨论中的问题,做出相应的调整,并促使每个学生都积极主动地参加讨论。

(三)小组合作的管理

采用小组合作的学习方式,既要鼓励高水平的学生帮助困难学生,但也要防止其他组员过多地依赖高水平的学生。学习中,为使组员间建立起积极的相互依赖关系,我们可以选择使用以下措施:①交给小组的任务,分成若干部分,必须由每个成员完成其中一部分,任务才能完成;②给每个成员安排不同的角色,使之互补,如有的负责记录,有的准备发言,有的负责检查等;③教师考核小组成员,以小组平均分作为每个人的成绩;④当小组成员都达到某一标准时,才给每个人以奖励;⑤以小组为单位开展学习、竞赛或游戏活动。

如果学生对合作没有正确的态度,小组学习就难以达到预期的效果,教师要让学生明白合作是成功的需要,合作的关键是人与人的协调,要正确看待自己和别人。要着重培养学生具备以下态度:①学习积极主动,勤于思考,不依赖教师和其他同学;②乐于助人,优势互补,强弱相助;③虚心学习,专心倾听别人的意见,不随便打断别人发言,人人机会均等;④敢于发言和质疑,不同意见一定要讲出来;⑤服从领导,讨论时要轮流发言,说话声音要轻,不大声喧哗。

学生的差异是客观存在的,我们可以认为它是教学的桎梏,忽视它、回避它,也可以认为它是教学的资源,重视它、研究它。我相信所有教师都会选择后者,因为后者可以让每个孩子在自身的基础上最大限度地发展,能够最可能接近"让每个孩子都能享有公平而有质量的教育"的目标,这也是我们整个社会每一个关心教育者的期望。有关差异化教学策略的研究是没有终点的,它永远在路上,因为时代在变,学生在变,而且教育教学的任何一个环节、要素都有可能成为差异化教学的切入点。笔者相信,只要我们有差异化教学的意识,并勇敢地探索、实践、反思、总结,中国特色的差异化教学一定会在新时代大放异彩。

(绳建开 天津市蓟州区下仓中学)

参考文献

[1]中华人民共和国教育部. 普通高中地理课程标准(2017 年版 2020 年修订)[S].北京:人民教育出版社,2020.

[2]韦志榕,朱翔. 普通高中地理课程标准(2017 年版)解读[M].北京:高等教育出版社,2018.

[3]华国栋. 差异教学策略[M].北京:北京师范大学出版社,2009.

《土壤的主要形成因素》教学案例

一、教学内容分析

本课是必修一第二章第六节内容。第二章的主题是"自然地理要素及现象"，它是第一章第二节"地球的圈层结构"内容的延伸和细化，本章把观察、研究的视角从宇宙环境、地球直接转向近距离的地球表层的自然地理现象，侧重分析地貌、气候、水文、土壤和植被等自然地理要素及简单的自然地理现象，为后面学习自然灾害的成因与避防、学习自然地理实践的基本方法做了铺垫，具有承前启后的作用。

本节教材内容安排的意义有两点：一是使自然地理内容结构完整化；二是整体提升学生利用综合思维的方法，通过区域化视角理解问题的地理实践力。

二、差异化学习目标

(1)基础性目标：①在简单、熟悉的情境中，能够辨识土壤的物质组成、剖面结构、形成的影响因素，简单分析土壤的特性及形成过程与人类活动的相互作用、相互影响；②根据提示，能够辨识日常生活所在区域土壤的物质组成、土壤的剖面结构、土壤形成的影响因素的特征；③通过地理实践中对不同想法的理解和接受，培养同学们合作的意识、求真的态度和应用知识的能力；④通过重耳拜土、中山公园的"五色土"、袁隆平的故事等与土壤有关的课堂情境的学习，增强同学们的文化自信，引导他们从地理视角看待中国的过去、现在和未来，培养他们热爱祖国、报效国家的人文情怀。

(2)发展性目标：①对给定的简单的区域地理环境，能够简单分析土壤的形成与多种自然要素之间的关系，解释土壤形成的过程与人类活动相互作用的主要方式和结果；②能够归纳土壤的物质组成、土壤剖面结构的空间分布特征，自主辨识给定区域的土壤特征及形成的影响因素；③通过对探究问题的解读，激发同学们独立思考的意识、求真求实的科学态度以及灵活运用知识的能力；④通过对土壤形成因素的解读，引导同学们从土壤的视角认识中国的人口问题、资源问题、环境问题和发展问题，树立在保护中开发，在开发中保护的国土开发理念。

三、教学重难点

(1)重点:各种成土因素对土壤形成的影响。

(2)难点:气候、地形等因素对土壤形成的影响。

(3)解决措施:①采用问题式教学的形式,融入差异化的教学理念,提出有梯度的问题链,限制思维的外延,降低难度;②用多媒体技术使内容具象化,跳出语言和时空的局限,突破难点。

四、差异化教学准备

(1)调时间:统筹调节授课顺序,保证在植物的生长季节学习本课内容,方便观察、分析土壤的性状,提高野外教学的效果。

(2)调课时:和其他老师调换课时,保证两课时连续授课,分别在野外(校内劳动基地)和地理教室授课。

(3)差异化教学情境:我们学校在现代化建设过程中保留了一块大约三亩的田地,作为师生的劳动教育基地,平时由老师管理,栽种各种蔬菜。老师们平常管理能力不同,造成有的地方高低不平,有的地方干湿不均,有的地方疏松肥沃,有的地方坚硬贫瘠。田地内有一条东西走向的水渠,其东端连接着一口水井,灌溉便利。

(4)差异化教学分组:①经过课前测查把学生分成三类:一类同学从小生活在城镇,很少接触土壤,对土壤不熟悉;二类同学小时候生活在农村,后来搬迁到城镇生活,对土壤熟悉但印象不深刻;三类同学一直生活在农村,经常参加农业劳动,土壤是自己生活的重要场景;②野外教学时学生分为三层,以老师为中心呈半环状分布,第一类同学在最里侧,第二类同学在中间层,第三类同学在最外侧,小组活动时回归自己的学习小组;③把学生分组,每组5~6人,各组之间的三类同学尽量平衡,或者把平时相对固定的学习小组微调即可,小组合作学习时使用;④提前通知学生上课的地点及流程,班干部组织学生上课前在劳动基地按要求等候。

(5)备教具:①准备挖掘土壤的工具;②每个同学一份肥沃土壤。

(6)乡土文化知识(当地农民判断土壤肥力的方法):①看颜色:颜色深者肥力高;②看手感:疏松潮湿,颗粒均匀,轻攥成团,轻弹分散者肥力高。

五、差异化教学流程

第一部分:室外学习(大约 20~25 分钟)

(一)导入——为什么要学习"土壤"

【教学活动】①教师面对土地引入课堂教学主题,声情并茂讲述"重耳拜土"的典故,指出土壤一直关乎经济和国运,必须深入了解;②提问复习自然地理五大要素,强调"土壤"的学习会使知识结构完整化,更有利于对地理事象的解读,特别是有利于地理综合思维的发展。

【教学内容】①重耳拜土的故事;②自然地理五大要素。

【活动目标】①用历史典故培养学生的文化自信;②用五个地理要素强化宏观知识结构,体现学习的整体性。

【关注差异】①讲故事的环节由老师讲述比用媒体播放效果更好,更能表现出老师高超的教学技能和渊博的学识,激发所有学生的学习热情;②复习自然地理五大要素,可以提高学生的认知准备水平,为分析土壤的形成因素做准备。

(二)土壤是什么样的?——全面认识土壤

【教学活动一】感受土壤形态

(1)请各小组成员通过视觉、触觉感受土壤的形态,探讨完成两个问题:①土壤里有什么? ②从菜园里找出三种不同的土壤, 并合作考察你们小组的三种土壤样本有什么区别?

(2)小组活动后,由各小组代表表达结论,师生共同完善、补充,明确土壤的形态包括哪些方面。

【教学活动二】认识什么样的土壤是我们所需要的?

(1)从菜园里找出最干旱的土地、最湿润的土地、最坚硬的土地,并告诉学生老师们用的化肥都很充足,试问:为什么蔬菜还长不好? 根源在哪里?

(2)教师引导,并从生物学的角度解释土壤组成成分对植物生长的影响,明确土壤肥力是水肥气热等因素协调作用的结果,不是由单一因素决定的。

【教学活动三】先辈们如何判断土壤是否肥沃?

(1)教师演示讲述当地农民判断土壤肥力的方法,各小组同学尝试后研讨两个问题:①这种方法利用了土壤的哪些形态特点? ②这种方法有哪些不足?

(2)小组代表互补发言,教师引导,提出土壤科学中的概念——土壤剖面

【课间过渡】老师合闸抽水,同学们在沟渠中洗手,结束室外学习,同学们按小组排队,回到地理教室继续上课。

第二部分:室内学习(大约 65~70 分钟)

【教学活动四】认识土壤剖面

(1)快速阅读"土壤剖面"所有内容,播放科学家考察土壤的视频,讨论两个问题:①他做了哪些工作? ②他的做法涉及了土壤的哪些知识?

(2)师生共同总结,明确结论。

【教学内容】①土壤的组成物质;②土壤的形态;③土壤剖面的不同层次。

【活动目标】①通过视觉和触觉在室内外观察、感知土壤的剖面,分辨出不同土壤的成分, 学会从土壤形态的不同角度描述土壤剖面所呈现出的土壤特征,提高地理实践力。②用当地农民判断土壤肥力的方法,深化地理环境区域性的特点,感受中华民族的智慧,批判性吸收劳动人民的实践成果。

【关注差异】①通过多组活动,预设难度不同的问题,给学生提供多种选择机会,照顾学生的个体差异;②有些问题对不同学生有一定的挑战性,能引起学生认知上的矛盾冲突,激发学习动机;③选择真实的情境,解决现实生活中的问题,感受有意义的地理,增加学习的内在动力;④土壤剖面的内容学术性太强,设计时降低了难度,考虑了大部分学生的感受。

(三)土壤是怎么来的? ——理解土壤的形成因素

【导语】刚才我们学习的内容是"土壤是什么样的",接下来我们进一步探讨"土壤是怎么来的",也就是土壤的形成因素。

【教学活动】请学生 5 分钟预习 70~72 页内容,小组完成下面的问题链,然后老师和学生一起解读成土因素。

(1)土壤形成的影响因素包括哪些?

(2)观察课本中的图 2-6-6 和图 2-6-7,指出图中展现了哪些成土因素?

(3)成土母质的作用? 它和土壤中的哪种成分直接相关?

(4)生物的作用? 它和土壤中哪种成分直接相关?

(5)解读气候因素:①湿热的地方,风化作用_____,土层_____;②冷干的地方,风化作用_____,土层_____;③降水增多,有机质含量_____,降水减少,有

机质含量_____;④气温升高,有机质含量_____,气温降低,有机质含量_____;⑤雨林地区和西伯利亚地区哪个地方土层厚?为什么? ⑥西欧和撒哈拉地区比较,哪个地区的土壤有机质含量高?为什么? ⑦两极地区气候寒冷,微生物分解作用慢,有机质含量高(判断对错,说明理由);⑧热带雨林地区植被异常茂密,枯枝落叶多,有机质含量高(判断对错,说明理由)。

(6)解读地形因素:①什么样的地形最有利于土壤的发育?为什么? ②同一座山体,高海拔处土层厚还是低海拔处土层厚?为什么? ③同一座山体,陡坡处土层厚还是缓坡处土层厚?为什么? ④推测蓟州区的盘山,阳坡植被茂密还是阴坡植被茂密?为什么?

(7)时间因素在成土过程中有什么作用?

(8)举例说明人类哪些活动促进了土壤的发育?哪些活动引起了土壤的退化?土壤退化有哪些表现?

(9).归纳各成土因素之间的关系。

【教学内容】成土因素对土壤形成的具体影响

【活动目标】运用成土过程原理,归纳土壤的主要形成因素,说出该因素对土壤形成及特征的影响,增强地理要素与其他要素内在联系的认知能力。

【关注差异】所有问题的预设都是由浅入深,争取对不同学生都能构成挑战性,尽可能让教学与每个学生的发展最大限度地匹配。

(四)总结归纳——今天我们学习了什么?

【教学活动一】理解五色土。播放北京中山公园的"五色土"成因视频,各小组准备两分钟,以竞争方式选出两个小组,各出一位代表陈述一遍视频内容,作为一次小组考核。

【教学活动二】建构知识网络。①请各小组总结本次课的学习内容并画出知识结构图;②教师把优秀成果在课堂上展示;③教师点评本次课的学习得失,通过中国、美国、印度三国的国土面积、耕地数量、人口数量等数据的比较,引出粮食安全问题,介绍袁隆平的功绩。

【教学内容】①成土因素之间的关系及区域差异;②用知识结构图的绘制建构本次课知识体系,同时也作为教学评价的一种形式。

【活动目标】①通过视频,理解不同区域土壤的特征及形成过程,培养学生的人地协调观,感受中国的广阔,渗透民族自豪感;②复习巩固本次课内容,内化学习方法,全面提升地理学科核心素养。

【关注差异】①用生动的视频巩固成土因素的综合作用,认识中国的区域差异,更能增加差等生的关注度;②预设的问题都处在学生的最近发展区,开放性强,增加了学生体验成功的机会;③小组合作学习贯穿始终,有利于照顾学生差异,大面积提高教学质量。

六、差异化教学案例分析

本课的教学设计从内容上说是按照以下顺序完成的:①认识了解土壤(土壤是什么样的)→ ②理解土壤(土壤是怎么来的)→ ③解读土壤(综合评价)。

这种设计顺序符合教材内容的呈现顺序,也切合地理学习的认知规律,即"是什么、有什么→为什么→怎么样→怎么做"。因为《新课标》在必修一中对"土壤"没有"怎么样"和"怎么做"的要求,所以在教学设计中很少提及,这也给那些对地理有志趣的同学预留了足够的学习空间。

因为本课内容涉及的区域繁多,找到一个非常经典的案例作为主干知识的载体比较困难,所以采用了以问题链拆解学习内容的方式完成教学,而且全程贯穿自主学习、合作学习、探究学习的氛围。在涉及小组活动时,始终考虑学生的个体间差异和个体内差异,多数小组活动的设问都比较简单,开放性差一些,这确实限制了学生多元思维的培养,但有利于更多的学生参与小组活动,提高群体的地理素养。这么做是充分考虑教学对象的结果,不敢好高骛远。

因为国土内容涉及中国深远的传统文化,涉及人多地少、粮食安全等问题,所以在教学中融入了重耳拜土、中山公园的"五色土"、袁隆平等思政教育内容,其目的是用地理故事增强同学们的文化自信,引导他们从地里视角看待中国的过去、现在和未来,培养他们热爱祖国、报效国家的人文情怀。

(绳建开 天津市蓟州区下仓中学)

第三节 基于项目学习的教学创新

传统课堂在很大程度上存在着"以课本为中心、以课堂为中心、以教师为中心"的弊端,忽视对学生创新精神和实践能力的培养,同时也忽视了对教师专业成长积极性的滋养。单一的教学形式和被动的学习方式越来越加重了师生的身心负担,发展素质教育势在必行。

一、课题提出的背景

当今教学模式中的存在着脱离生活、忽视个性、照本宣科、填鸭式的情况。单一的教与学行为,窄化了师生生命自觉主动发展的互动空间,阻碍了中学教学本真的多样性和丰富性。传统教学中教师的强制性权威与学生的依赖心理,不断强化灌输式教学,最终导致教学历程的机械化以及教学模式同质化。

二、课题研究的价值

A—学生可实现的(achievable)和可测评的结果;C—选择或设计基于课程(curriculum)和现实情境的专题;L—逻辑思维(logic):人们根据概念、原理、经验、判断、推理等思维形式能动的反应客观现实的认识过程;R—项目专题应来自生活、立足于解决生活中的真实问题(real—world)。

"A—C—L—R"四位一体的落脚点是,提高教学历程整体效率,增强教学历程最终效果。通过本课题的研究、创新与实践,不断探求师生在课程生成中如何实现有效促进学生学习方式、方法、习惯改变的途径,使生命自觉、研学合作、探究学习成为学习历程的主流,从而培养学生的学习素养,更好地实现核心素养落地。同时

"A–C–L–R"教学模式的创新与实践,有利于教师群体合作和实践教学能力的培养与形成,有助于促进教师的专业生命成长。

(一)"A–C–L–R"四位一体实践

围绕四个影响课堂效度的关键本位要素开展的实践教学活动:"一体"即在以"相应高效模式与课程实践融合下"的基础教学创新及优化教学思维。"四位"紧密联系、不可分割,本位因素在教学历程中各有着特定的地位和作用,充分体现了学科理论与教学实践的统一、虚拟与现实的统一、静态和动态的统一、过程和目标的统一。四要素之间环环相扣,层层递进,共同支撑了"一体"架构的全新模式和完整体系。如图 6-3-1:

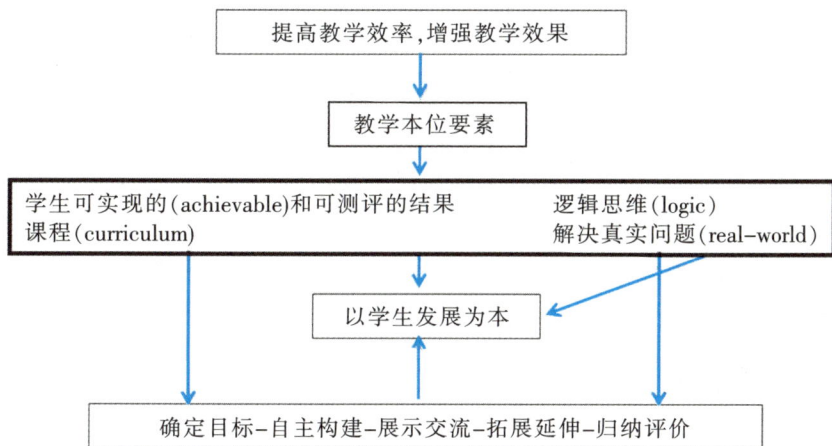

提高教学效率,增强教学效果

教学本位要素

学生可实现的(achievable)和可测评的结果 逻辑思维(logic)
课程(curriculum) 解决真实问题(real-world)

以学生发展为本

确定目标–自主构建–展示交流–拓展延伸–归纳评价

图 6-3-1 "A–C–L–R"四位一体关系图

(二)课题研究有效解决问题

通过团队(名师工作室)近几年来(观点提出是 2014 年,2020 年成为双新课题)的研究、创新与实践,该研究已经初步形成一定成果,该成果一是有利于培养和造就一支高素质的教师队伍;二是有利于真正减轻愈来愈重的教学负担(如:教案章节编写改成知识组体系编写,教学程序编写改成教学历程编写;祛除五环导学等过于模式化僵硬教学,强调本位因素的交互效应,合理模式化);三是有利于积极深入理解课程改革,更好地落实立德树人;四是有利于培育学生的特性、个性

发展;五是有利于提高本区域的教育教学水平及教师专业水平。

通过本"A–C–L–R"教学模式的研究,教师可以更准确把握学科特点、学科本位,有利于教师合理用好资源,发挥教研集体整体优势,变革学习方式和教学模式,最终实现课堂教学效度的最大化。在实践方面,"A–C–L–R"教学模式的研究充分调动实验教师的积极性与主动性,发挥其创造性,把常态教学研究规范到课堂效度研究上,是教学方式、方法的一次有较大意义的变革,是科学有价、有效的研究成果。"A–C–L–R"教学模式研究势必会转化为学校教育发展的推动力。

三、课题实施的基本过程

在课题研究过程中,首先各实验教师抽样发放学生问卷表。93中学发放学生问卷表3次;一百中学发放学生问卷表2次,教师问卷1次;四合庄中学发放学生问卷表1次;这些学校的实验教师通过发放学生问卷了解学生的学情、征询教师、学生的意见和建议。在把问卷收回来之后,能客观地分析调查结果,确立选题方向,找出教学中困惑点、矛盾点结合日常教学成果积累及时地调整我们的研究方向,运用更加科学有效的教学方法推动教学需求的破解之法的研究。

(一)基本过程

(1)聘请相关专家对研究进行指导。论证课题研究价值,确保研究目标准确、方向正确。同时,加强课题组成员的沟通,集思广益,指出课题研究的重要意义。先后建微信群、召开课题组成员会议,加强理论学习,定期推送学习内容。利用头脑风暴,调动各成员的积极性与主动性,为开展、研究、结题打好基础。

(2)深入开展实践,广泛收集资料。通过研究当今主流课堂模式,交流汇总,分析存在问题,总结经验,这个行动始终贯穿于课题研究的整个过程,是我们课题的重要表现方式,也是课题内容本身丰富的需要。

(3)推进学习方式和教学模式的改变。在落实立德树人的根本任务,进一步深化课程改革的今天,我们的课堂想要把"知识为本"的教学转变为"核心素养为本"的教学,把以讲授为中心的课堂转变为学习为中心的课堂,必须大力推进学习方式和教学模式的改变。这是因为学科素养的落实不仅仅是教学内容的选择和变更，而是必须以学习方式和教学模式变革为保障的系统改进与深化。对前阶段研究不断作分析总结，同时收集好有关过程性材料，完成了中期评估、终结性评估。

（4）积极与专家、教师、学生交流沟通，关注孩子的心理变化。课题组成员做好教学本位因素即"A—C—L—R"教学设计后的随课反思记录，学习笔记，听课笔记的记录和评议。同时广泛收集反馈信息，积极探求推广途径与价值。

仲晓敏老师建议：

把课题中的把"长标题"改成"简易操作性标题"即"A—C—L—R"四位一体创新与实践研究，把主题方向更加明确。对教学模式的界定不够清晰，是教学模式还是策略，还是一种思想？课题创新度、创新点的把控是什么，课题研究意义不够明确。课题研究活动方向性不够精准。

（5）确定研究计划。每个月都要进行前期研究的过程性资源收集、整理。每个月都要推送典型课例，并要求成员撰写课堂教学研讨活动听课心得，上交一篇案例、教学设计或论文。

每次交流会都进行相关理论学习，要求成员并在自己的课堂中深入实践，反思、积累经典的教学案例或教学设计。

强化新课程理念学习，提高教师理论水平。过程研究中但仍然存在以下不足之处：个别教师对课题研究过程缺乏系统的自我规划，模式化教学固化思维，只注重课堂的热闹，不关注学生知识生成与学科思维成长，科研主动性有待提升。

（6）研究视角的确定。有效课堂"情境铺陈，链性问题调控，先学后教，精展逻辑训练，实践应用"模式的研究。在有效课堂新模式下小组建设的研究。在有效课堂新模式下各个环节的有效性研究。

（7）研究途径的确定。通过教研组讨论、网上研学等形式，努力提高课堂的有效性。创设情境，营造民主、平等、和谐的课堂氛围。优化教学过程，倡导自主、合作，促进学生主动学习。运用现代化教学手段与传统教学手段结合运用，激发学生学习的兴趣。

（8）研究措施。课堂教学改革是课改的必然，早改早受益，晚改也得改，教育改革不同于车间的产品生产，可以报废，我们只能成功，不能失败，具体安排如下。

①学习"A—C—L—R"教学模式研究方案。要求认真学习《"A—C—L—R"课堂教学

模式研究实施方案》,明确有关概念和内涵,把握教学模式操作要求。

理念:先学后导、缘学而导、导为促学、学导合一。

结构:情境铺陈,链性问题调控,先学后教,精展逻辑训练,实践应用。

课型:先学课、导学课、复学课。

特征:小台阶、快节奏、大容量、勤反馈、高效率。

要求:以学生为主体、以先学为基础、以导学为途径、以训练为形式、以发展为目的。

形式:实施学历案导学制。

②重点研究三课型的学科子模式。

按照"A–C–L–R"教学基本模式,根据学科特点、根据教学内容特点,积极构建本学科课堂教学子模式。构建"A–C–L–R"教学模式子模式的原则。

理论性原则。构建教学模式应以现代教育思想和有效教学理念为指导,渗透素质教育思想,坚持以学生发展为出发点。

主体性原则。要以学生为主体,调动学生的主动性和积极性。

指导性原则。强调以学生为主体的同时,也不能忽视教师的主导作用。教师在课堂上组织者、指导者,教师导得精要、导在关键、导有方法。

系统性原则。在构建教学模式中,把握好教学过程中的每一个环节使其相互联系,互为补充,环环相扣。

实践性原则。构建教学模式是现代教学思想和理论指导下的实践活动。教学模式从设计到形成都必须在教学实践中检验,证明其实用性、可行性,只有通过实践证明的教学模式,才能显示出它强大的生命力。

③启动有效课堂教学模式研究。

实施学历案,即学生自学—调查问卷—设计导案—课堂导学—当堂达标。

根据中学生教师工作特点,我们尝试使用"教师备课问卷卡"从而实现了解学生,以学定教,缘学而导。

④在有效教学课题研究中,必须做好小组合作学习

小组 4~6 人为一组,组间同质,组内异质。

实行小组组长负责制,组长负责组内学生的学习发展。

实行小组竞争制,对于小组学生平均成绩优秀的进行奖励。

扎扎实实指导好学生自学,培养学生自学习惯,指导学生自学方法,提高自学效率。

认认真真组织好教师集体备课,发挥教师集体智慧,群策群力,保证课题研究质量。

成立组织,加强领导,统筹安排,协调发展,确保实验顺利进行。

(二)实践促进转化

改进研究管理,实现"五转化"。

扎根每一节课,在关注每一位教师的基本理念下,创设开放的环境,拓宽研讨的时空,形成"教、研、修一体"的校本教研文化,这便是核心素养培养的研究活动与众不同之处。与传统研究相比,主要有以下几个方面的改进。

(1)"听听评评"转化"全程参与"。在传统的研究活动中,听课的老师没有预定的关注重点,也不需带着问题,不用解决什么问题,很多老师甚至听了几十年的课,评了几十年的课,也不能有什么大的长进。而在基于发展核心素养的研究"A–C–L–R"策略及"三段六环"模式中,改变了只是"听听评评"这一现状,整个研究组的成员都依托学校信息平台,一起全程参与到研究探讨、观摩评议、二度设计之中。

(2)"单枪匹马"转化"同伴互助"。整个流程始终注重"同伴互助"作用的发挥。例如,执教教师根据提炼出的相应观点及本班学生实际,发挥自己个性特点完成教学设计后,必须借助交流平台,由组长负责组织组员对执教老师的教学设计进行研讨、交流、改进,发挥集体互补的作用。此外在"观摩评议""二度设计"等环节更是如此。

(3)"课后评议"转化"现场评议"。听课教师带着笔记本电脑进教室听课,过程中无须再去记录教师的教学过程,只需对照事先下载好的本课教学方案,记下与原设计有改变的地方(即变化点或生成点)。重点是记录特别有感受的地方,并利用公众号,微信群对执教教师的课堂教学进行现场即时评价,将随感随想,瞬间思维爆发的灵感与大家共享。研究组长在活动结束后进行整理发至教研组博客圈内,提供执教老师与教研组成员再回味反思。

(4)"漫游式反思"转化"主题式反思"。课堂展示后的评议活动就是对教师课

堂教学的反思,在传统教研活动中,评课过程中往往"大""概""全",讲究一套评课的框架,表面上看是面面俱到,实际上缺乏主题,缺少深度,效率低下。而在该活动模式中,每次展示结束,教研组组长将教案、现场评记录,教师的主题反思等发布于微信群内,由课题组成员结合自己本次研究主题进行专题讨论跟帖,不"歌功颂德",也不求"面面俱到",对每个问题都要提出个人的修正建议,能对执教者改进教学有切实的帮助。

(5)"集中研究"转化"自主研究"。把研究活动与信息平台有机地结合在一起,将学习讲座、研究讨论、听课评议等活动移植到网络平台上来,让成员教师利用这种快捷、便利和自由的方式,交流自己的教学心得、参与讨论、开展研究和反思,让成员教师拥有了一个"自主研究"的空间。

四、课题成果

(一)课题的创新点

"A-C-L-R"教学模式的核心理念以学生发展为本;"A-C-L-R"教学模式的指导思想:先学后教—以学定教—以教促学—以学论教。该模式有效提高研究团队成员的理念水平、专业水平和实践水平,并极大促进了教育教学质量提升,以我校近几年的学业水平考试为例,参与实验的地理学科连续三年100%通过率,高考成绩均远高于市级重点中学平均成绩;该模式有效促进核心素养落地,助力生本课堂构建。80%学生表示参与学习历程案的积极性大幅度提高,四位一体理念逐步被大多数学生认可,研究显著提升了学生对课程学习的兴趣。(2019年12月在我校举办市级精品教研,期间于成伟老师完成"A-C-L-R"课例展示;李树松老师完成"基于'A-C-L-R'智慧课堂构建"专题讲座。2020年12月出版《让学生生命自觉主动发展的智慧教育》专著;《核心素养下的智慧课堂构建》发表在《中国教师报》824期。)

(二)形成稳定和谐的师生关系

该研究立足于学生的最佳发展区域,着眼于学生素养的全面提高,主张学生主动学习并通过合作(师生、生生)研学,解决真实生活中复杂且具挑战性的问题,或完成源自学生个体真实生活经验且需要深度思考的任务。学生在项目学习中学会思考、学会动手、学会合作,以用促学,在用中学;而教师是课程资源建设者、学生疑问解决者和学生学习指导者。

(三)依托校本课程开发形成学习共同体

研究过程中逐步形成学习、研究共同体,共同体成员之间互相启发、平等竞争、和谐共享,既培养了良好研习素养,又真正实现尊重、欣赏成员本体,挖掘、放大成员闪光点,拓展成员长板,弥补短板,为成员实现能力跃迁奠定基础。

(李树松　天津市第一百中学)

参考文献

[1]党亭军.大学课堂教学中,教师应当做些什么——对现行大学课堂教学模式改革的思考与建议[J].当代教育科学,2008(15):23-24.

[2]王敏勤.和谐高效教学[M].北京:北京师范大学出版社,2015.

[3]张红波.基于任务驱动的协作学习活动的研究与实践[J].中国电化教育,2009(12):18-22.

《风沙地貌教学设计》教学案例

课例(教学设计)基本情况				
所用 教科书	必修Ⅰ自然地理	版本	中国地图出版社	册数	第一册
课题 名称	风沙地貌	所在单元 及章节	第二章第一节 第2课时	页数	
教学 内容 分析	本章主要讲述了地球的各种自然地理要素及其现象，其中第一节主要讲述了自然地理要素中的最主要，也是最直观的地理要素:地貌。在构成自然地理环境的五大要素中,地貌对地表物质和能量起着再分配的作用,地面则是各种地理要素相互作用最为活跃的界面,同时又是人地相互作用最集中、最强烈,人类文化印记最明显的场所。通过4张图片为案例,探究如何通过图片等识别地貌类型,并能够说出此类地貌景观的主要特点、成因,通过从典型地貌的成因和形成过程角度,让学生学会深入分析,并通过观察、描述、判别等活动			
学情 分析	课前,我对高一年级学生进行了问卷调研,数据表明占65%的学生已初步了解了一定的外力作用,已初步具有读取图表有价信息的基本能力,具有绘制简易地貌形态的基本能力;但是由于阅历还比较浅、知识面还不够宽,分析深层次问题的能力还有待进一步提高,需要教师创设内容丰富、形式逼真、梯度外显的教学情景,激发学生学习地理的兴趣与愿望。调查显示愿意参与地理探究实践活动的学生占95%,同时高一学生思维活跃,渴望思维的深度学习,渴望面向真实的体验学习,急需获取帮助解决疑惑,增强学习信心,提升学习能力,丰富地理认知,完善知识体系结构			
核心 素养 达成	1.通过课前实验观察,课上运用情境创设(故事情节脉络预设、视频、图像)、小组活动等,突出对学生实践力的培养,让学生能够识别典型风沙地貌,并能够顺畅地表述、描述其景观的主要特点及形成过程 2.通过典型地貌形成过程分析,提炼自然环境中地貌的影响因素,认识自然环境各个要素之间相互作用、相互影响,培养学生的综合思维,通过区域环境对地貌的影响,提升学生区域认知素养 3.学会运用本节课所学的原理和规律分析,解释与本节课有关的地理事物的分布特征及形成原因,提高分析归纳能力 4.探究各种地貌景观与人类活动之间的可能关系,并以课下思索延伸的方式引发探求人地关系和谐发展渠道的思考,培养学生的人地协调观素养			

续表

<table>
<tr><td colspan="2" align="center">课例(教学设计)基本情况</td></tr>
<tr>
<td>学习目标</td>
<td>①脉络要"准"——学生根据教师教学设计能够厘清地貌认知方法,即紧扣"出发点";②目标要"明"——学生依据教师教学设计明确侵蚀、堆积两种外力研究"方向";③立意要"新"——学生依据教师创设情景顺畅学习、主动学习、获取"体验";④构思要"巧"——学生学习历程不断丰羽翱翔的"翅膀",能够触类旁通解决问题;⑤方法要"活"——学生依据是活动设计,以思维碰撞,敢于表述"学习发现";⑥练习要"精"——学生经过情感发展、理性思考,以精选练习突破"综结点"</td>
</tr>
<tr>
<td>教学重点及解决措施</td>
<td>重点:通过野外观察或运用视频、图像等资料,能够识别风沙地貌种常见类型,能够掌握地貌描述的方法与角度,科学表述风蚀地貌、风积地貌的具体形成过程

难点:通过课程学习,逐步让自己认识到学习问题的方法,能初步掌握够描述其他典型的地貌,说明这些地貌景观的主要特点

通过教师设计梯度探究问题,呈现图片、视频、动画、实验等资源供小组学习、分析、讨论、验证,尝试去表述述风沙地貌外在形态特点及形成过程,绘制简易地貌图,说出其分布规律,并能进行案例剖析</td>
</tr>
<tr>
<td>教法</td>
<td>有效的学习活动不是单纯的依赖模仿和记忆,而是一个有目的的主动建构知识的过程。观察发现法,实验操作法,读图分析法,以小组探究、学生画图展示、读图分析、案例分析学习为主要教学策略</td>
</tr>
<tr>
<td>课时</td>
<td>计划授课时数:1课时;本节为第1课时</td>
</tr>
<tr>
<td align="center">教学环节
(含设计意图)</td>
<td align="center">教学设计</td>
</tr>
<tr>
<td>利用摄影之旅导入
设计意图:
情境预设,
营造氛围
激趣导入

师生配合,探究学习
设计意图:
学生主体,教师主导
体现学习方式新理念</td>
<td>一、【情境导入】以摄影之旅拉开序幕——播放车队向罗布泊进发航拍视频——1分钟左右

教师播放前给同学提示:
过渡:展示南疆绿洲分布的地图,引发学生对环境思索
从地理学视角,观察推测摄影创作的主题背景

展示创作作品:楼兰曾经的璀璨(铺垫:环境整体性)</td>
</tr>
</table>

	课例(教学设计)基本情况
设计意图: 温故知新,指导学法	1.该地区气候突出特点及原因? 楼兰消逝最有可能的原因? 2.该地区植被整体特点? 可能分布在哪些地区? 3.该区域外力作用主要体现在哪些方面? 4.沙源可能来自哪里?
师生配合,探究学习 设计意图: 学生主体,教师主导 体现学习方式新理念	(学生归纳)自然地理环境特征: 气候极端干燥,温差很大(物理风化强烈,就地起沙) 沙质地表裸露,植被稀少(利于风沙移动) 内陆水系往往是输送沙源的主要动力 二、【探究自主活动】
设计意图: 温故知新,指导学法 指导读书	1.问题引领实验分享: ①你看到什么现象(吹风机放置的位置不同结果一样吗? 吹风机的档位不同结果一样吗) ②观察在哪里侵蚀 (风力侵蚀是指在风力作用下地表土壤及细小颗粒被剥离、搬运和沉积的过程) 哪里堆积? 为什么? ③根据堆积物的大小判断风向(在图中标注)
设计意图: 综合应用已学,直观形象,助力空间思考	 戈壁　　沙漠　　黄土 2.同学们你知道这种地貌名称吗? 它的形态有什么特点? 它的形成与风有什么关系?
讲授难点 设计意图: 用空间示意图,教师讲授难点	 移动沙丘构造　静止沙丘构造 3.沙丘顶部风速与沙丘的背风坡风速比较 4.这样的地貌主要分布在 5.根据沙丘判断风向(在图中标注)

续表

课例(教学设计)基本情况

①沙丘剖面图　②沙丘景观图　③沙丘等高线图

落实巩固

设计意图:

说明和在图中的理解,提高语言表达能力,加强空间思考问题的能力,培养空间综合思维素养

读图分析

设计意图:

增强读图能力和指导分析分布规律的方法

6.描述新月形沙丘的地貌特点

平面形如新月,丘体两侧有顺风向延伸的两个翼,两翼开展的程度取决于当地主导风的强弱,风速愈强,交角角度愈小。迎风坡缓而呈凸型,背风坡陡而微凹

【地理实践力　学习增效】地貌描述(学生总结)

类型	形成过程	典型景观	景观图	地貌特点
风积地貌	风力吹扬沙尘,当风力减弱或气流受阻时,沙尘便降落到地面,形成沙丘、沙垄和黄土堆积	新月形沙丘		平面形如新月,丘体两侧有顺风向延伸的两个翼,两翼开展的程度取决于当地主导风的强弱,风速愈强,交角角度小

课程设计主旨体现学生自主学习、交流、展示、提升。以学生体验经历以及深挖的资源体系与课程目标、课程情境、课程问题相融合激发学生参与的积极性,帮助学生导入并构建当前所要学习的知识,让学生带着兴趣带着问题进入课堂,带着思考走出课堂。努力做到"教给学生的是知识,留给学生的是文化"

板书总结(略)

设计意图:

建立知识结构,突出重难点,图文并茂

【理论联系实际　学习增效】话题讨论(师生互动):

1.总结地貌描述角度、掌握描述语言特征,形成方法

2.思考两厢汽车后窗为什么容易落尘土作业

3.思考风沙实验中的不足之处,并说出理由(或提出好的建议)

(李树松　天津市第一百中学)

后　记

　　天津市中小学"学科领航教师培养工程"高中地理攻坚项目,旨在深入了解基层地理教师关注的教学问题,通过课堂实践指导、教育理论指导、课例的分析与探讨,为教师关注的热点问题提供教学指导建议。

　　领航工程培训的学员是来自天津市各个学校的一线地理老师,我们与学员进行教学研讨,对老师们在新课改中的一些困惑和关心的问题进行了梳理。领航学员学习的课程主要包括:新课标的解读、如何培养地理学科核心素养、如何设计地理问题式教学、关键教学环节的设计方法、教师如何进行有效教学,以及如何促进学生的有效学习。领航学员们在课上积极进行问题的探讨, 大家展示了自己对教学的理解,并将自己的学习成果运用到日常教学中,完成了多节课的展示,我们参加了学员们的公开课,并指导学员整理教学案例,将宝贵的实践经验升华为教育理论,撰写成论文,学员们精益求精,数易其稿,始终不曾放松对自己的要求,在此对他们的辛勤付出表示深深的谢意。全书的分工如下。

执行主编	仲小敏	杨玉东	
国家课程校本化实施	齐艳梅	赵冬梅	
地理教学情境的创设	刘　雷	张永正	
地理综合思维的培养	牛　娜	刘建敏	
地理"问题"的创设	李舒雯	张大伟	金玉玲
教学关键环节的设计	向　娟	孙　莹	潘源龙
评出学生学习成就感	张　艳	绳建开	李树松

　　天津师范大学的地理教育研究生立足于地理教学创新实践进行课题的研究,他们不同程度地参与了文稿的整理与校对工作,在此对同学们的付出表示感谢。

　　本书基于培养核心素养的高中地理教学创新实践,从教学中的关键问题和热点话题入手,结合教师教学实践和典型案例,选择创新视角,采用多元的教学方法和策略,探究提升学生地理学科核心素养和解决实际问题能力的路径。随着教学改革的不断深入,亦会产生新的热点问题,而教学方法也应随着客观实际的发展进行调整,希望广大一线教师能够提出宝贵的建议。

　　本书所提供的教学案例皆是来自天津市高中的真实案例,其间经历了数次磨课、反思和试验,在此感谢天津市新华中学、天津市葛沽第一中学、天津市滨海新区大港第一中学、天津市宝坻区教师发展中心、天津市汇文中学、天津市第九十五中学、天津大学附属中学、天津市九十六中学、天津市武清区杨村第一中学、天津市第一〇二中学、天津市复兴中学、天津市宁河区芦台第四中学、天津市静海区第一中学、天津市蓟州区下仓中学、天津市第一百中学等学校领导和老师的大力支持。特别感谢天津市中小学教师继续教育中心的领导和老师们全程负责此项工程,这四年来他们为此项目兢兢业业,付出了很多;同时感谢天津市教育科学研究院课程教学中心对"学科领航工程"的支持与帮助。我们的教学实践是否成功,还有待于一线教师的批评和检验。希望有更多优秀的教师能够参与领航工程的培训,为教育理论的丰富和发展提供宝贵的经验和建议。

仲小敏　　杨玉东

2021 年 9 月